Liebe Schülerin, lieber Schüler,

Liebe Schülerin, lieber Schüler,

ein weiterer Band von „Geschichte und Geschehen“ liegt vor dir und möchte dich dieses Schuljahr im Geschichtsunterricht begleiten. Dabei wird dir auch diesmal wieder viel Interessantes und Wissenswertes begegnen.
Du wirst erfahren, wie die Ergebnisse des Ersten Weltkrieges Europa zu verändern begannen und warum das Jahr 1917 als ein „Epochejahr“ bezeichnet wird. Du kannst dich damit auseinandersetzen, warum in Russland eine völlig neue und bis dahin beispiellose Gesellschaftsordnung entstand, was das für die Menschen dort bedeutete und wie sie damit umgingen. Dabei kannst du auch der Frage nachgehen, welche internationalen Wirkungen diese Ereignisse mit sich brachten und wo die Ursachen dafür lagen.

Die Geschichte der Deutschen nach dem Ersten Weltkrieg wurde durch die Gründung der ersten deutschen Republik gekennzeichnet. Für diesen Zeitabschnitt kannst du Antworten auf viele interessanten Fragen finden: Welche neuen Herrschaftsverhältnisse bildeten sich heraus? Wie demokratisch war die Weimarer Republik? Wer unterstützte und wer bekämpfte sie? Welche Bewährungsproben hatte die junge Republik zu bestehen? Welche Neuerungen und Modernisierungen setzten sich durch? Warum ging diese erste deutsche Demokratie aber letztlich unter?

Du wirst dich aber auch mit dem dunkelsten Kapitel der deutschen Geschichte beschäftigen müssen – dem Nationalsozialismus: Wie wurde diese Diktatur möglich? Wie lebten die Menschen unter dem Hakenkreuz und warum machten so viele mit? Angesichts des Holocausts an den europäischen Juden, angesichts von 50 Millionen Kriegsopfern und zahlloser politischer Verbrechen wirst du dich mit der Frage nach Schuld und Verantwortung des Einzelnen und gesellschaftlicher Gruppen auseinander setzen.
In einem Längsschnitt zur deutschen Außenpolitik – beginnend mit der Gründung des deutschen Kaiserreichs 1871 bis hin zum Nationalsozialismus – wirst du der Frage nachgehen, wie sich Merkmale der Außenpolitik änderten oder aber auch gleich blieben und wie diese Kennzeichen einzuschätzen sind.
Betrachtungen zum Alltag und der gesellschaftlichen Situation von Frauen, zur Entwicklung von Kunst und Kultur sowie zur Justiz und Rechtsprechung in Deutschland im Zeitraum 1918 bis 1945 laden dich ein zu untersuchen, welche Auswirkungen demokratische bzw. diktatorische Herrschaftsausübung auf alle anderen Bereiche des gesellschaftlichen Lebens haben können und tatsächlich hatten.

Natürlich wirst du auch in diesem Band wieder mit Methoden vertraut gemacht, die dir das Lernen erleichtern und du erhältst Anregungen zum Üben und selbstständigen Weiterarbeiten.
Als Ergänzung gibt es wie auch zu den anderen Bänden eine CD-ROM mit Videos, Rundgängen, Originaldokumenten und vielem anderen mehr.

Viel Spaß beim Entdecken eines interessanten Zeitabschnitts wünschen dir

die Autorinnen und Autoren

Inhaltsverzeichnis

Nationalsozialismus und Zweiter Weltkrieg 82

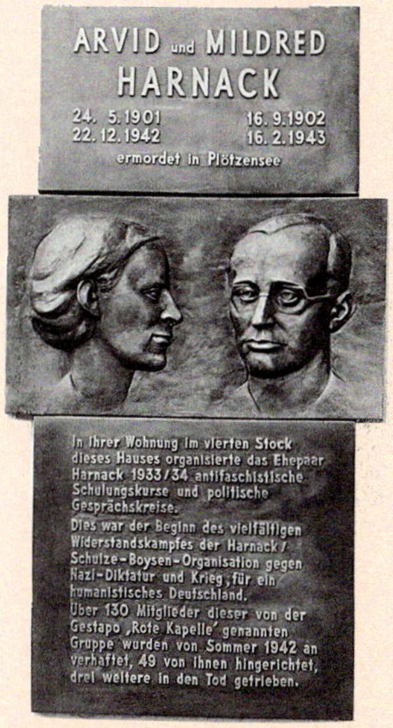

Liebe Schülerin, lieber Schüler,

„Geschichte und Geschehen“ stellt zahlreiche unterschiedliche Materialien bereit, die dir interessante Einblicke in die Geschichte gewähren und dir zugleich ermöglichen, dir ein eigenes Bild von Geschichte zu machen sowie selbstständig Urteile zu bilden. Die Autorinnen und Autoren haben das Material auf vielfältige Weise für dich aufbereitet und zusammengestellt.

Verschiedenartige Seiten und Elemente verweisen auf unterschiedliche Zugänge und Methoden, mit denen du dir die Geschichte erschließen und deine Kenntnisse anwenden kannst. Damit du dich jederzeit gut zurechtfindest und der Überblick nie verloren geht, erfolgt hier eine kurze Einführung in das Buch und eine Erläuterung der verschiedenen Elemente.

Dieses Buch umfasst sieben Themeneinheiten. Jede beginnt mit zwei besonders gestalteten Seiten, den Auftaktdoppelseiten (ADS). Bilder, Karten, Texte oder Grafiken geben dir Hinweise auf den Inhalt der nachfolgenden Kapitel. Sicher wecken diese Materialien dein Interesse an historischen Ereignissen, vielleicht werfen sie auch Fragen auf oder versetzen dich in Erstaunen. Auf jeden Fall sollen sie dich anregen, gemeinsam mit deiner Lehrerin oder deinem Lehrer darüber nachzudenken, womit ihr euch im Unterricht ganz besonders befassen möchtet.

Jede Themeneinheit ist in Kapitel eingeteilt. Einige Kapitel beginnen mit einer Zeittafel. Hier findest du die wichtigsten Daten zum Kapitel auf einen Blick. Geschichte hat ja etwas mit Zeit zu tun. Deshalb braucht man auch die Daten, um zu wissen, was vorher und was nachher war und wie geschichtliche Ereignisse miteinander zusammenhängen. Verfassertexte informieren zusammenhängend über geschichtliche Sachverhalte und werden am Rand durch Marginalien gegliedert. Diese Texte wurden von verschiedenen Autorinnen und Autoren – meist Lehrerinnen und Lehrer – verfasst, deswegen kann auch der Stil unterschiedlich sein. Daran kannst du auch erkennen, wie verschieden Geschichte dargestellt werden kann.

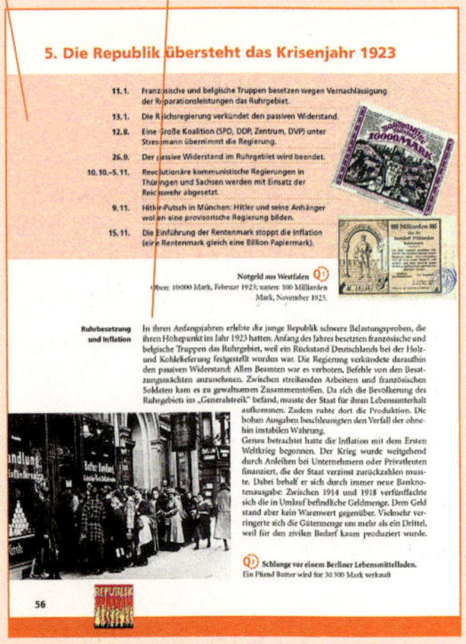

Die Autorinnen und Autoren haben für dich unterschiedliche Materialien zusammengestellt. Mit einem Q sind Quellen (z. B. Texte und Abbildungen) gekennzeichnet, die uns unmittelbar aus der Vergangenheit überliefert sind bzw. bei denen Menschen aus längst vergangenen Zeiten selbst zu Wort kommen. Ein D steht für Darstellungen (z. B. Texte, Karten, Schaubilder), die von heute lebenden Historikern oder von den Autorinnen und Autoren dieses Buches stammen. Zur besseren Orientierung sind die Quellen und Darstellungen in jedem Kapitel durchnummeriert.

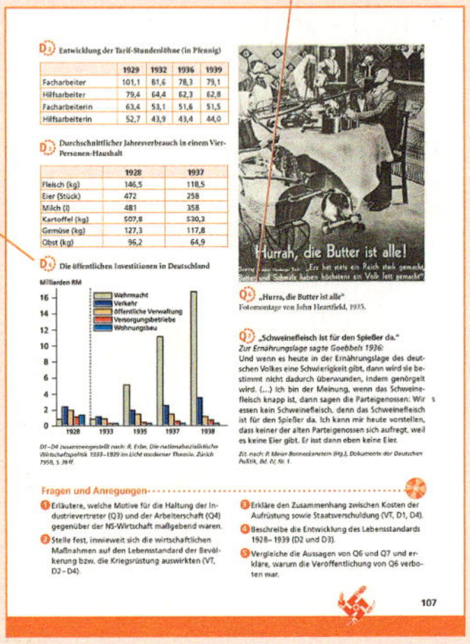

Wenn eine Seite die Überschrift „Gewusst wie“ trägt und oben durch einen breiten farbigen Balken gekennzeichnet ist, weißt du sofort, hier wird eine Methode vorgestellt. Auf diesen Seiten wird gezeigt, wie du an ein bestimmtes Material (Texte, Schaubilder, Karten, Karikaturen usw.) herangehst, um ihm Informationen zu entlocken. Natürlich kannst du diese Methode gleich anwenden und selbst probieren.

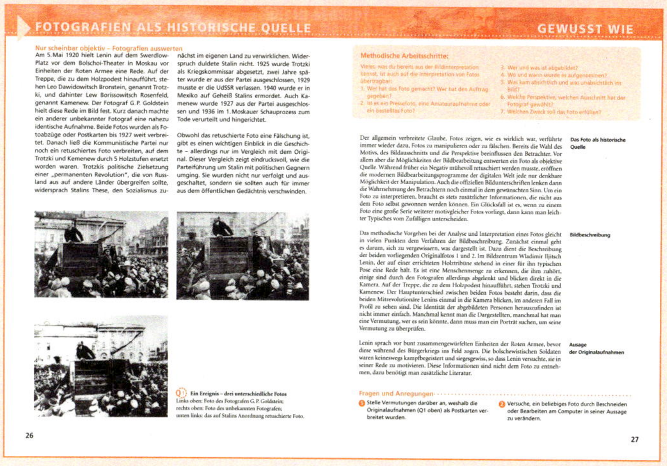

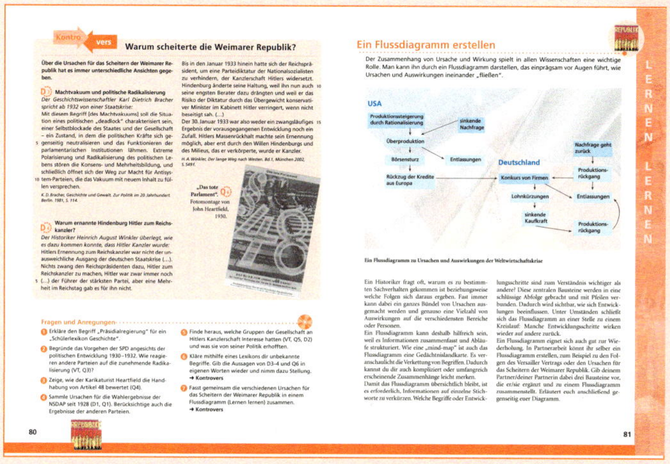

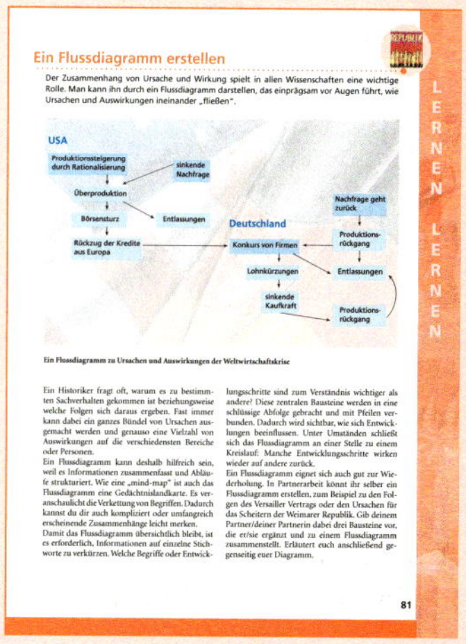

Ebenfalls einen breiten Farbbalken am oberen Seitenrand haben die Werkstattseiten. Dort kannst du, von den Autoren angeleitet, interessante Themen zur Vergangenheit selbst erkunden und erklären. Es bietet sich häufig an, dass ihr die Aufgaben in kleinen Gruppen bearbeitet und löst.

Jede Themeneinheit endet mit einer Seite, die mit „Lernen lernen“ überschrieben ist. Hier bekommst du Tipps, wie du erfolgreich historisches Wissen anwenden und dir einprägen kannst.

Kleine Symbole sollen dir helfen, dich in dem Buch leichter zurechtzufinden:

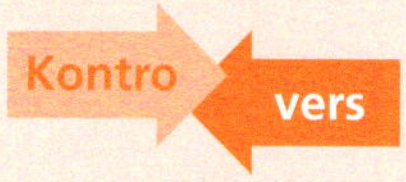

Über historische Sachverhalte gibt es immer auch voneinander abweichende Auffassungen. Dies kommt besonders in Texten zum Ausdruck, die mit „Kontrovers“ gekennzeichnet sind.

Besondere historische Grundbegriffe sind in einem Kasten erklärt. Du findest sie auch, indem du am Ende des Buches im Verzeichnis der Personen, Sachen und Begriffe nachschlägst. Dort sind sie durch fette Buchstaben besonders hervorgehoben.

Das Buch bietet dir Literaturtipps sowie Ideen und Anleitungen für kleine Projekte an.

Zusätzlich gibt es Empfehlungen für die Nutzung des Internets. Auf der Website www.klett.de/online haben wir weitere Angebote für dich aufbereitet. Gib dazu im Feld „Online-Link“ die Nummer 411050-0000 ein.

Zu welchen Themen es Module auf der Software gibt, erkennst du an der kleinen CD-ROM bei den „Fragen und Anregungen“.

VOM ZARENREICH ZUR SOWJETUNION

Die Geschehnisse im Oktober 1917 (nach unserem Kalender im November) in Russland prägten für die nächsten sieben Jahrzehnte die Weltgeschichte nachhaltig. Gewaltsam wurde ein Staat aus der Taufe gehoben, der Jahrhunderte alte Traditionen hinwegfegte und sich selbst als erste Verwirklichung einer Alternative zum bürgerlichen Kapitalismus verstand. Viele glaubten an eine glücklichere und gerechtere Zukunft, andere warnten von Beginn an vor einer Diktatur, die das Volk in Elend und Verderben führen werde. Die Bilder dieser Seiten zeigen dir Facetten des ersten sozialistischen Staates der Welt, der bis zu seinem Untergang 1991 zu den großen politisch-geistigen Kräften des 20. Jahrhunderts zählte.

Lenin auf der Tribüne
Gemälde von Alexander Gerassimow, 1930

Zar Nikolaus II.
Nach der Gefangennahme durch die Roten Garden 1917

Im GULag. Zeichnung eines unbekannten Häftlings

Arbeiter und Kolchosbäuerin
Skulptur der Bildhauerin
Vera Muchina für die Pariser
Weltausstellung 1937

Wettbewerbsentwurf für den Palast der Sowjets in Moskau von Boris Iofan, 1933

Alles für den Aufbau
Plakat von Kogout, 1921

Opfer der Hungersnot im Wolgagebiet, 1921/22

1. Russland zwischen Erstarrung und Reform

1861	Zar Alexander II. (1855–1881) leitet ein umfangreiches Reformprogramm zur Modernisierung Russlands ein, das mit der Aufhebung der Leibeigenschaft (Bauernbefreiung) beginnt.
1903	Die Sozialdemokratische Arbeiterpartei Russlands spaltet sich auf ihrem Parteitag in London in revolutionäre Bolschewiki und reformerische Menschewiki.
1905	Mit dem „Petersburger Blutsonntag" beginnt die erste russische Revolution. Zum ersten Mal bilden sich Arbeiterräte (Sowjets).
1906	Russland erhält erstmals eine Verfassung, die erste Duma wird gewählt.
1911	Ministerpräsident Stolypin leitet Agrarreformen zur Schaffung eines mittelständischen Bauerntums ein.

Q1 **Verbannung**
In einem Gefängnis auf der Insel Sachalin werden einem Verbannten Ketten angelegt. Foto von 1890.

Russland und Europa

Während auf den Schlachtfeldern Westeuropas noch der Erste Weltkrieg tobte, war in Russland die Jahrhunderte lange Zarenherrschaft fast ohne nennenswerten Widerstand beseitigt worden. Das riesige Land wurde in einer bis dahin unvorstellbaren Weise verändert und schickte sich an, in den folgenden Jahren und Jahrzehnten den Lauf der Geschichte entscheidend mitzuprägen. Was waren das für Umwälzungen? Wie kam es dazu, warum fanden sie gerade in Russland statt?

Wirtschaftliche und soziale Situation

Obwohl bereits Zar Peter der Große (1689–1725) die Rückständigkeit Russlands erkannt hatte und sie durch eine Öffnung Russlands nach Westeuropa beseitigen wollte, lebte die Masse der russischen Bevölkerung bis ins 20. Jahrhundert hinein als Bauern in Analphabetentum, Aberglauben, Rechtlosigkeit und unvorstellbarer Armut. Die Einstellung zur Arbeit war von vorkapitalistischem Denken geprägt und nicht auf Profit, sondern aufs Überleben ausgerichtet. In Russland fehlte seit jeher ein gewachsenes europäisches Stadtrecht mit den typischen Selbstverwaltungsorganen der Bürger. Ein breites, selbstbewusstes Bürgertum westlicher Prägung, das als Motor für eine kapitalistische und demokratische Entwicklung hätte wirken können, suchte man in Russland vergebens. Rechtlich war die Stadtbevölkerung mit der Landbevölkerung gleichgestellt. Die Bauern waren meistenteils Leibeigene und an die Scholle gebunden, die Produktivität der russischen Landwirtschaft war gering. Dennoch bildete die russische Dorfgemeinde (russ. Mir) bis ins 20. Jahrhundert hinein eine relativ geschlossene, konservative und zarentreue Welt, die der Stadt und ihren Eliten ablehnend gegenüberstand.

Koloss auf tönernen Füßen

Nach dem Wiener Kongress (1814/15) baute Russland seine Stellung als europäische Großmacht zunächst aus. Als Russland in den Folgejahren im Südosten Europas sich auf Kosten des Osmanischen Reiches ausdehnen wollte, geriet es in Konflikt mit Großbritannien. In Überschätzung der eigenen Kräfte brach Russland 1853 einen Krieg vom Zaun, in dessen Verlauf sich die Rückständigkeit des Zarenreiches auf den Gebieten des Militärs, der Industrialisierung, der Verkehrswege und der Ausbildung seiner Untertanen offenbarte.

Als Konsequenz aus diesem verlorenen Krieg nahm Zar Alexander II. (1855–1881) weitreichende Reformen in Angriff: 1861 beseitigte er die Leibeigenschaft der Bauern, allerdings ohne weitere unterstützende Maßnahmen zu Gunsten der Bauern zu ergreifen, so dass eine durchgreifende und nachhaltige Verbesserung ihrer Lebensverhältnisse ausblieb. 1864 wurden erstmals lokale Ämter geschaffen, die für die eigenständige Verwaltung von Sozialfürsorge, Straßen, medizinische Versorgung und Elementarschulen zuständig waren. Eine Justizreform führte nach 1864 nach europäischem Vorbild rechtsstaatliche Prinzipien ein, 1874 folgte eine Militärreform mit der allgemeinen Wehrpflicht. Die Wirtschaftspolitik des Finanzministers Sergej Witte (1892–1904) gab der Industrialisierung Russlands wichtige Impulse: Zwischen 1891 und 1904 wurden die transsibirische Eisenbahn gebaut und weitere Bahnprojekte gefördert, ein Bankwesen entstand, Auslandskapital wurde beschafft und die aufkeimende russische Industrie wurde gegen ausländische Konkurrenz geschützt. Dennoch blieb Russland ein Agrarland, in dem noch 1914 fast 85% der Einwohner zur ländlichen Bevölkerung zählten. Da sich die Reformen und die Industrialisierung im Rahmen der hergebrachten politischen Ordnung vollzogen, verstärkten sich die schon bestehenden Widersprüche zwischen gebildeten Eliten sowie wohlhabenden Gruppen einerseits und Unterschichten andererseits, zwischen Stadt und Land, zwischen Aristokratie und neuer Öffentlichkeit sowie zwischen Russen und nichtrussischen Völkern.

Reformen verstärken die Widersprüche innerhalb der Gesellschaft

Örtlich begrenzte Rebellionen gegen die Leibeigenschaft gab es schon immer. Jedoch wurde bei derartigen Aufständen die Herrschaft des Zaren niemals grundsätzlich in Frage gestellt. Mit seinen politischen Gegnern angemessen umzugehen, blieb dem Zaren fremd: Statt wohlmeinende Kritiker zu integrieren, reagierte der autokratische Zarenstaat (Autokratie = Alleinherrschaft) fast ausnahmslos mit Verfolgung und Verbannung nach Sibirien. Trotzdem bildete sich im 19. Jahrhundert aus Publizisten, Schriftstellern, Künstlern und Studenten eine radikale „Intelligenzia". Sie idealisierte die alte russische Dorfgemeinde, die mit ihren genossenschaftlichen Organisationsregeln als Vorbild für den Weg in den Sozialismus galt. Allerdings scheiterten in den 1870er und 1880er Jahren noch alle Versuche dieser radikalen „Intelligenzia", die Bauern zum Aufstand gegen den Zaren zu bewegen.

Opposition gegen die Zarenherrschaft

Q2 Unerwartete Rückkehr
Ausschnitt aus einem Gemälde von Ilja Repin, gemalt 1884–1888. Zar Alexander III. (1881–1894) begnadigte zu Beginn seiner Regierungszeit eine Reihe politischer Gefangener aus der Verbannung.

Petersburger Blutsonntag Q3

Am 9. Januar 1905 zogen ca. 140 000 Menschen in einem Protestzug zum Zarenpalast in St. Petersburg. Die Demonstranten trugen Zarenbilder, Ikonen und russische Fahnen.

Gegenspieler dieser Oppositionsgruppe waren die marxistischen Sozialdemokraten, die auf das städtische Industrieproletariat als revolutionäre Masse setzten. Sie hielten 1898 ihren ersten geheimen Kongress ab. Die Gruppe spaltete sich 1903 in die Fraktion der reformorientierten „Menschewiki" (Minderheitler) und der von Lenin geführten revolutionären „Bolschewiki" (Mehrheitler). Weitere politische Oppositionsgruppen waren die „Kadetten", die für eine konstitutionelle Demokratie kämpften, und die gemäßigten Liberalen, die sich „Oktobristen" nannten. Auch die gebildeten Eliten der nichtrussischen Völker gründeten zahlreiche nationale Bewegungen mit kulturellen, politischen und sozialen Forderungen. Insgesamt gab es eine Vielzahl von unterschiedlichen Trägern und Schauplätzen des Widerstandes gegen das autokratische Zarensystem.

Die Revolution 1905

Wegen gegenseitiger Gebietsansprüche im Fernen Osten brach 1904/05 zwischen Russland und Japan ein Krieg aus. Abermals war das russische Militär waffentechnisch hoffnungslos unterlegen und das Ansehen der Regierung verfiel zunehmend. Am 9. Januar 1905 (nach Julianischem Kalender) versammelten sich in St. Petersburg Männer, Frauen und Kinder zu einem friedlichen Demonstrationszug. Sie wollten dem von ihnen noch verehrten Zaren eine Petition mit sozialen und politischen Forderungen übergeben. Eine Elitetruppe des Zaren schätzte die Situation falsch ein und schoss in die Menge. An diesem sog. „Petersburger Blutsonntag" wurde der Mythos vom guten Zaren endgültig zerstört. Es folgten landesweit zahlreiche Streiks der Industriearbeiter und Bauernerhebungen auf dem Lande. In dieser krisenhaften Situation bildeten sich die ersten Sowjets (Räte), die aus Arbeiterausschüssen in den Fabriken hervorgingen und sich nun zu politischen Führungsorganen entwickelten.

Russlands erste Verfassung

Um die Zarenherrschaft zu retten, wurden im April 1906 Reichsgrundgesetze erlassen, die erstmals bürgerliche Grundrechte und -freiheiten garantierten, politische Parteien legalisierten und eine politische Öffentlichkeit schufen. Die Gesetzgebung übernahmen nun ein vom Zaren ernannter Reichsrat und die Reichsduma, deren Abgeordnete in allgemeinen, aber nicht gleichen Wahlen bestimmt wurden. Der Zar blieb aber weiterhin zuständig für Armee und Außenpolitik, ernannte die Regierung, berief das Parlament ein, hatte ein Veto-Recht gegen Duma-Beschlüsse und konnte mit Notverordnungen das Parlament umgehen. Unter der Regierung von Ministerpräsident Stolypin setzte sich die Industrialisierung fort, die Alphabetisierung der Bevölkerung stieg weiter. Die 1911 eingeleitete Agrarreform löste die obligatorische Bindung der Bauern an ihre Dorfgemeinde auf und schuf die Voraussetzungen für ein breites Mittelbauerntum. Der Erste Weltkrieg unterbrach jedoch alle Reformen.

Q4 Die Regierung muss sich an die Spitze stellen

Aus der Denkschrift des Grafen Witte an den Zaren vom 22. Oktober 1905. Sergei J. Graf Witte war zunächst Finanzminister und 1905/06 russischer Ministerpräsident.

Die momentane Freiheitsbewegung ist nicht neueren Datums. Sie wurzelt in Jahrhunderten russischer Geschichte (…) „Freiheit“ muss ein Schlagwort der Regierung werden. Es gibt keine andere Möglichkeit für die Rettung des Staates. Der Marsch des Fortschritts in der Geschichte lässt sich nicht aufhalten. Der Gedanke bürgerlicher Freiheit wird siegen, wenn nicht durch Reformen, dann durch eine Revolution. Sollte letzterer Fall eintreten, so würde der Traum von der Freiheit nur aus der Asche der zerstörten tausendjährigen russischen Vergangenheit emporsteigen können (…) Die Gräuel dieser russischen Insurrektion [Aufstand] werden möglicherweise alles bisher in der Geschichte Bekannte übersteigen. Eine eventuelle Intervention von außen könnte das Land zerstückeln (…) Der Versuch, die Ideale eines theoretischen Sozialismus zu verwirklichen – (es wird ihnen nicht gelingen, aber der Versuch wird gemacht werden) – wird die Familie zerstören, die Kirche und die Grundlage aller Rechtsbegriffe vernichten. Die Regierung muss bereit sein, nach konstitutionellen Richtlinien vorzugehen. Die Regierung muss sich aufrichtig und offen für das Wohl des Landes einsetzen und darf nicht versuchen, die eine oder die andere Art der Regierung vorzuziehen. Entweder muss sich die Regierung an die Spitze der Bewegung, die das Land ergriffen hat, stellen, oder sie muss es den elementaren Kräften, die es in Stücke reißen werden, überlassen.

Zit. nach: Geschichte in Quellen. Das bürgerliche Zeitalter. Bearb. v. G. Schönbrunn, München 1980, S. 670.

Q5 Die Ereignisse in Petersburg 1905 und die Folgen

Aus der Petition der St. Petersburger Arbeiter vom 9. (22.) Januar 1905:

Herrscher! Wir, die Arbeiter der Stadt Petersburg, unsere Frauen, Kinder und hilflosen, greisen Eltern sind zu Dir, Herrscher, gekommen, um Wahrheit und Schutz zu suchen. Wir sind verelendet, wir werden unterdrückt, mit unsagbar schwerer Arbeit belastet, man höhnt uns, sieht in uns keine Menschen, man geht mit uns um wie mit Sklaven, die ihr bitteres Los tragen und schweigen müssen (…)

Hier suchen wir die letzte Rettung. Versage Deinem Volke nicht die Hilfe. Führe es aus dem Grabe der Rechtlosigkeit, der Armut und der Unwissenheit, gib ihm die Möglichkeit, selbst über sein Schicksal zu entscheiden, nimm von ihm das unerträgliche Joch der Beamten. Zerstöre die Scheidewand zwischen Dir und Deinem Volke und lass es zusammen mit Dir das Land regieren (…)

Wenn Du uns auf unser Flehen nicht antwortest, so sterben wir hier auf diesem Platz vor Deinem Palais. Wir sehen keinen Ausweg mehr, und alles ist sinnlos. Wir haben nur zwei Wege: Freiheit und das Glück oder das Grab.

Zit. nach: S. Kumpf-Korfes, Blutsonntag 1905 – Fanal der Revolution. Berlin (Ost) 1976, S. 3.

Julianischer und Gregorianischer Kalender

Bis Februar 1918 galt in Russland der Julianische Kalender, der im 20. Jahrhundert 13 Tage hinter dem im übrigen Europa geltenden Gregorianischen Kalender zurückblieb.

Q6 Picknick der Petersburger Gesellschaft, 1913

Q7 Suppenküche für Arbeitslose, St. Petersburg, 1914

Q8 Russlands Gesellschaft

Im Ausland veröffentlichtes Flugblatt der „Union russischer Sozialisten“ (um 1900). Übersetzung der Legenden (von oben nach unten links): „Wir sind die Herrschaft über euch“, „Wir lenken euch“, „Wir schießen auf euch“, „Wir arbeiten für euch“;
(von rechts unten nach oben) „Wir ernähren euch“, „Wir essen für euch“, „Wir streuen euch Sand in die Augen“. Die hier nicht lesbare Unterzeile des Flugblatts lautet: „Es wird eine Zeit kommen, wo das Volk sich erheben wird, und es wird seine Ausbeuter auseinander jagen.“

D1 Bevölkerungsschichten im Zarenreich

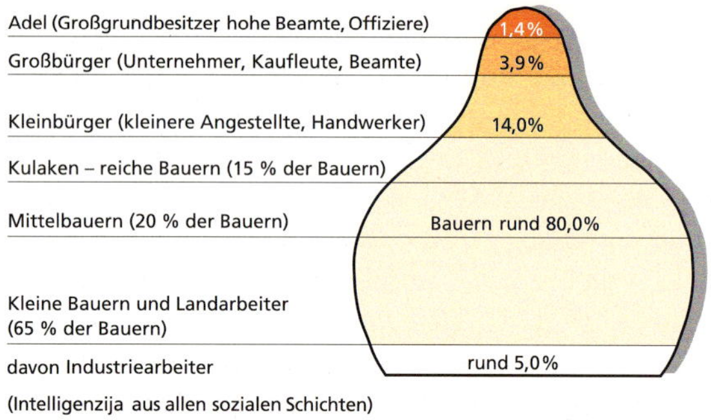

Jahr	1810	1840	1860	1880	1900
Großbritannien	140	175	200	235	225
Frankreich	70	115	145	140	155
Deutschland		75	105	145	220
Italien	–	40	50	60	60
Russland		70	75	70	90
USA	–	215	225	290	310

D2 Niveau der landwirtschaftlichen Entwicklung in verschiedenen Ländern. (100 = jährliche Nettoproduktion von 10 Mill. Kalorien auf pflanzlicher Grundlage pro männlichem Erwerbstätigen in der Landwirtschaft)

Jahr	1840	1850	1860	1870	1880	1888	1896
Großbritannien	620	1290	2450	4040	7600	9200	13700
Frankreich	90	270	1120	1850	3070	4520	5920
Deutschland	40	260	850	2480	5120	6200	8080
Italien	10	40	50	330	500	830	1520
Russland	20	70	200	920	1740	2240	3100
USA	760	1680	3470	5590	9110	14400	18060

D3 Kapazität aller Dampfmaschinen (in Tausend Pferdestärken)

Fragen und Anregungen

1. Ermittle die Bereiche, in denen im zaristischen Russland des 19. Jahrhunderts Modernisierungsbedarf bestand. Finde heraus, wodurch tief greifende Reformen behindert und welche Reformen durchgesetzt wurden (VT, D2 und 3).
2. Stell dir vor, du bist Journalist im zaristischen Russland und sollst für eine Zeitung berichten. Verfasse einen Artikel zum Thema „Die Bevölkerung Russlands und ihre soziale Lage“ (Q6–8, D1).
3. Kennzeichne die politische Situation im Russischen Reich am Ende des 19. Jahrhunderts (VT, Q1–3).
4. Bringe das Bild Q2 zum Sprechen, indem du den abgebildeten Personen Gedanken und Worte zuordnest.
5. Inwiefern waren die Ereignisse von St. Petersburg im Januar 1905 eine Chance für den Zaren, seine Herrschaft zu retten (VT, Q4 und 5)?

2. 1917 – ein Jahr, zwei Revolutionen

2. März (17. Februar) 1917	Februar-Revolution: Zar Nikolaus II. dankt ab. Ein Duma-Komitee bildet die „Provisorische Regierung“; daneben bilden sich Arbeiter- und Soldatenräte.
16. April (3. April) 1917	Lenin kehrt aus dem Schweizer Exil nach Petrograd zurück.
7./8. November (25./26. Oktober) 1917	Oktober-Revolution: Aufständische Truppen unter der Führung von Bolschewisten verhaften die Provisorische Regierung, Lenin wird am Tag darauf Vorsitzender des „Rates der Volkskommissare“.
18./19. Januar (5./6. Januar) 1918	Bolschewistische Truppen sprengen die gewählte Verfassungsgebende Versammlung.

Die Unzufriedenheit wächst

Im Verlauf des Ersten Weltkriegs beschleunigte sich der Autoritätsverlust der Zarenherrschaft dramatisch. Mit den Niederlagen an der Front, den Versorgungsengpässen und der starren Politik von Zar und Regierung wuchs die Unzufriedenheit und Protestbereitschaft der Bevölkerung. Während es auf dem Lande zunächst noch ruhig blieb, kam es in den Städten, allen voran in der Hauptstadt St. Petersburg (seit 1914 Petrograd), immer häufiger zu Massenstreiks und Demonstrationen. Die hauptsächlichen Ursachen dafür waren, dass der kriegsbedingten Mehrarbeit sinkende Reallöhne gegenüberstanden und die Versorgung der Städte im dritten Kriegsjahr bis an die Hungergrenze gefallen war. Auch das gewaltsame Vorgehen der Regierung gegen die Arbeiterproteste förderte die Streikbereitschaft der großen Anzahl von Frauen und Jugendlichen, die anstelle der zum Militär eingezogenen Männer in den Fabriken arbeiteten.

Die Februarrevolution 1917 und das Ende der Zarenherrschaft

Als am 8. März (23. Februar) 1917, dem Internationalen Frauentag, sich in einer der Petrograder Vorstädte ein spontaner Protestzug aus Arbeiterinnen der Textil- und Munitionsfabriken formierte, wurde daraus schnell eine Massendemonstration gegen Hunger, Krieg und Zarenherrschaft. Nach wenigen Tagen war das ganze Land erfasst. Während die überwiegend frisch rekrutierten Bauernsöhne der Petrograder Garnison in Scharen zu den Aufständischen überliefen, weigerten sich die Generäle, zarentreue Einheiten von der Front abzuziehen, um die Monarchie zu retten. Am 2. März 1917 unterzeichnete Zar Nikolaus II. die Abdankungsurkunde. Fast lautlos und ohne Gegenwehr war das alte Regime zusammengebrochen.

Provisorische Regierung und Petrograder Sowjet

Zu zögerlich begann die aus der letzten Duma hervorgegangene Provisorische Regierung das entstandene Machtvakuum zu füllen. Sie fühlte sich nicht ausreichend legitimiert und wollte nur bis zur Einberufung einer Verfassungsgebenden Versammlung im Amt bleiben. Weil die Provisorische Regierung wusste, dass sie in diesen Tagen nicht ohne die Zustimmung der revolutionären Massen bestehen konnte, tolerierte sie die sich überall im Lande bildenden Sowjets (Räte) neben sich. Überregionale Bedeutung kam dabei dem Petrograder Sowjet zu, der bald die Rolle einer zentralen Vertretung übernahm. Die Sowjets verstanden sich als revolutionäre Vertretung der Arbeiter, Soldaten und Bauern. Ihre Abgeordneten wurden meist in offener Abstimmung gewählt, konnten jederzeit abberufen werden und waren der entsendenden Versammlung verantwortlich. In diesen Sowjets stellten die Sozialrevolutionäre, die die Interessen der Bauern vertraten, und die Menschewiki durchweg die Mehrheit, während die Bolschewiki fast überall in der Minderheit waren.

Q1 **Die Erste Provisorische Regierung im Marienpalais, 1917**

Q2 **Der Petrograder Sowjet, März 1917 im Taurischen Palais**

Doppelherrschaft

Die Doppelherrschaft von Provisorischer Regierung und Sowjet verhinderte den Aufbau einer starken Zentralgewalt. Beide Institutionen stimmten darin überein, die bürgerlichen Grundrechte und die Gleichberechtigung aller Nationen und Religionen zu gewähren sowie eine Verfassungsgebende Versammlung einzuberufen. Uneinigkeit zwischen ihnen herrschte vor allem über die Fortsetzung des Krieges gegen Deutschland. Die Provisorische Regierung hatte sich die Duldung der zaristischen Generäle dadurch erkauft, dass sie versprach, die Bündnisverpflichtungen gegenüber den Alliierten einzuhalten und damit den Krieg fortzusetzen. Demgegenüber forderte der Petrograder Sowjet mit dem richtigen Gespür für die Sehnsucht der kriegsmüden Bevölkerung einen sofortigen Friedensschluss. Es zeigte sich von Anfang an, dass es der neuen Regierung nicht gelingen würde, ihre Autorität durchzusetzen. Das Reich zerfiel und Anarchie begann sich auszubreiten.

Lenin

Q3 **Lenin, 1870–1924**

In dieser Situation trat Wladimir Iljitsch Uljanow, genannt Lenin, in Erscheinung. In Simbirsk als Sohn eines in den Adel aufgestiegenen Schulinspektors und einer Gutsbesitzertochter geboren, erlebte Lenin 1887 die Hinrichtung seines von ihm bewunderten Bruders Alexander wegen eines geplanten Attentats auf den Zaren. Lenin schloss sich daraufhin der revolutionären Bewegung an. Nach dem Jura-Studium arbeitete er in Samara als Rechtsanwalt, siedelte 1883 nach St. Petersburg über, wo er 1895 eine Vorläuferorganisation der Sozialdemokratischen Arbeiterpartei Russlands (SDAPR) gründete. Wegen politischer Agitation wurde er nach Sibirien verbannt und gelangte 1900 ins Exil nach Westeuropa. 1903 betrieb er die Spaltung der SDAPR in die Menschewiki und die von ihm geführten Bolschewiki, die er zu einer revolutionären, straff organisierten Kaderpartei von Berufsrevolutionären entwickelte. Während des Ersten Weltkrieges lebte Lenin in der Schweiz. Um den Kriegsgegner Russland im Innern zu schwächen, organisierte die deutsche Regierung 1917 Lenins Rückkehr in seine Heimat und unterstützte ihn mit großen Geldzahlungen.

Lenins Aprilthesen

Einen Tag nach seiner Rückkehr forderte Lenin am 17. April, die Provisorische Regierung rücksichtslos zu bekämpfen und zu stürzen, um baldmöglichst den Übergang in eine sozialistische Revolution einzuleiten. Stand Lenin anfangs mit seiner Position noch alleine, so wendete sich ab Juni das Blatt. Auf dem Land kam es zu wilden Enteignungen. Als sich die Versorgungslage in den Städten erneut dramatisch verschlechterte, flammten Massenstreiks und Demonstrationen wieder auf.

Weitere Niederlagen an der Kriegsfront und ein fehlgeschlagener konservativer Putschversuch bewirkten, dass die Bolschewisten, die sich noch nicht durch eine Regierungsbeteiligung verschlissen hatten, immer mehr Zulauf bekamen.

„Alle Macht den Räten"

Die Doppelherrschaft konnte kein Dauerzustand bleiben. Lenin wusste, dass die Bolschewiki bei allgemeinen Wahlen zur konstituierenden Versammlung keine Chancen hatten, die Mehrheit zu erringen. Deswegen organisierte er gemeinsam mit Leo Trotzki einen Staatsstreich. In der Nacht zum 7. November 1917 (25. Oktober) besetzten die von Trotzki geführten bolschewistischen Roten Garden die strategisch wichtigen Punkte in Petrograd, ohne dass sie auf nennenswerten Widerstand stießen. Sie verhafteten die Provisorische Regierung, Ministerpräsident Kerenskij gelang die Flucht ins Exil. Zur gleichen Zeit tagte in Petrograd der Allrussische Sowjetkongress. Auch dort hatten die Bolschewiki keine Mehrheit. Von den 670 Delegierten entfielen auf sie nur 300 Mandate. Auf der Eröffnungssitzung verlangten Menschewiki und rechte Sozialrevolutionäre eine Koalitionsregierung zu bilden, an der sie entsprechend der Zusammensetzung des Kongresses beteiligt sein wollten. Als die Bolschewiki diese Forderung ablehnten, verließen Menschewiki und rechte Sozialrevolutionäre den Kongress. Nun wurde unter Lenins Vorsitz die neue Regierung gebildet, die sich „Rat der Volkskommissare" nannte. Sie erließ am folgenden Tag ein „Dekret über den Frieden" und legalisierte im Dekret über „Grund und Boden" alle bereits vollzogenen Enteignungen auf dem Land nachträglich. Es folgte das Versprechen, in den Fabriken die „Arbeiterkontrolle" einzuführen und alle Völker Russlands gleichzustellen. Am 8. Dezember (12. November) fanden Wahlen zur Verfassungsgebenden Versammlung statt. Da die Bolschewisten auch diesmal in der Minderheit waren, trieben sie die Versammlung im Januar 1918 gewaltsam auseinander. Der von den Bolschewisten beherrschte Rat der Volkskommissare koppelte sich nun schleichend von den gewählten Sowjets im Lande ab, in denen die Bolschewisten oft in der Minderheit waren. Räumlich wurde die Trennung vollzogen, als die Hauptstadt im März 1918 nach Moskau verlegt wurde.

„Der Bolschewik" Q4 (unter ihm die Stadt Moskau), Gemälde von Boris M. Kustodjew aus dem Jahr 1920, Öl auf Leinwand, 101x141 cm.

Q5 Lenins Ankunft am 16. (3.) April 1917 in Petrograd

Q6 Was sind die nächsten Aufgaben der Regierung?

Aus Proklamationen der Provisorischen Regierung, 6. 3. 1917:

Die Regierung wird alle Anstrengungen machen, unsere Armee mit allem Nötigen zu versorgen, um den Krieg zu einem siegreichen Ende zu bringen. Die Regierung wird die Bündnisse, die uns mit anderen Mächten verbinden, als geheiligt ansehen und unerschütterlich die mit den Alliierten getroffenen Vereinbarungen ausführen.

19. 3. 1917:

Das erste und dringlichste Problem ist die Landfrage. (...) Es gibt keinen Zweifel, dass sie auf die Tagesordnung der Konstituierenden [Verfassungsgebenden] Versammlung gesetzt wird. Die Landfrage kann nicht durch willkürliche Inbesitznahme gelöst werden. Gewalt und Raub sind die schlimmsten und gefährlichsten Mittel im Bereich der ökonomischen Beziehungen.

Zit. nach: H. Linke, Die russischen Revolutionen 1905/1917. Zusammenbruch der zaristischen Herrschaft und Machtergreifung der Bolschewiki. Stuttgart 1991, S. 58.

Q7 Antworten auf wichtige Fragen der Zeit

Erklärung der Provisorischen Regierung, 1917:

Bei seiner Tätigkeit wird sich das Kabinett von folgenden Prinzipien leiten lassen:

1. Vollständige und sofortige Amnestie aller politischen und religiösen Vergehen einschließlich terroristischer Angriffe, militärischer Revolten, Verbrechen in der Landwirtschaft usw.
2. Freiheit der Rede, der Presse, Vereins-, Versammlungs- und Streikfreiheit und Ausdehnung der politischen Freiheit auf Personen, die im Militärdienst stehen, soweit es die militärische Technik zulässt.
3. Abschaffung aller benachteiligenden Unterschiede infolge der Zugehörigkeit zu bestimmten Ständen, Religionsgemeinschaften und Nationalitäten.
4. Sofortige Vorbereitung zur Einberufung einer Konstituierenden Versammlung auf der Grundlage des allgemeinen, gleichen, geheimen und direkten Wahlrechts, welche die Verwaltungs- und Verfassungsform des Landes bestimmen soll.
5. Ersetzung der Polizei durch eine Volksmiliz mit gewählter Leitung, die den Organen der lokalen Selbstverwaltung untersteht.
6. Wahlen zu den Organen der lokalen Selbstverwaltung auf der Grundlage allgemeiner, direkter, gleicher und geheimer Wahlen.
7. Die militärischen Einheiten, die an der revolutionären Bewegung teilgenommen haben, nicht zu entwaffnen und aus Petrograd zu entfernen.
8. Unter Aufrechterhaltung strenger militärischer Disziplin an der Front und im Militärdienst Befreiung der Soldaten von allen Beschränkungen allgemeiner Rechte, deren sich die anderen Bürger erfreuen.

Die Provisorische Regierung erachtet es als ihre Pflicht, zu betonen, dass sie nicht beabsichtigt, militärische Umstände zu einer Hinausschiebung der oben angedeuteten Reformen und anderen Maßnahmen auszunützen.

Zit. nach: M. Hellmann (Hg.), Die russische Revolution 1917. München 1964, S. 152 f.

Q8 Lenin legt das Vorgehen der Bolschewisten fest

Am 7. April 1917 veröffentlichte Lenin in der Zeitung „Prawda" („Die Wahrheit") seine Vorstellungen von der Machtübernahme. Diese Schrift wurde unter der Bezeichnung „Aprilthesen" bekannt.

1. In unserer Stellung zum Krieg, der (...) ein räuberischer imperialistischer Krieg bleibt, sind auch die geringsten Zugeständnisse an die „revolutionäre Vaterlandsverteidigung" unzulässig (...)
2. Die Eigenart der gegenwärtigen Lage in Russland besteht im Übergang von der ersten Etappe der Revolution, die infolge des ungenügend entwickelten Klassenbewusstseins und der ungenügenden Organisiertheit des Proletariats der Bourgeoisie die Macht gab, zur zweiten Etappe der Revolution, die die Macht in die Hände des Proletariats und der ärmsten Schichten des Bauerntums legen muss (...)
3. Keinerlei Unterstützung der Provisorischen Regierung (...)
4. Anerkennung der Tatsache, dass unsere Partei in den meisten Sowjets (...) in einer schwachen Minderheit ist gegenüber dem Block aller kleinbürgerlichen opportunistischen Elemente, die dem Einfluss

der Bourgeoisie erlegen sind und diesen Einfluss in das Proletariat hineintragen (...)

5. Keine parlamentarische Republik (...) sondern eine Republik der Sowjets (...) im ganzen Lande, von unten bis oben. Abschaffung der Polizei, der Armee und der Beamtenschaft. Entlohnung aller Beamten, die durchweg wählbar und jederzeit absetzbar sein müssen, nicht über den Durchschnittslohn eines guten Arbeiters hinaus.
6. (...) Im Agrarprogramm (...) Konfiskation [Beschlagnahmung] aller Gutsbesitzerländereien. Nationalisierung des gesamten Bodens im Lande; die Verfügungsgewalt über den Boden liegt in den Händen der örtlichen Sowjets der Landarbeiter- und Bauerndeputierten.

W. I. Lenin, Werke. Band 24. Berlin 1959, S. 1 ff.

Demonstration der Arbeiterinnen von Petrograd, 1917 Q9

Aufschrift auf dem Transparent: „Genossen, Arbeiter und Soldaten! Unterstützt unsere Forderungen!" Die Frauen forderten Wahlrechte und eine Vergrößerung der Verpflegungsration für Soldaten.

Q10 Diktaktur des Proletariats

Lenin über die Methode der Machtergreifung durch das Proletariat:

Nur Schufte und Idioten können sich einbilden, dass das Proletariat erst die Majorität [Mehrheit] haben muss durch Wahlen, die unter dem Bourgeoisie-Joch stattfinden, unter dem Joch der Lohnsklaverei, und nur dann versuchen kann die Macht an sich zu reißen (...) Nachdem das Proletariat genügend starke politische und militärische „Stoßtruppen" gesammelt hat, muss es die Bourgeoisie stürzen und ihr die Staatsgewalt entreißen, um sie ihren eigenen Klasseninteressen dienstbar zu machen. Die Opportunisten reden dem Volk ein, dass es zuerst eine Majorität gewinnen müsse mit Hilfe des allgemeinen Wahlrechts; nachdem es diese Majorität gewonnen habe, müsse es die Staatsgewalt übernehmen und schließlich auf Grund dieser „folgerechten" (oder „reinen", wie man heutzutage sagt) Demokratie sich anschicken den Sozialismus zu organisieren. Wir dagegen behaupten, dass das Proletariat erst die Bourgeoisie stürzen und die Macht an sich reißen und dann die Macht, das heißt die Diktatur des Proletariats als Instrument seiner Klasse so gebrauchen muss, dass es die Sympathie der Majorität der Werktätigen für sich gewinnt.

W. I. Lenin, Ges. Werke, Bd. XVI. S. 336.

Q11 Innerparteiliche Kritik an Lenins Vorgehen

Stellungnahme der führenden Parteifunktionäre Sinowjew und Kamenew zu Lenins Aufstandsplänen in der Sitzung des bolschewistischen Zentralkomitees am 10. 10. 1917:

Man sagt: 1. für uns ist schon die Mehrheit des Volkes in Russland, und 2. für uns ist die Mehrheit des internationalen Proletariats. Leider ist weder das eine noch das andere wahr und das ist der springende Punkt. In Russland ist die Mehrheit der Arbeiter und ein ansehnlicher Teil der Soldaten für uns. Aber alles andere ist zweifelhaft. Wir sind z. B. alle überzeugt, dass, wenn es jetzt zu Wahlen zur Konstituierenden Versammlung kommt, die Bauern in ihrer Mehrheit für die Sozialrevolutionäre stimmen werden. (...)

Die Partei des Proletariats wird wachsen, ihr Programm wird immer breiteren Massen klar werden. (...) Und nur durch eins kann sie ihre Erfolge hemmen, und zwar dadurch, dass sie unter den jetzigen Umständen die Initiative der Aktion auf sich nimmt und so das Proletariat den Schlägen der vereinigten (...) Konterrevolution aussetzt. Gegen diese verhängnisvolle Politik erheben wir die Stimme der Warnung.

Zit. nach: M. Hellmann (Hg.), Die russische Revolution 1917. Von der Abdankung des Zaren bis zum Staatsstreich der Bolschewiki. München 1984, S. 295, 297.

Kontro vers

Das Epochejahr 1917 im Urteil von Historikern

Die Bewertung der Ereignisse des Jahres 1917 haben sich im Laufe der Zeit gewandelt:

Q12 *Der Historiker Valentin Gitermann (1949):*
Dass sich die bürgerliche Demokratie in Russland so bald nach ihrer Geburt als lebensunfähig erwies, lässt sich nicht etwa durch taktische Fehler erklären, die Kerenskij oder andere Politiker begangen hätten. Es resultierte vielmehr die Machtergreifung des Bolschewismus aus den gegebenen Verhältnissen mit unabwendbarer Zwangsläufigkeit. Die antibolschewistischen Koalitionsparteien mussten immer deutlicher erkennen, wie ihr Einfluss auf die Massen des Volkes sank. Das Volk verlangte Frieden und Land und diesem Verlangen kamen nur die Parolen des Bolschewismus entgegen. Daraus erklärt sich, dass die Parteien der Reg+ierungskoalition von der Befürchtung gequält wurden, durch eine bolschewistische Erhebung hinweggefegt zu werden.

V. Gitermann, Geschichte Russlands, Band 3. Frankfurt a. M. 1965, S. 487.

Q13 *Der Historiker Manfred Hildermeier (1989):*
Die Tendenz ist zweifellos gewachsen dem Februarregime einen größeren Teil der Verantwortung für die Möglichkeit des Oktober zuzuweisen als bisher. Übergroße äußere Lasten und gravierende eigene Versäumnisse haben das einzige echte Experiment des Parlamentarismus in Russland zu Fall gebracht. Gewiss bleibt der Putsch Lenins ein denkwürdiges Ereignis mit weltgeschichtlichen Folgen. Aber er bildete nicht das Bravourstück, das man oft in ihm gesehen hat. Die Macht lag auf der Straße und die Februarregierung sah gebannt zu, wie die Bolschewiki sie vor aller Augen auflasen.

M. Hildermeier, Die Russische Revolution 1905–1921. Frankfurt/a. M 1989, S. 300.

Q14 *Der Historiker Eric Hobsbawm (1995):*
Wer die Forderungen der Massen übernahm – „Brot, Friede, Land" – fand sofort Unterstützung und das waren vor allem Lenins Bolschewiken. Lenins einzig wirkliche Leistung war, dass er zu erkennen in der Lage war, was die Massen wollten, und dementsprechend eben auch wusste, dass er führen musste, indem er ihnen folgte. Auf der anderen Seite war der Provisorischen Regierung und ihren Sympathisanten nicht bewusst geworden, wie unfähig sie war Russland dahin zu bringen, ihre Gesetze und Dekrete zu befolgen. Die radikale Grundströmung in ihrer Gefolgschaft drängte die Bolschewiken unaufhaltsam zur Machtübernahme. Als der Augenblick dann da war, musste die Macht nur noch übernommen werden. Die Provisorische Regierung hatte sich schlichtweg in Luft aufgelöst, nachdem niemand mehr zu ihrer Verteidigung übrig geblieben war.

E. Hobsbawm, Das Zeitalter der Extreme. München 1995, S. 86 f.

Genosse Lenin säubert die Erde von Unrat Q15
Plakat eines unbekannten Künstlers.

Fragen und Anregungen

1. Stelle die politischen Forderungen und Programme der Provisorischen Regierung und der Bolschwiki unter folgenden Gesichtspunkten gegenüber: Wege zur Macht, Formen der Machtausübung, Haltung zu demokratischen Rechten, zum Krieg und zur Agrarfrage (Q6–8, 10).
2. Lege dar, auf welche Machtbasis sich Lenins Pläne stützten und welche Chancen Sinowjew und Kamenew den Plänen einräumten (VT, Q5, Q9–11).
3. Deute anhand des Bildes „Der Bolschewik", wie der Künstler die Machtergreifung der Bolschewiki interpretiert und vergleiche dies mit den dir bekannten Sachverhalten (VT, Q1, 2 und 4).
4. Vergleiche die Aussagen Gitermanns, Hildermeiers und Hobsbawms. Wie beurteilen sie die Machtübernahme der Bolschewiki? → **Kontrovers**
5. Interpretiere die Aussage des Plakats Q15.

3. Die Bolschewisten sichern ihre Macht

1918–1920	Die Rote Armee besiegt im Bürgerkrieg die Weiße Armee.
1921	Der X. Parteikongress der Kommunistischen Partei Russlands beschließt die Neue Ökonomische Politik (NEP) und verbietet die Bildung von Fraktionen innerhalb der Partei.
1922	Die Union der Sozialistischen Sowjetrepubliken (UdSSR) wird gegründet.
1924	21. Januar: Lenin stirbt.

Staatswappen der UdSSR Q1

Die Gegner werden ausgeschaltet

Als die radikale Minderheit der Bolschewiki unter der Führung ihrer beiden entschlossenen Führer Lenin und Trotzki die Macht an sich gerissen hatten, war noch keineswegs sicher, ob die neuen Verhältnisse von Bestand sein würden. Deswegen setzten die Bolschewiki nun alles daran, ihre Macht unter allen Umständen zu erhalten.
Um Gegner einzuschüchtern und aus dem Weg zu räumen, befürworteten Lenin und Trotzki ausdrücklich die Gewalt der Straße und den roten Terror als eine neue Form von Klassengerechtigkeit. Schon lange schwelende soziale Spannungen und die anwachsende Unzufriedenheit wurden als politisches Mittel ausgenutzt: Es wurde toleriert, wenn wohlhabende Bürger oder Adelige ihres Besitzes beraubt, misshandelt oder gar umgebracht wurden. Zudem gründeten die Bolschewisten eine politische Polizei, die Tscheka, die für die willkürliche Ermordung von Tausenden von vermeintlichen Klassenfeinden verantwortlich ist. Im Juli 1918 erschoss ein Kommando der Tscheka bei Jekaterinenburg den ehemaligen Zaren und seine gesamte Familie.

Der Bürgerkrieg

Außenpolitisch lösten die Bolschewisten ihr Friedensversprechen ein und schlossen bei Brest-Litowsk am 3. März 1918 einen für Russland mit großen Gebietsverlusten verbundenen Frieden. Gleichzeitig formierten sich unter Führung ehemals zaristischer Generäle die Gegner der Bolschewisten zur so genannten „Weißen Armee“. Anfangs kämpften auch Truppen aus Großbritannien und Frankreich auf Seiten der Weißen, unterstützt wurden sie von Japan und den USA. Während sich das Lager der Weißen aber nicht auf eine einheitliche Strategie und ein konkretes Regierungsprogramm einigen konnte, errang die von Trotzki geformte Rote Armee in dem erbittert geführten Bürgerkrieg den Sieg.

Widerstände und Reaktionen

Der Bürgerkrieg vernichtete auch noch die letzten Werte der russischen Volkswirtschaft. Die Industrieproduktion betrug nur noch ein Drittel der Vorkriegsproduktion, die Landwirtschaft war zerrüttet und für den Winter 1921/22 kündigte sich eine Hungersnot an. Erste Protestzüge, Widerstandsaktionen der Bauern und vor allem der Aufstand der Matrosen auf der Petrograder Inselfestung Kronstadt im Februar und März 1921 bedrohten die Herrschaft der Bolschewisten. In dieser Situation traf der X. Parteikongress der Kommunistischen Partei im März 1921 auf Lenins Geheiß zwei weitreichende Beschlüsse. Fortan war es verboten, innerhalb der Kommunistischen Partei eine andere Meinung als die Führung zu vertreten. Dieses Verbot, Fraktionen zu bilden, verhinderte in den Folgejahren jegliche innerparteiliche Opposition.

Q2 Auf dem Smolensker Markt in Moskau interessiert sich ein Parteifunktionär für einen Pelzschal, 1920

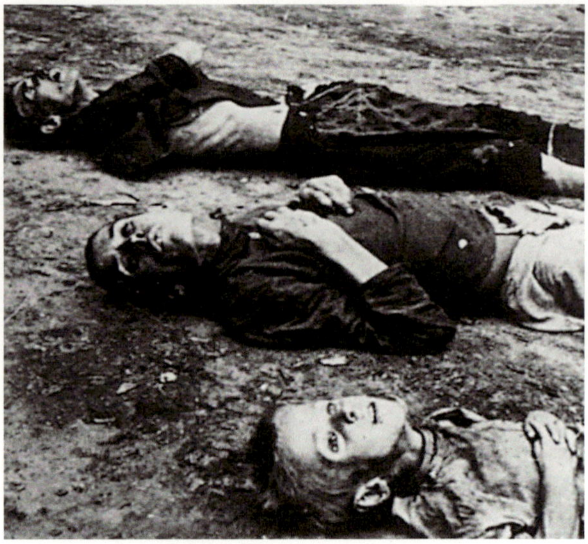

Opfer der Hungersnot 1921/22 an der Wolga Q3

Zugeständnisse

Die andere Veränderung des Jahres 1921 betraf die Wirtschaft: Hatte die Bolschewistische Partei zuvor alle wichtigen Produktions- und Verteilungsfunktionen übernommen, die großen Industriebetriebe und die Banken verstaatlicht sowie die Versorgungsengpässe durch gewaltsame Beschaffung von Getreide und eine Ablieferungspflicht gelöst, so verkündete Lenin jetzt einen taktischen Rückzug.
Bauern erhielten das Recht, die Überschüsse ihrer Produktion auf dem freien Markt zu verkaufen. Das Kleinhandwerk durfte in Betrieben bis zu 20 Mann auf eigene Rechnung produzieren. Andererseits blieb die Verstaatlichung der Großbetriebe und Banken ausdrücklich bestätigt, sowie die zentrale Lenkung und Planung. Diese „Neue Ökonomische Politik" (russ. NEP) ließ Marktwirtschaft im Kleinen zu, setzte aber im Großen weiterhin auf Planung und Lenkung. Keineswegs verfolgte Lenin mit der NEP eine Kehrtwendung, sondern gönnte der maroden Volkswirtschaft lediglich eine Erholungspause. Tatsächlich zeigten sich bald erste Erfolge und die Versorgungslage entspannte sich.

Nationalitätenpolitik und die Gründung der UdSSR

Im Russischen Reich lebte eine Vielzahl unterschiedlichster Völker, deren Gebiete infolge der kolonialen Politik der Zaren zwangsweise angegliedert worden waren. In den Revolutionen von 1905 und 1917 lebten auch Nationalbewegungen auf und nach dem Zusammenbruch des Zarenreiches strebten viele nichtrussische Völker in die Unabhängigkeit. Nach dem Bürgerkrieg versuchten die Bolschewisten, diese Völkerschaften durch umfangreiche Zugeständnisse an sich zu binden. Es wurden Sowjetrepubliken gegründet, die jeweils das Siedlungsgebiet einzelner Nationalitäten umfassten. Den dort lebenden Völkern wurde zugestanden, ihre inneren Angelegenheiten selbst zu regeln.
Ende 1922 schlossen sich die Russische Sozialistische Föderative Sowjetrepublik (RSFSR), das eigentliche russische Kernland, sowie die ukrainische, die weißrussische und die transkaukasische Sowjetrepublik zur Union der Sozialistischen Sowjetrepubliken (UdSSR) zusammen. Bis 1936 stieg die Zahl der in der UdSSR vereinigten Sowjetrepubliken auf elf, nach dem Zweiten Weltkrieg auf fünfzehn. Obwohl die Sowjetunion eine föderative Struktur hatte und die einzelnen Republiken formal unabhängig blieben, wurden sie von der kommunistischen Zentralgewalt in Moskau beherrscht. Die Rechte der nichtrussischen Völker wurden unterlaufen und systematisch beschnitten. In den 1930er Jahren setzte eine aggressive

D1 **Die Union der Sozialistischen Sowjetrepubliken**
Stand: 30.12.1922

Russifizierungspolitik ein, die nationalen Sprachen wurden zugunsten des Russischen zurückgedrängt, die Religion verfolgt. Nomaden wurden zwangsweise sesshaft gemacht, Enteignungen wurden vorgenommen, nationale Eliten verfolgt und ermordet. Mit all diesen Maßnahmen wurden die nichtrussischen Völker nicht nur ihrer traditionellen Wurzeln beraubt, auch ihre wirtschaftlichen und sozialen Grundlagen wurden zerstört. Dennoch zeigte sich beim Zerfall der UdSSR in den 1990er Jahren, dass der nationale Gedanke lebendig geblieben war.

Stalin betritt die politische Bühne

Unbemerkt von der Öffentlichkeit gelang es einem bis dahin wenig in Erscheinung getretenen Bolschewisten, in der Kommunistischen Partei das neue Amt eines Generalsekretärs zu schaffen, das er für seinen unaufhaltsamen Aufstieg skrupellos ausnutzte. Josef Wissarionowitsch Dschugaschwili, genannt Stalin, wurde als Sohn eines Schuhmachers und einer Waschfrau 1879 in Gori in Georgien geboren. Er besuchte von 1884–1899 das orthodoxe Priesterseminar in Tiflis, aus dem er wegen der Beteiligung an revolutionären Aktionen ausgeschlossen wurde. Seit 1898 war er Mitglied der Sozialdemokratischen Arbeiterpartei Russlands (SDAPR) und ging 1903 auf die Seite der Bolschewisten. Stalin wurde mehrfach verhaftet und nach Sibirien verbannt. Während der Oktoberrevolution gehörte er zwar zum Führungskader, fiel aber nicht besonders auf. Im Rat der Volkskommissare war er Nationalitätenkommissar. 1922 wurde Stalin Generalsekretär der Partei und hatte damit das Recht, alle Kandidaten für Parteiämter vorzuschlagen. Mit Hilfe dieser Machtstellung und skrupellos geschlossener Allianzen brachte Stalin seine Anhänger in die wichtigen Positionen und schaltete seine Konkurrenten nacheinander aus. Stalin wurde als listig, verschlagen, misstrauisch und rücksichtslos charakterisiert. Bis zu seinem Tode 1953 stand er an der Spitze der UdSSR.

Q4 **Stalin (1879–1953)**

Q5 Wie soll das Land modernisiert werden?

Lenin berichtete auf dem 8. Gesamtrussischen Sowjetkongress, der vom 22. bis 29. Dezember 1920 tagte, über die Tätigkeit des Rats der Volkskommissare. In seiner Rede legte er das Modernisierungsprogramm der Bolschewisten dar:

Kommunismus – das ist Sowjetmacht plus Elektrifizierung des ganzen Landes. Sonst wird das Land ein kleinbäuerliches Land bleiben, und das müssen wir klar erkennen. Wir sind schwächer als der Kapitalismus, nicht nur im Weltmaßstab, sondern auch im Innern unseres Landes. Das ist allbekannt. Wir haben das erkannt, und wir werden es dahin bringen, dass die wirtschaftliche Grundlage aus einer kleinbäuerlichen zu einer großindustriellen wird. Erst dann, wenn das Land elektrifiziert ist, wenn die Industrie, die Landwirtschaft und das Verkehrswesen eine moderne großindustrielle technische Grundlage erhalten, erst dann werden wir endgültig gesiegt haben.

Wir haben bereits einen vorläufigen Plan für die Elektrifizierung des Landes ausgearbeitet. (...) Gewiss, für die parteilose Bauernmasse ist das elektrische Licht ein „unnatürliches" Licht, für uns aber ist es unnatürlich, dass die Bauern und Arbeiter jahrhunderte-, jahrtausendelang in solcher Finsternis, in Elend, in Unterdrückung durch die Gutsbesitzer und Kapitalisten leben konnten. Dieser Finsternis kann man nicht so schnell entrinnen. Aber wir müssen es jetzt dahin bringen, dass jedes Kraftwerk, das wir bauen, wirklich zu einem Stützpunkt der Aufklärung wird, dass es sozusagen die elektrische Bildung der Massen fördert. (...) Man muss jedoch wissen und darf nicht vergessen, dass die Elektrifizierung nicht mit Analphabeten durchzuführen ist. Es genügt nicht, dass unsere Kommission bemüht sein wird, das Analphabetentum zu liquidieren. Sie hat viel geleistet im Vergleich zu dem, was vorher war, aber wenig im Vergleich zu dem, was Not tut. Wir brauchen Menschen, die nicht nur des Lesens und Schreibens kundig sind, sondern kulturell hochstehende, politisch bewusste, gebildete Werktätige; es ist notwendig, dass die Mehrheit der Bauern eine bestimmte Vorstellung von den Aufgaben hat, vor denen wir stehen. Dieses Programm der Partei muss das wichtigste Lehrbuch werden, das in allen Schulen eingeführt werden sollte. (...) Wir müssen es dahin bringen, dass jede Fabrik, jedes Kraftwerk zu einer Stätte der Aufklärung wird, und wenn Russland sich mit einem dichten Netz von elektrischen Kraftwerken und mächtigen technischen Anlagen bedeckt haben wird, dann wird unser kommunistischer Wirtschaftsaufbau zum Vorbild für das kommende sozialistische Europa und Asien werden.

Lenin, Werke, Bd. XXXI. Berlin 1959, S. 513ff.

Q6 Organisiert Dorflesestuben

Plakat aus dem Jahr 1919 zur Alphabetisierung.

Jahr	Stadt		Land		ges.		
	m	w	m	w	m	w	ges.
1897	66,1	45,7	35,5	12,5	40,3	16,6	28,4
1920	80,7	66,7	52,4	25,2	57,6	32,3	44,1
1926	88,0	73,9	67,3	35,4	71,5	42,7	56,6
1939	97,1	90,7	91,6	76,8	93,5	81,6	87,4

D2 Lese- und Schreibfähigkeit der Bevölkerung Russlands bzw. der UdSSR (in Prozent)

Zugrunde gelegt wurden alle Einwohner im Alter von 9 bis 49 Jahren. Es ist unterschieden zwischen männlichen und weiblichen Bevölkerungsanteilen.

	1913	1920	1925/26	1940
Erdöl	9,2	3,8	8,5	31,1
Steinkohle	29,8	8,4	25,6	165,9
Eisenerz	9,2	0,2	3,3	29,9
Roheisen	4,2	0,1	2,2	14,9
Stahl	4,2	–	–	18,3

D3 Produktionsziffern der UdSSR (bzw. Russlands) 1913–1940 (in Mio. Tonnen)

Angaben zusammengestellt nach H. Raupach, Geschichte der Sowjetwirtschaft. Reinbeck 1964.

Q7 Die Wirtschafts- und Versorgungslage

Ein Sozialdemokrat (Menschewik) erinnert sich an die Stimmungslage im Frühjahr 1921:

Die Wirtschafts- und Versorgungslage Petrograds war zu dieser Zeit hoffnungslos. Im November/Dezember waren entsprechend dem „Wirtschaftsprogramm" viele Fabriken und Betriebe in Gang gesetzt worden. Es wurden Energie und Rohstoffe „freigegeben", aber es vergingen keine zwei Monate, bis sich – wie gewöhnlich – herausstellte, dass im „Programm" ein „kleiner Fehler" unterlaufen war, die „freigegebenen" Roh- und Brennstoffe für etwas anderes bestimmt waren und ihre Lieferung folglich gestoppt werden musste. Es gab sie nur auf dem Papier. Die Betriebe veranstalteten „Brennstoffwochen", doch sie allein konnten das Problem nicht lösen: Sie machten nur die Arbeiter wütend, die man (...) in den Wald hinausjagte, ohne warme Kleidung, ohne Brot, ohne Äxte und Sägen, ohne Hoffnung, das Wenige, was sie kleinmachten, auch herauszubringen. Die Versorgungslage verschlechterte sich ebenfalls von Tag zu Tag. Brot (je ein halbes bis ein ganzes Pfund) und selten genug etwas Streuzucker – das war alles, was auf Karten ausgegeben wurde. Auch dieses Brot gab es längst nicht jeden Tag. Die Arbeiter hungerten. Es hungerten auch die Rotarmisten. Ich musste bei meinem Gang zum Dienst an einer Kaserne vorbei. Und jedes Mal wurde ich auf den angrenzenden Straßen zehnfach von Rotarmisten angehalten, die buchstäblich um ein „Stückchen Brot" bettelten oder im Austausch gegen Brot ein Paar Zuckerstücke aus ihrer bescheidenen Lebensmittelration anboten.

In Fabriken und Betrieben erhob sich dumpfe Unruhe. Die Arbeiter versammelten sich zur Besprechung der Lage und alle ihre Forderungen drehten sich um die Frage einer Aufhebung der Sperrketten und die Zulassung des freien Handels mit Mundvorräten. Die Kommunisten, die in Fabriken und Betrieben auftraten, wollte man nicht hören. Auf den Straßen holte man sie aus Automobilen. Einigen drohte man Prügel an. Im letzten Drittel des Februar nahm die Bewegung die Form eines Generalstreiks an. Die bolschewistische Presse war sorgsam bemüht, die Bewegung anfangs totzuschweigen, danach ihr tatsächliches Ausmaß und ihren Charakter zu verbergen. Anstatt einen Streik zu nennen, kreierte man irgendwelche neuen Termini (Bezeichnungen): Windmacherei, Krakeelen und dergleichen. Die Zeitungen druckten Protestresolutionen gegen die Bewegungen ab, die von „Roten Kriegsschülern" ausgingen. (...)

Freilich, diese staatliche Lüge konnte die Bewegung nicht zum Stehen bringen und sie begann (...) auf die Straße zu gehen: Riesige Scharen von Arbeitern versammelten sich, vermischt mit Matrosen von den Kriegsschiffen, die an der Neva vor Anker gegangen waren (...), und mit Rotarmisten. Zufallsredner gaben Stellungnahmen ab, die Masse ging zu denen, die noch in den Fabriken arbeiteten, um sie abzuziehen. Zusammen mit der Forderung nach freiem Handel begannen sich Schritt für Schritt auch andere Losungen herauszuschälen: Beseitigung der kommunistischen Zellen in den Fabriken und Betrieben, die eine rein polizeiliche Rolle spielten und von den Arbeitern den Spitznamen kommunistischer Spürhund erhalten hatten; Freiheit des Wortes; freie Wahlen in die Sowjets usw. Die Bewegung hatte einen solchen Massencharakter, dass sie sich in der ganzen Stadt bemerkbar machte. Auf dem Nevskij begannen sich, wie in den vergangenen Tagen der Revolution, kleine Gruppen zu bilden, in denen mit bis dahin nicht gezeigtem Mut lautstark das bolschewistische Regime kritisiert wurde. Expansive Leute glaubten sogar, dass etwas von „Februar 1917" in der Luft läge.

Zit nach: H. Altrichter, H. Haumann (Hg.), Die Sowjetunion, Bd.2. München 1987, S. 124 ff.

Q8 Hilf den Hungernden

Aufruf während der Hungersnot im Winter 1921/22.

Nur scheinbar objektiv – Fotografien auswerten

Am 5. Mai 1920 hielt Lenin auf dem Swerdlow-Platz vor dem Bolschoi-Theater in Moskau vor Einheiten der Roten Armee eine Rede. Auf der Treppe, die zu dem Holzpodest hinaufführt, stehen Leo Dawidowitsch Bronstein, genannt Trotzki, und dahinter Lew Borissowitsch Rosenfeld, genannt Kamenew. Der Fotograf G. P. Goldstein hielt diese Rede im Bild fest. Kurz danach machte ein anderer unbekannter Fotograf eine nahezu identische Aufnahme. Beide Fotos wurden als Fotoabzüge oder Postkarten bis 1927 weit verbreitet. Danach ließ die Kommunistische Partei nur noch ein retuschiertes Foto verbreiten, auf dem Trotzki und Kemenew durch 5 Holzstufen ersetzt worden waren. Trotzkis politische Zielsetzung einer „permanenten Revolution", die von Russland aus auf andere Länder übergreifen sollte, widersprach Stalins These, den Sozialismus zunächst im eigenen Land zu verwirklichen. Widerspruch duldete Stalin nicht. 1925 wurde Trotzki als Kriegskommissar abgesetzt, zwei Jahre später wurde er aus der Partei ausgeschlossen, 1929 musste er die UdSSR verlassen. 1940 wurde er in Mexiko auf Geheiß Stalins ermordet. Auch Kamenew wurde 1927 aus der Partei ausgeschlossen und 1936 im 1. Moskauer Schauprozess zum Tode verurteilt und hingerichtet.

Obwohl das retuschierte Foto eine Fälschung ist, gibt es einen wichtigen Einblick in die Geschichte – allerdings nur im Vergleich mit dem Original. Dieser Vergleich zeigt eindrucksvoll, wie die Parteiführung um Stalin mit politischen Gegnern umging. Sie wurden nicht nur verfolgt und ausgeschaltet, sondern sie sollten auch für immer aus dem öffentlichen Gedächtnis verschwinden.

Q1 Ein Ereignis – drei unterschiedliche Fotos
Links oben: Foto des Fotografen G. P. Goldstein;
rechts oben: Foto des unbekannten Fotografen;
unten links: das auf Stalins Anordnung retuschierte Foto.

Methodische Arbeitsschritte:

Vieles, was du bereits aus der Bildinterpretation kennst, ist auch auf die Interpretation von Fotos übertragbar:

1. Wer hat das Foto gemacht? Wer hat den Auftrag gegeben?
2. Ist es ein Pressefoto, eine Amateuraufnahme oder ein bestelltes Foto?
3. Wer und was ist abgebildet?
4. Wo und wann wurde es aufgenommen?
5. Was kam absichtlich und was unabsichtlich ins Bild?
6. Welche Perspektive, welchen Ausschnitt hat der Fotograf gewählt?
7. Welchen Zweck soll das Foto erfüllen?

Das Foto als historische Quelle

Der allgemein verbreitete Glaube, Fotos zeigen, wie es wirklich war, verführte immer wieder dazu, Fotos zu manipulieren oder zu fälschen. Bereits die Wahl des Motivs, des Bildausschnitts und die Perspektive beeinflussen den Betrachter. Vor allem aber die Möglichkeiten der Bildbearbeitung entwerten ein Foto als objektive Quelle. Während früher ein Negativ mühevoll retuschiert werden musste, eröffnen die modernen Bildbearbeitungsprogramme der digitalen Welt jede nur denkbare Möglichkeit der Manipulation. Auch die offiziellen Bildunterschriften lenken dann die Wahrnehmung des Betrachtern noch einmal in dem gewünschten Sinn. Um ein Foto zu interpretieren, braucht es stets zusätzlicher Informationen, die nicht aus dem Foto selbst gewonnen werden können. Ein Glücksfall ist es, wenn zu einem Foto eine große Serie weiterer motivgleicher Fotos vorliegt, dann kann man leichter Typisches vom Zufälligen unterscheiden.

Bildbeschreibung

Das methodische Vorgehen bei der Analyse und Interpretation eines Fotos gleicht in vielen Punkten dem Verfahren der Bildbeschreibung. Zunächst einmal geht es darum, sich zu vergewissern, was dargestellt ist. Dazu dient die Beschreibung der beiden vorliegenden Originalfotos 1 und 2. Im Bildzentrum Wladimir Iljitsch Lenin, der auf einer errichteten Holztribüne stehend in einer für ihn typischen Pose eine Rede hält. Es ist eine Menschenmenge zu erkennen, die ihm zuhört, einige sind durch den Fotografen allerdings abgelenkt und blicken direkt in die Kamera. Auf der Treppe, die zu dem Holzpodest hinaufführt, stehen Trotzki und Kamenew. Der Hauptunterschied zwischen beiden Fotos besteht darin, dass die beiden Mitrevolutionäre Lenins einmal in die Kamera blicken, im anderen Fall im Profil zu sehen sind. Die Identität der abgebildeten Personen herauszufinden ist nicht immer einfach. Manchmal kennt man die Dargestellten, manchmal hat man eine Vermutung, wer es sein könnte, dann muss man ein Porträt suchen, um seine Vermutung zu überprüfen.

Aussage der Originalaufnahmen

Lenin sprach vor bunt zusammengewürfelten Einheiten der Roten Armee, bevor diese während des Bürgerkriegs ins Feld zogen. Die bolschewistischen Soldaten waren keineswegs kampfbegeistert und siegesgewiss, so dass Lenin versuchte, sie in seiner Rede zu motivieren. Diese Informationen sind nicht dem Foto zu entnehmen, dazu benötigt man zusätzliche Literatur.

Fragen und Anregungen

1. Stelle Vermutungen darüber an, weshalb die Originalaufnahmen (Q1 oben) als Postkarten verbreitet wurden.
2. Versuche, ein beliebiges Foto durch Beschneiden oder Bearbeiten am Computer in seiner Aussage zu verändern.

Q9 Plünderung eines Klosters. Foto, um 1922.

Q10 Lenins Haltung zur orthodoxen Kirche

Aus einem geheimen Rundbrief Lenins an die Mitglieder des Politbüros vom 19. März 1922:

Für die Mitglieder des Politbüros. Streng geheim.
Es wird gebeten, auf keinen Fall Kopien herzustellen.
(...)
Für uns ist gerade der jetzige Zeitpunkt der einzige, wo wir mit 99 %iger Erfolgschance unserem Feind aufs Haupt schlagen und unsere Positionen auf viele Jahrzehnte hinaus sichern können. Gerade jetzt, da es in den Hungergebieten zur Menschenfresserei kommt und die Leichen zu Hunderten, wenn nicht zu Tausenden auf den Straßen herumliegen, können (und müssen) wir die Konfiszierung der kirchlichen Wertgegenstände auf härteste und schonungsloseste Weise durchführen. Um jeden Preis müssen wir diesen Fonds von einigen Hundert Millionen Goldrubeln in unsere Hand bekommen. (...) Aller Wahrscheinlichkeit nach wird es oder kann es sich auf Grund der internationalen Lage Russlands ergeben, dass harte Maßnahmen gegen die Geistlichkeit später politisch unzweckmäßig, vielleicht sogar äußerst gefährlich sein werden. Jetzt aber ist der Sieg über die reaktionäre Geistlichkeit völlig sicher. Daher komme ich zu dem zwingenden Schluss, dass wir gerade jetzt der reaktionär gesonnenen Geistlichkeit die erbittertste und schonungsloseste Schlacht liefern und ihren Widerstand mit einer Grausamkeit brechen müssen, die sie jahrzehntelang nicht vergessen wird. (...) Je größer die Zahl von Vertretern der reaktionären Bourgeoisie und Geistlichkeit ist, die es uns bei dieser Gelegenheit zu erschießen gelingt, desto besser. Gerade jetzt muss diesen Leuten eine solche Lektion erteilt werden, dass sie auf Jahrzehnte hinaus nicht wagen, an einen Widerstand auch nur zu denken.

Zit. nach: G. Stricker, Religion in Russland. Gütersloh 1993, S. 84 f.

Fragen und Anregungen

1. Inwieweit bleibt Lenin mit seinen politischen Handlungen nach 1917 den eigenen theoretischen Vorstellungen über den Ausbau der Macht treu (VT, vergl. auch Kap. 2)?
2. Decke die Grundgedanken von Lenins Wirtschaftspolitik auf und lege dar, welche Ergebnisse diese hervorbrachte (VT, Q2, 3, 5, 7, 8 und D3).
3. Erläutere den Zusammenhang von Wirtschaft, Politik und Alphabetisierung (Q5 und D2). Untersuche in diesem Zusammenhang auch die Aussagen des Plakates Q6.
4. Vergleiche die Grenzen der Russischen Föderation von heute mit dem Gebiet der UdSSR von 1922 und 1945 (VT, D1). Liste auf, welche ehemaligen Sowjetrepubliken unabhängig geworden sind.
5. Setze dich mit der Nationalitätenpolitik der Bolschewisten auseinander und beurteile deren Auswirkungen bis in die heutige Zeit. Informiere dich dazu über gegenwärtige nationale Konflikte auf dem Gebiet der ehemaligen UdSSR.
6. Erkläre und beurteile die Haltung Lenins gegenüber der Kirche (Q9 und 10).

4. Die Diktatur Stalins

1928	Die kommunistische Partei lenkt fortan die Industrie durch Fünfjahrespläne und forciert die Kollektivierung der Landwirtschaft.
1932/33	In der Ukraine, im Nord-Kaukasus und Kasachstan fordert eine Hungerkatastrophe Hunderttausende von Toten.
1934–1938	Stalin schaltet weitere seiner Gegner in der „großen Säuberung" aus.
1941–1945	Die UdSSR besiegt im „Großen Vaterländischen Krieg" die Deutschen.
1953	Stalin stirbt. Allmählich beginnt die Phase der Entstalinisierung.

Weichenstellung für die Wirtschaft

Seit 1927 ging Stalin daran, sein Konzept vom Sozialismus in einem Land durchzusetzen. Eine Grundvoraussetzung für dieses Experiment war, eine leistungsfähige Wirtschaft zu schaffen. Nach Stalins Überzeugung konnte dies nur gelingen, wenn alle privaten Unternehmen verstaatlicht sowie Staat und Partei sämtliche Produktionsprozesse zentral kontrollieren würden. So beschloss der XV. Parteikongress im Dezember 1927 die Kollektivierung der Landwirtschaft und die Ausarbeitung eines Fünf-Jahresplans für die Wirtschaft. Am 1. Oktober 1928 trat dieser Plan in Kraft.

Die Industrialisierung wird vorangetrieben

Kernpunkt der Wirtschaftspolitik Stalins war der Ausbau der Schwerindustrie, die absoluten Vorrang vor der Konsumgüterindustrie erhielt. Es entstanden riesige Großprojekte wie der Dnepr-Staudamm, das Stahlzentrum Magnitogorsk im Südural, die südsibirische Eisenbahn, der Weißmeer-Ostsee-Kanal oder das Traktorenwerk bei Stalingrad. Diesen Projekten kam nicht nur eine wirtschaftliche Schlüsselstellung zu, sondern sie galten auch als Symbol für den sozialistischen Aufbau, der frei von kapitalistischer Ausbeutung erfolgte und angeblich allen zugute kam. Tatsächlich lockten solche Großbaustellen Arbeitskräfte aus weiten Teilen des Landes, aber auch aus dem Ausland an. Dort fand das Modell einer antikapitalistischen Industrialisierung durchaus seine Anhänger, zumal große Teile der westlichen Welt von der Weltwirtschaftskrise erschüttert wurden. Mit den Arbeitskräften kam auch technisches Knowhow in die Sowjetunion.

Disziplin und „sozialistischer Wettbewerb"

Die Industrialisierung war aufs Engste mit der rücksichtslosen Ausbeutung von Menschen und der Natur verbunden. Um den Arbeitskräftemangel zu beheben, drängte die Kommunistische Partei unausgebildete Landarbeiter in die Städte. Diese Massen waren die Arbeitsdisziplin einer modernen Fabrik nicht gewohnt und wurden oft auch nicht hinreichend angelernt. Strenge Kontroll- und Strafmaßnahmen regelten den Arbeitsalltag. Die Arbeitszeit wurde von sieben auf acht Stunden heraufgesetzt, gearbeitet wurde an 6 Tagen in der Woche und an 306 Tagen im Jahr.
Ein anderer Weg, die Arbeitsproduktivität zu erhöhen, war das System des „sozialistischen Wettbewerbs". Es beruhte darauf, diejenigen durch öffentliche Anerkennung und bessere Bezahlung zu belohnen, die besonders leistungsfähig waren. 1935 schaffte es der Bergmann A. G. Stachanow, auf einer vorbereiteten Strecke in einer einzigen Schicht 102 Tonnen Kohle abzubauen und damit seine Arbeitsnorm um 1457 % zu übertreffen. Der „Held der Arbeit" wurde zum Symbol des Aufbruchs, der neuen Moral und der neuen Zeit. Die so genannte Stoßarbeiter-Bewegung war für die einfachen Leute allgegenwärtig.

Q1 **Orden für besondere Leistungen**

Eine neue Elite entsteht

Da für den wirtschaftlichen Aufbau Fachkräfte benötigt wurden, ergaben sich vor allem für die Jugend neue Bildungs- und Aufstiegschancen. Junge Männer und Frauen, deren Eltern oft noch nicht einmal lesen und schreiben konnten, besuchten nun Fach- und Hochschulen. So wuchs eine neue Sowjetintelligenz heran, die vor allem stark ingenieurtechnisch und naturwissenschaftlich geprägt war. Viele dankten Stalin durch Loyalität für diese Entwicklungsmöglichkeiten.

Das sozialistische Frauen- und Familienbild

Auch die Frauen sollten für den Bolschewismus gewonnen werden. In der UdSSR erhielten sie die formale rechtliche Gleichstellung, die Scheidung wurde erleichtert, die Abtreibung vorübergehend legalisiert. Weil nach Welt- und Bürgerkrieg, Zwangskollektivierung, Deportation und Hungersnot vor allem männliche Arbeitskräfte fehlten, wurden Frauen gedrängt, sich in den Arbeitsprozess einzugliedern. Das bedeutete zwar ökonomische Selbstständigkeit und berufliche Entwicklungschancen, aber auch Mehrfachbelastung. Denn die vorbildliche Sowjetbürgerin sollte sich nicht nur für die sozialistische Sache engagieren, sondern auch aufopfernde Mutter sein. In politischen Führungsorganen waren Frauen allerdings kaum vertreten.

Zwangskollektivierung und Liquidierung der Kulaken

Der Landwirtschaft fiel die Aufgabe zu, die steigende Zahl der in Städten lebenden Industriearbeiter mit billigen Lebensmitteln zu versorgen. Als es im Winter 1927/28 erneut zu einer Getreidekrise kam, empfahl Stalin die Neue Ökonomische Politik Lenins aufzugeben und die Bauern zur Abgabe aller Erzeugnisse zu zwingen. Gleichzeitig sollte auch die landwirtschaftliche Produktion zentral gelenkt und kontrolliert werden. Dazu sollten die Bauernhöfe zu großen Kolchosen (Genossenschaften) oder Sowchosen (Staatsgüter) zusammengeschlossen werden.
Der Appell an die Bauern, sich freiwillig zusammenzuschließen, stieß auf wenig Resonanz. Es waren überwiegend die armen und mittellosen Bauern, die in die Kolchosen gingen, weil sie so eine Chance sahen, ihre materielle Lage zu verbessern. Bauern, die es nach europäischen Maßstäben mindestens zu einem bescheidenen Besitz gebracht hatten, zogen es weiterhin vor, als Einzelbauern zu wirtschaften. Seit Ende 1929 wurde gegen diese als „Kulaken“ bezeichneten Bauern ein erbarmungsloser Kampf geführt mit dem Ziel, sie als Klasse zu vernichten. Ein Dreierausschuss aus dem örtlichen Parteivorsitzenden, dem Sprecher des lokalen Sowjets und dem Leiter der lokalen politischen Polizei legte willkürlich fest, wer in einem Dorf als Kulak einzustufen war. Viele von ihnen wurden mit ihren Familien in Viehwaggons verladen und in Sibirien, im Ural oder im hohen Norden mittellos wieder ausgekippt, wo viele den

Q2 Tag der Ernte und der Kollektivierung
Plakat von 1930

Tod fanden. Andere wurden von Haus und Hof vertrieben, des Eigentums beraubt und in näherem Umkreis ihres alten Dorfes umgesiedelt. Wer Widerstand leistete, wurde von den Kommunisten sofort ermordet. Alles in allem waren wohl 5–6 Millionen Menschen betroffen. Vorsichtige Schätzungen gehen bei der Aktion gegen die Kulaken von 500 000 bis 600 000 Toten aus.
Das rücksichtslose Vorgehen gegen die Bauern führte zu ernsthaften Versorgungsengpässen in den Städten. Bauern verbrannten lieber ihr Getreide und schlachteten das Vieh, als es dem kommunistischen Staat abzuliefern. Als dann im Winter 1932/33 brutale Beschaffungskampagnen den Bauern auch das letzte Korn für die neue Aussaat nahmen, kam es zu einer Hungerkatastrophe, der 6–7 Millionen Menschen zum Opfer fielen.

Massenterror und Schauprozesse

Mit der Diktatur Stalins verschärfte sich auch die Disziplinierung der Gesellschaft. Gegen Missliebige fanden 1928 erste Schauprozesse statt. Eine weitere große Terrorwelle begann 1934 nach der Ermordung des Leningrader Parteichefs Sergej M. Kirow. Es folgten weitere Schauprozesse gegen prominente Altbolschewisten und Militärs. Alle Angeklagten spielten in den Prozessen die ihnen auferlegte Rolle mit: Sie legten Geständnisse ab – auch für Taten, die sie niemals begangen hatten – und verzichteten darauf, sich zu verteidigen. Selbst wenn man davon ausgeht, dass für einen überzeugten Bolschewisten die Partei immer Recht hatte, bleibt diese Selbstaufgabe ein psychologisches Rätsel. Die schlimmste Welle willkürlicher Verhaftungen ging nach einem entsprechenden Beschluss der Parteiführung vom November 1938 zu Ende.

Die Arbeitslager

Niemand konnte sich vor dem Terror sicher fühlen. Wer in die Hände des Volkskommissariats des Inneren (NKWD) fiel, musste mit einem Todesurteil, zumindest aber mit langen Haftstrafen in einem Arbeitslager rechnen. Die über das gesamte Land verteilten Straflager waren unter dem GULag (russ. Glawnoe Uprawlenije Lagerei/„Lagerhauptverwaltung“) zusammengefasst. In ihnen herrschten Willkür und Gewalt und die Häftlinge mussten unter unmenschlichen Bedingungen Schwerstarbeit leisten, viele kamen dort um. Die stalinistische Diktatur hielt nicht nur aus Gründen der Herrschaftssicherung am Lagersystem fest, sondern auch aus ökonomischen Überlegungen. In der Anfangsphase des Industrialisierungsprozesses glich erzwungene Arbeit bei der Rohstoffgewinnung, bei verkehrstechnischen Projekten und auf Großbaustellen das fehlende Kapital aus. Der stalinistischen Gewaltherrschaft fielen schätzungsweise 20 Millionen Menschen zum Opfer.

Personenkult

Neben dem Terror trug ein fast grenzenloser Personenkult zum Machterhalt Stalins bei. Mit den Feiern zu seinem 50. Geburtstag erhielt Stalin offiziell den Titel „Führer“ (russ. Vožd). Er galt als unfehlbar und nahezu allwissend. Dieses Bild verfestigte sich während des Zweiten Weltkrieges. Der deutsche Überfall im Juni 1941 mobilisierte enorme Widerstandskräfte im sowjetischen Volk. (vgl. S. 130 ff.) Der unter gewaltigen Opfern errungene Sieg in diesem „Großen Vaterländischen Krieg“ wurde zu großen Teilen Stalins genialer Führung zugeschrieben und trug wesentlich zur Legitimierung des Sowjetsystems und zur Integration der Gesellschaft bei. 1945 stand Stalin ohne Zweifel auf dem Gipfel seiner Macht.

Entstalinisierung

Als Stalin am 5. März 1953 starb, hofften viele Menschen auf ein Ende von Terror, Gewalt und Zwang. Aus dem folgenden Machtkampf ging Nikita Chrustschow als Sieger hervor. Er rechnete 1956 mit den Auswüchsen des Personenkults und Terrors öffentlich ab, ohne allerdings die Grundlagen des von Lenin und Stalin geschaffenen politischen Systems und das Machtmonopol der Kommunistischen Partei in Frage zu stellen.

Kunst in der stalinistischen Diktatur

Josef Stalin war Förderer, Auftraggeber und Gegenstand zahlloser Kunstwerke. Derselbe Stalin scheute aber auch nicht davor zurück, Künstler, Schriftsteller und Intellektuelle mit Berufsverbot zu belegen, nach Sibirien in ein Arbeitslager zu verbannen oder sogar ihre Liquidierung anzuordnen. Niemand war sicher. Es traf nicht nur bürgerliche Künstler oder Avantgardisten, sondern gleichermaßen auch altbolschewistische und ehemals parteikonforme Künstler.
Auf diesen beiden Seiten kannst du einerseits die Indienstnahme eines Teils der Kunst für die Kommunistische Partei ermitteln, andererseits erfährst du, dass es auch avantgardistische Kunst gab, die Freiräume nutzte und eine neue Kunstrichtung entwickelte.

Sozialistischer Realismus

Eine gewaltige Propagandamaschinerie begleitete Stalins Konzept vom Aufbau des Sozialismus in einem Land. Die künstlerische Massenware hatte vor allem einprägsam, reproduzierbar und ideologisch korrekt zu sein. Avantgardistische Künstler, die die Oktoberrevolution zunächst euphorisch begleitet hatten, aber ihre künstlerische Eigenständigkeit nicht aufgeben wollten, wurden bald auf Linie getrimmt. Die sowjetischen Kunstschaffenden wurden seit 1934 in staatlichen Zwangsverbänden zusammengeschlossen. 1936 wurde das Komitee für Kunst eingerichtet, die Theorie der einheitlichen Schaffensmethode war erstellt, wurde verkündet und umgesetzt. Kunst sollte ausschließlich den Vorgaben des Staates folgen und für den Aufbau des Sozialismus werben. Sozialistischer Realismus hatte nicht zu zeigen, was ist, sondern wie es werden soll und diesen Traum als Wirklichkeit auszugeben. Der sowjetische Held war von Anfang an seiner selbst gewiss und musste sich nicht erst nach einem Weg voller Selbstzweifel mühsam finden wie die Helden in der Kunst der westlichen Welt. In dem Maße, in dem sich der Parteiapparat ausbildete und aktiviert wurde, entartete der Sozialistische Realismus von einer relativ freien Kunstrichtung zu einem Instrument der Propaganda und Agitation der herrschenden Partei.

Ausblenden der gesellschaftlichen Rahmenbedingungen?

Dennoch wäre es zu einfach, diese Kunst entweder als Opfer oder Helfer des System zu betrachten. Selbstverständlich gab es viele Künstler, die sich bedingungslos in den Dienst der Partei stellten, andererseits hatten zahlreiche Künstler des Sozialistischen Realismus das innovative Schaffen der Avantgarde durchlaufen und führten diese Technik weiter. Kasimir Malewitschs „realistische" Porträts sind beispielsweise von hoher künstlerischer Qualität. Bei der Betrachtung der Bilder des Sozialistischen Realismus bleibt die Frage, ob man ihren politischen Hintergrund ausblenden darf, um sich nur auf die künstlerische Qualität, die zweifellos in einigen dieser Bilder liegt, zu konzentrieren. Neben den unzähligen großformatigen, enthusiastisch und ambitioniert erstellten Gemälden mit feierlich kitschigem Pathos, wie sie zum Beispiel Alexander Gerassimow malte, lassen sich auch großartige Talente entdecken, die die künstlerischen Vorgaben der Bolschewisten zwar aufnahmen, sie aber in Schönheit umsetzten, wie die Werke von Alexander Deineka oder Kasimir Malewitsch.

Q1 **Zukünftige Flieger**
Alexander Deineka (1899–1969), 1938, 131 x 161.

Q2 Staffellauf am Gartenring
Alexander Deineka (1899–1969), 1947, 199 x 299. Deineka erhielt zahlreiche Auszeichnungen, u. a. den Leninpreis, den Ehrentitel Verdienter Kunstschaffender der RSFSR, Volkskünstler der UdSSR und Held der Sozialistischen Arbeit.

Q3 Schnitterinnen
Kasimir Malewitsch (1879–1935), 1928, 29,71 x 103,2 cm. Eine der ersten Aktionen des 1936 gegründeten Komitees für Kunst war die Entfernung sämtlicher Arbeiten Malewitschs und seiner Schule aus der Tretjakow-Galerie.

Q4 Stalin und Woroschilow im Kreml
Alexander Gerassimow (1881–1963), 1938. Gerassimow engagierte sich auch politisch. Er war von 1947–1958 Abgeordneter des Obersten Sowjets der RSFSR. Für das Bild von Stalin und Verteidigungskommissar Woroschilow wurde der Künstler 1941 mit dem Stalinpreis ausgezeichnet.

Q5 Intouristen in Leningrad
Iwan Wladimirow (1869–1947), 1937. Während der Zarenherrschaft waren seine Bilder unter Zensur gestellt, der Künstler wurde verhaftet. Später malte er zahlreiche Bilder zum Thema revolutionärer Kampf und Agitationsplakate. Dafür erhielt er hohe staatliche Auszeichnungen.

Fragen und Anregungen

1. Informiere dich über die Lebensläufe der hier vorgestellten Künstler.
2. Wähle dir eines der Bilder Q1–5 aus und erstelle eine Bildinterpretation. Du kannst dich dabei auf Anregungen im Methodenglossar stützen.
3. Überlege, warum Diktaturen eine freie Kunst nicht ertragen können.
4. Ermittle, warum die Arbeiten Malewitschs 1936 aus der Tretjakow-Galerie entfernt wurden. Entwirf eine Verteidigung des Künstlers.

Q3 Arbeiter in Magnitogorsk.
Fotografie, um 1930.

D1 Industriewachstum unter Stalin

Jahr	UdSSR	Deutschland	Frankreich	Großbritannien	USA	Japan
Kohlenförderung in Mill. to						
1929	41,8	177,0	53,8	262,0	552,3	34,3
1937	122,6	154,5	44,3	244,3	448,4	45,3
1938	232,9	186,2	46,5	230,7	355,3	33,0
Roheisenerzeugung in Mill. to.						
1929	4,3	15,3	10,4	7,6	42,6	1,1
1937	14,5	16,0	7,9	8,6	37,7	2,6
1938	14,7	18,6	6,2	6,9	19,5	0,7
Index der gesamten Industrie-Produktion						
1929	100,0	100,0	100,0	100,0	100,0	100,0
1937	372,0	117,2	81,9	123,6	102,7	168,9
1938	413,0	126,1	76,1	115,5	80,0	74,7

nach: H. Raupach, Wirtschaft und Gesellschaft Sowjetrusslands 1917–1977. Wiesbaden, 1979, S. 77.

Q4 Schwerindustrie oder Massenbedarfsartikel?
Stalins Bericht über die Ergebnisse des ersten Fünfjahresplans, Januar 1933:

Die Wiederherstellung und Entwicklung der Schwerindustrie ist aber, besonders in einem so rückständigen und armen Lande, wie es unser Land zu Beginn des Fünfjahresplans war, die schwierigste Sache, denn die Schwerindustrie erfordert bekanntlich gewaltige finanzielle Aufwendungen und das Vorhandensein eines gewissen Minimums an erfahrenen technischen Kräften, ohne die, allgemein gesprochen, die Wiederherstellung der Schwerindustrie unmöglich ist. Wusste dies die Partei und hat sie sich darüber Rechenschaft gegeben? Ja, sie wusste es (...) Sie rechnete darauf, dass wir, die wir die Sowjetmacht haben und uns auf die Nationalisierung des Grund und Bodens, der Industrie, des Verkehrswesens, der Banken und des Handels stützen, das strengste Sparsamkeitsregime durchführen können, um genügend Mittel zu akkumulieren, die für die Wiederherstellung und Entwicklung der Schwerindustrie notwendig sind. Die Partei erklärte offen, dass dieses Werk große Opfer erfordern wird und dass wir, ohne etwas zu verhehlen, bewusst zu diesen Opfern bereit sein müssen, wenn wir unser Ziel erreichen wollen (...) Man sagt uns, all das sei recht schön, es seien viele neue Betriebe gebaut und die Grundlagen der Industrialisierung geschaffen worden. Es wäre jedoch weitaus besser gewesen, auf die Politik der Industrialisierung, auf die Politik der Erweiterung der Erzeugung von Produktionsmitteln zu verzichten oder wenigstens diese Aufgabe in den Hintergrund zu rücken, um mehr Kattun (Baumwollstoff), Schuhe, Kleider und andere Massenbedarfsartikel herzustellen. Es sind tatsächlich weniger Massenbedarfsartikel erzeugt worden als benötigt werden, und das schafft gewisse Schwierigkeiten. Aber man muss wissen und sich Rechenschaft darüber ablegen, wohin uns eine Politik, die die Industrialisierungsaufgaben in den Hintergrund rückt, geführt hätte (...) Wir hätten dann weder eine Traktorenindustrie noch eine Automobilindustrie, hätten keine einigermaßen bedeutende Eisenhüttenindustrie, wir hätten kein Metall für den Maschinenbau und stünden der mit moderner Technik ausgerüsteten kapitalistischen Umwelt wehrlos gegenüber.

J. W. Stalin, Werke, Band 13.

Q5 Geliebter Stalin – Glück des Volkes
Plakat aus dem Jahr 1930.

Q6 Stalin zum Umgang mit Kulaken

Im April 1933 schrieb der Schriftsteller Michail Scholochow zwei Briefe an Stalin, in denen er Einzelheiten berichtete, wie die lokalen Behörden unter Anwendung von Foltermethoden den Kolchosebauern ihre Vorräte abpressen und sie so dem Hunger aussetze. Stalin antwortete am 6. Mai 1933:

Lieber Genosse Scholochow, ich habe Ihre beiden Briefe erhalten. (...) Sie decken eine leichte Erkrankung unseres Apparates auf und zeigen, dass einige unserer Parteifunktionäre zwar der Sache dienen, d. h. unsere Feinde entwaffnen wollen, dabei aber unsere Freunde angreifen und sogar regelrecht sadistisch werden können. Aber das bedeutet nicht, dass ich IN ALLEM mit Ihnen einverstanden bin. Sie sehen einen Aspekt der Dinge, und den sehen Sie durchaus richtig. Aber es ist nur ein Aspekt der Dinge. Damit man sich in der Politik nicht irrt – denn bei Ihren Briefen handelt es sich nicht um Literatur, sondern um reine Politik –, muss man auch den anderen Aspekt der Realität sehen können. Und der andere Aspekt ist die Tatsache, dass die geschätzten Bauern Ihres Distrikts – und nicht nur diese - gestreikt und sabotiert haben und auch bereit waren, die Arbeiter und die Rote Armee ohne Brot zu lassen! Die Tatsache, dass es eine stillschweigende und offensichtlich friedliche Sabotage (ohne Blutvergießen) war – ändert nichts an der grundsätzlichen Angelegenheit, nämlich dass Ihre geschätzten Bauern einen Zermürbungskrieg gegen die Sowjetmacht geführt haben. Einen Kampf auf Leben und Tod, lieber Genosse Scholochow! (...) (E)s liegt klar auf der Hand, dass unsere geschätzten Bauern keine Unschuldslämmer sind, wie man beim Lesen Ihrer Briefe glauben könnte.

Also, halten Sie sich gut. Ich drücke Ihnen die Hand.

Ihr J. Stalin.

Zit. nach: Das Schwarzbuch des Kommunismus. München, Zürich 1998, S. 187.

Q7 Die Folter wird eingeführt

Ein Augenzeuge berichtet, wie im Gefängnis von unschuldigen Menschen „Geständnisse" erpresst wurden:

Er lag auf dem Boden. Seine Hosen waren aufgetrennt, die Beine verbunden. Er hatte viereinhalb Tage „Stoika" hinter sich. Stoika ist die erschwerte Form von „Fließband". Fließband bedeutet pausenloses Verhör mehrere Tage hindurch (...). Bei der Stoika wird der Untersuchungshäftling gezwungen, die ganze Zeit zu stehen. Wenn er sich nicht mehr auf den Beinen halten kann, stützen ihn zwei Polizisten unter den Achseln. Fließband und Stoika wurden damals systematisch angewandt. Kurz ehe der [Mann] das Bewusstsein verlor, fühlte er, dass im Bein etwas platzte – eine Vene. Die Beine waren wie Holzklötze angeschwollen, um sie zu verbinden, mussten die Hosen aufgeschnitten werden.

P. Jakir, Kindheit in Gefangenschaft. Frankfurt a. M. 1972, S. 6.

Q8 „Beim Studium, an der Werkbank, im gesellschaftlichen Leben
– ein Netz aus Kindergärten und Gemeinschaftskantinen werfen wir weit aus – machen Millionen Frauen frei für den sozialistischen Aufbau." Plakat von Lodygin, 1933.

Q9 Das neue Frauen- und Familienideal

John Scott, ein junger Amerikaner, verlässt als 20-Jähriger 1932 die USA, um beim Aufbau des Kommunismus in der Stadt Magnitogorsk mitzuarbeiten. Er wird dort Werkführer und verbringt mit seiner russischen Frau Mascha die Aufbaujahre in Magnitogorsk 1935–1938:

Mascha und ich lebten ein arbeitsames, glückliches und einfaches Leben. Im Herbst 1935 trat jedoch ein Ereignis ein, das unser Dasein bedeutend komplizierter machte. Unsere erste Tochter wurde geboren. Keiner von uns wusste, wie man einen Säugling behandelt und, was noch mehr ins Gewicht fiel, wir waren beide ungeheuer an unserer Arbeit interessiert. Es gelang uns, ein ideales Mädchen zu finden, das sich unseres etwas verwahrlosten Haushaltes annahm, so dass alles schließlich wie am Schnürchen ging. (...)

Einige Monate nach Elkas Geburt legte Mascha das Abschlussexamen ab und erhielt einen Platz als Mathematiklehrerin (...) Sie unterrichtete im Durchschnitt fünf Stunden am Tag und erhielt ein Monatsgehalt von 500 Rubel, ungefähr gerade so viel, wie ich verdiente. Sie fühlte sich sehr wohl in ihrer Arbeit und hatte gute Erfolge (...) Mascha hatte nicht nur zu unterrichten. Sie war auch persönlich verantwortlich für eine Gruppe von etwa 25 Kindern. Wenn diese schlechte Zeugnisse erhielten, zu spät oder überhaupt nicht in die Schule kamen, wenn sie sich schlecht aufführten, so war es Maschas Pflicht, die Gründe zu untersuchen und die Verhältnisse zu ordnen (...)

Mascha war typisch für eine ganze Generation junger Sowjetfrauen, die die umfassenden Ausbildungsmöglichkeiten, die ihnen geboten wurden, ausnutzten und gebildete Berufsfrauen wurden, während ihre Eltern nur gerade lesen und schreiben konnten.

Diese Gruppe (...) war unter dem Schlagwort „Gleiche Möglichkeiten für Männer und Frauen" geformt worden. Sie waren in den zwanziger Jahren mit Propaganda über die Beseitigung der bürgerlichen Familie als Institution überschüttet worden. Mit Kochen, Abwaschen und Nähen wollten sie sich so wenig wie möglich befassen. Solche Aufgaben waren für die Dienstboten da, die nicht genügend Intelligenz besaßen oder nicht genug Schulung hatten, um einen anderen Beruf auszuüben (...)

J. Scott, Jenseits des Ural. Die Kraftquellen der Sowjetunion. Stockholm 1944, S. 155 ff.

Fragen und Anregungen

1. Beschreibe die wirtschaftlichen Veränderungen in der Sowjetunion unter Stalins Herrschaft und decke die Ursachen für den Wandel auf (VT, Q1–4, D1).
2. Charakterisiere und beurteile Stalins Methoden der Machtausübung. Informiere dich insbesondere über das System GULag (VT, Q6 und 7).
3. Überprüfe, inwieweit die stalinistische Frauen- und Familienpolitik einen Beitrag zur Emanzipation leistete (Q8 und 9).
4. Welche Eigenschaften Stalins und welche Ziele seiner Politik sollte mit dem Bild Q5 zum Ausdruck gebracht werden?

Ein Rollenspiel entwerfen

Das in diesem Kapitel Gelernte könnt Ihr wiederholen, indem Ihr selbst ein Rollenspiel entwickelt und es aufführt.

Die Spielsituation

Nach der Oktoberrevolution entwickelte sich Berlin zum bevorzugten Ziel für russische Emigranten. Bald lebten in der deutschen Hauptstadt 400 000 Russen. Darunter waren Ärzte, Lehrer, Juristen, Journalisten, Künstler, Schriftsteller – also all jene, die vom bolschewistischen Regime nichts Gutes erwarteten oder sogar um ihr Leben fürchteten. Neben vielen Unbekannten waren auch Berühmtheiten wie der Schriftsteller Maxim Gorki oder Vladimir Nabokov darunter.

Die meisten dieser Emigranten lebten in engen Wohnungen und billigen Pensionen, denn das mitgebrachte Geld war bald aufgebraucht und Arbeit war im Berlin der 1920er Jahre kaum zu bekommen. Die russischen Emigranten mochten Berlin und die Berliner nicht sonderlich, was übrigens auch umgekehrt galt. Für einige war Berlin nur eine Durchgangsstation, andere lebten schon Monate oder gar Jahre in der Stadt. Die Russen blieben meist unter sich, trafen sich im Romantischen Café, der Prager Diele am Hohenzollernplatz oder im Café Leon am Nollendorfplatz. Zuweilen mischten sich bolschewistische Agenten und deutsche Kommunisten unter die Diskutierenden, die oftmals stundenlang die unübersichtliche politische Lage in Russland analysierten, darüber spekulierten, wann sie in ihre Heimat zurückkehren konnten und darüber in Streit gerieten, ob und wann die Weltrevolution ausbrechen würde. Aber auch über persönliche Erfahrungen, Alltagsnöte und schlechte Unterkünfte wurde in diesen Cafés und Kneipen diskutiert.

Die Spielgestaltung

Um das Spiel zu strukturieren müsst ihr euch in Gruppen darauf einigen, in welchem Jahr und an welchem Ort das Geschehen spielen soll. Ein Café oder eine Kneipe bieten sich an, aber auch andere Plätze sind vorstellbar.

Dann ist abzusprechen, wie viele Personen auftreten und wen sie darstellen sollen. Hierbei ist darauf zu achten, dass ein repräsentativer gesellschaftlicher Querschnitt und die historische Wahrscheinlichkeit berücksichtigt ist.

Russische Emigranten in einer typischen Berliner Kneipe in den 1920er Jahren

Für jede der beteiligten Personen ist sodann eine Rollenkarte zu erstellen. Auf dieser Karte werden die personenbezogenen Daten, die soziale Herkunft, prägende Charaktereigenschaften, wichtige Lebensstationen und weitere Ziele angegeben. Diese Rollenkarte legt den Handlungs- und Argumentationsrahmen für die jeweilige Person fest.

Überzeugender gelingt die Aufführung des Rollenspiels, wenn es gelingt, eine passende Kulisse und angemessene Kostüme zu beschaffen.

Tochter eines ausgebürgerten Schriftstellers

- *Du bist 19 Jahre alt und vor wenigen Wochen mit deinem verwitweten Vater in Berlin angekommen. Ihr lebt zu zweit in einem möblierten Zimmer.*
- *1903 wurdest du in St. Petersburg geboren. Dort bewohntet ihr eine geräumigen, mit einigem Wohlstand eingerichteten Wohnung nahe dem Zentrum der Stadt.*
- *Du hast eine höhere Schule besucht, dort auch etwas Deutsch gelernt und nach der Schule hast du ein Medizinstudium begonnen. Politik hat dich nie interessiert. Nach der Revolution verboten dir die Bolschewisten dein Studium fortzusetzen.*
- *Dein Vater war von den Bolschewisten mit einem Publikationsverbot belegt worden, weil seine Romane und Gedichte als bourgeoise Kunst" eingestuft wurden.*
- *Im Herbst 1922 wurden du und dein Vater von den Bolschewisten für kurze Zeit verhaftet. Ihr wurdet ausgebürgert mit einem Dampfer über die Ostsee nach Deutschland geschafft.*
- *Mitnehmen durftet ihr ein wenig Handgepäck. Es gelang euch etwas Geld und Schmuck an den Kontrollen vorbeizuschmuggeln.*
- *Solltet ihr zurückkehren droht euch laut neuem Gesetz die Todesstrafe.*

DIE WEIMARER REPUBLIK

Frauenwahlrecht, demokratische Verfassung, Arbeitslosenversicherung – vieles, was wir heute als Grundlage einer modernen Gesellschaft kennen, hat seinen Ursprung in der Weimarer Republik. Die Ausgangsbedingungen der ersten deutschen Republik waren recht schwierig: Der verlorene Krieg, der revolutionäre Umbruch der politischen Ordnung und die Beschlüsse der Siegermächte über Deutschland belasteten den jungen Staat. Auch hatte die Republik von Anfang an politische Gegner, die sie mit Gewalt bekämpften. Mitte der 1920er Jahre allerdings stabilisierten sich die Verhältnisse. Technische Modernisierung brachte einen wirtschaftlichen Aufschwung. Sozialer Fortschritt veränderte die Gesellschaft und ermöglichte ein vielfältiges kulturelles Leben. Trotzdem endete die Republik schließlich in einer totalitären Diktatur.

Die Weimarer Verfassung, 1919

Zeitschrift aus den 1920er Jahren

Revolutionäre Soldaten am Brandenburger Tor, November 1918

Wahlplakat von 1929

Der Kaiser hat abgedankt!

Schlagzeile des „Berliner Tageblatt" vom 9. November 1918

Philipp Scheidemann ruft am 9. November 1918 die Republik aus.

Inflationsgeld, 1923

„Deutschlands Verstümmelung"
In der Weimarer Republik weit verbreitete Karte zu den Folgen des Versailler Vertrages.

Werbeplakat, 1923

1. Auf der Suche nach Orientierung

Q1 **Kinder durchsuchen Großmarktabfälle, 1918**

Q2 **Menschen fahren zum Wintersport, 1918/1919**

Wirtschaftliche Einschnitte

Am 11. November 1918 unterzeichneten Vertreter der deutschen Regierung den Waffenstillstand – der Weltkrieg war zu Ende. Wer zu diesem Zeitpunkt deutsche Städte und Landschaften betrachtete, der hätte auf den ersten Blick vielleicht nicht erkannt, dass hier Krieg gewesen war. Von Zerstörungen war Deutschland weitgehend verschont geblieben. Doch wer genauer hinschaute, dem zeigte sich, dass die Kriegsjahre viele Veränderungen gebracht hatten: Lebensmittel, Rohstoffe und Heizmaterial waren knapp und deshalb rationiert worden. „Friedensprodukte" wie Kleidung oder Seife gab es in den Geschäften kaum zu kaufen, denn alle wirtschaftlichen Anstrengungen hatten der Rüstungsindustrie gegolten. Zahlreiche Kinder vor allem in den Städten waren infolge der Unterernährung krank geworden, viele auch gestorben.

Q3 **Eine alte Frau sammelt Brennholz**
Foto, 1918.

Der Weltkrieg hatte die wechselseitigen Wirtschaftsbeziehungen erheblich verändert. Produkte wie Farbstoffe, Stahl oder elektrotechnische Erzeugnisse, mit denen Deutschland vor 1914 führend in der Weltwirtschaft gewesen war, hatten deutsche Firmen während des Krieges auf dem Weltmarkt kaum angeboten. Eine wichtige Aufgabe war daher jetzt, die Wirtschaft auf Friedensproduktion umzustellen und sich wieder am internationalen Wettbewerb zu beteiligen.

Gesellschaftliche Veränderungen

In landwirtschaftlichen und Handwerksbetrieben hatten häufig die Frauen die Leitung übernommen, weil ihre Männer an der Front waren. Auch in der Industrie waren die Frauen als Arbeitskräfte gefragt, ihr Anteil stieg von 22 Prozent im Jahr 1913 auf 35 Prozent am Ende des Krieges. Das blieb zunächst auch so, denn viele Männer kamen aus dem Krieg nicht zurück. Etwa 1,8 Millionen deutsche Soldaten waren gefallen, über 4 Millionen verwundet worden.

Finanznot des Staates

Auf den Staat kamen nicht nur mit der Versorgung der Invaliden und Hinterbliebenen hohe Ausgaben zu. Auch der Aufbau der Friedenswirtschaft musste unterstützt werden, denn 10 Millionen heimkehrende Soldaten brauchten wieder Arbeit. Dabei war der Staat hoch verschuldet: Der Krieg hatte Deutschland 164 Milliarden Mark gekostet – fast das Fünfzigfache der Staatsausgaben im Jahr 1913.

Eine neue politische Ordnung?

Auch die Zukunft der politischen Ordnung in Deutschland und Europa war unklar. Die Alliierten hatten Deutschland gegenüber deutlich gemacht, dass eine demokratische Regierung eine Hauptbedingung für den Waffenstillstand war. In den letzten Kriegstagen hatte die Oberste Heeresleitung darauf reagiert. An der Regierung beteiligt war seit dem 3. Oktober die Reichstagsmehrheit aus SPD, liberaler Fortschrittspartei und katholischem Zentrum. Und eine Verfassungsänderung hatte Deutschland am 28. Oktober in ein parlamentarisches System umgewandelt. Der Reichskanzler war jetzt vor dem Parlament verantwortlich. Auch das Dreiklassenwahlrecht, das in Preußen noch galt, wurde aufgehoben.

Beginn der Revolution

Wie bereits die russische Februarrevolution gezeigt hatte, konnten aber Reformen im Innern das alte System nicht mehr retten. Das sollte sich nun in Deutschland wiederholen. In Wilhelmshaven verweigerten Matrosen der Hochseeflotte den Befehl, zu einem Einsatz gegen Großbritannien auszulaufen. Am 4. November kam es in Kiel zu gewaltsamen Zusammenstößen. Die Matrosen widersetzten sich den Offizieren und bestimmten Soldatenräte zu ihren neuen Interessenvertretern. Auch Arbeiter schlossen sich ihnen an und riefen einen Generalstreik aus. Die Aufstände ergriffen ganz Deutschland: In zahlreichen Städten übernahmen Arbeiter- und Soldatenräte die politischen Ämter. Militär und Polizei setzten sich nicht zur Wehr.

Deutschland wird Republik

Am Vormittag des 9. November 1918 erreichte die Bewegung Berlin. Demonstranten zogen durch die Straßen. Sie forderten, dass die Macht an Arbeiter- und Soldatenräte übergeben werden sollte. Auch in der Regierung waren Stimmen zu hören, der Kaiser solle auf den Thron verzichten. Um die Mittagszeit kam eine Meldung aus dem Reichskanzleramt: Der Kaiser habe abgedankt. Neuer Kanzler sollte der SPD-Vorsitzende Friedrich Ebert werden. Diese Schritte waren nicht von Wilhelm II. gebilligt und entsprachen auch nicht der Verfassung. Dennoch wurde am Nachmittag des 9. November die Republik ausgerufen: zunächst durch den SPD-Abgeordneten Philipp Scheidemann, dann durch den Anführer der revolutionären Gruppe der Spartakisten Karl Liebknecht. Und der Kaiser? Er dankte ab und ging ins Exil in die Niederlande.

Q4 **Straßendemonstranten in Berlin**
9. November 1918.

Arbeitslosigkeit in Deutschland 1918–1920 (in Tausend) D1

aus: N. Fischer/H. Vollmer-Heitmann, Chronik 1920. Dortmund 1989, S. 156.

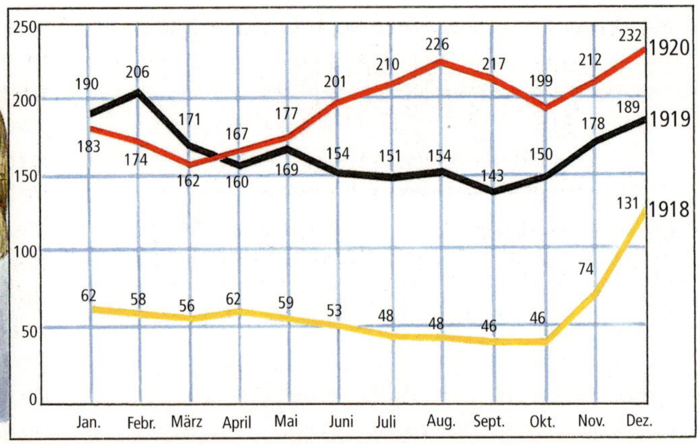

Produktion deutscher Industriezweige 1914–1918 in Prozent D2
1913 entspricht 100 %.

aus: Die Wirtschaftsgeschichte zum Nachschlagen. Würzburg 1984, S. 275.

Jahr	NE-Metalle	Bergbau	Genußmittel	Eisen u. Stahl	Handelsschiffe	Baustoffe	Textilien	Wohnungen
1914	89	84	92	78	73	88	87	68
1915	72	78	88	68	65	69	65	30
1916	113	86	84	81	75	59	27	10
1917	155	90	67	83	61	58	22	4
1918	234	83	63	53	42	35	17	4

Q5 „Ich glaube, wir sind verloren"

Erich Maria Remarque schildert 1929 in dem Roman „Im Westen nichts Neues" den Weltkrieg aus der Sicht eines jungen Soldaten, der zusammen mit seinen Klassenkameraden an die Front geschickt wird:

Und selbst wenn man sie uns wiedergäbe, diese Landschaft unserer Jugend, wir würden wenig mehr mit ihr anzufangen wissen. Die zarten und geheimen Kräfte, die von ihr zu uns gingen, können nicht wiedererstehen. Wir würden in ihr sein und in ihr umgehen; wir würden uns erinnern und sie lieben und bewegt sein von ihrem Anblick. Aber es wäre das Gleiche, wie wenn wir nachdenklich werden vor der Fotografie eines toten Kameraden; es sind seine Züge, es ist sein Gesicht, und die Tage, die wir mit ihm zusammen waren, gewinnen ein trügerisches Leben in unserer Erinnerung; aber er ist es nicht selbst. (…)

Heute würden wir in der Landschaft unserer Jugend umhergehen wie Reisende. Wir sind verbrannt von Tatsachen, wir kennen Unterschiede wie Händler und Notwendigkeiten wie Schlächter. Wir sind nicht mehr unbekümmert – wir sind fürchterlich gleichgültig. Wir würden da sein; aber würden wir leben?

Wir sind verlassen wie Kinder und erfahren wie alte Leute, wir sind roh und traurig und oberflächlich – ich glaube, wir sind verloren.

Zit. nach: E. M. Remarque, Im Westen nichts Neues. Köln 1986, S. 90 f.

Q6 Kriegserfahrungen aus dem Bilderbuch

Eva Sternheim-Peters, geboren 1925, wächst mit den Erinnerungen an den Weltkrieg auf:

Der 1. Weltkrieg ist E[va] noch auf eine ganz private, familiäre Weise überliefert worden – in Schubladen und Schrankfächern, Büchern, Kästen und Kästchen durch die ganze Wohnung verstreut. Feldpostkarten und zusammengebündelte Briefe „von der Front", Fotos von Soldaten, auf denen das Kind nur mühsam den Vater oder einen Onkel erkannte; Ansichten aus Belgien, Frankreich, Russland; Zeitungsausschnitte mit Gedichten, Heeresberichten und Todesanzeigen; Orden und Ehrenzeichen, Flottenkalender, Liederblätter, Landkarten, Zeichnungen. Auch ein Kriegsbilderbuch für Kinder war dabei, das hatte die Kronprinzessin schon im Jahre 1914 herausgegeben. (…) Weil es bereits wenige Wochen nach dem Kriegsausbruch erschienen war, kamen Tanks, Gasmasken, Stacheldrahtverhau und auch Stahlhelme noch nicht darin vor. Dafür blitzte und krachte es auf vielen Seiten, und meist flogen irgendwelche Trümmer durch die Luft. Tote gab es nicht einmal auf der Feindseite, höchstens Verwundete. (…) Auch Franzosen kommen vor. Die fliehen gerade vor den vorwärts stürmenden, „Hurra" rufenden Pickelhaubenkriegern und sehen von hinten in ihren roten Pluderhosen lächerlich aus.

Zit. nach: E. Sternheim-Peters, Die Zeit der großen Täuschungen. 2. Aufl., Bielefeld 1989, S. 15 ff.

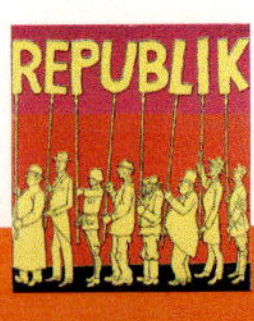

2. Extraausgabe Sonnabend, den 9. November 1918.

Vorwärts

Berliner Volksblatt.
Zentralorgan der sozialdemokratischen Partei Deutschlands.

Der Kaiser hat abgedankt!

Der Reichskanzler hat folgenden Erlaß herausgegeben:

Seine Majestät der Kaiser und König haben sich entschlossen, dem Throne zu entsagen.

Der Reichskanzler bleibt noch so lange im Amte, bis die mit der Abdankung Seiner Majestät, dem Thronverzichte Seiner Kaiserlichen und Königlichen Hoheit des Kronprinzen des Deutschen Reichs und von Preußen und der Einsetzung der Regentschaft verbundenen Fragen geregelt sind. Er beabsichtigt, dem Regenten die Ernennung des Abgeordneten Ebert zum Reichskanzler und die Vorlage eines Gesetzentwurfs wegen der Ausschreibung allgemeiner Wahlen für eine verfassungsgebende deutsche Nationalversammlung vorzuschlagen, der es obliegen würde, die künftige Staatsform des deutschen Volk, einschließlich der Volksteile, die ihren Eintritt in die Reichsgrenzen wünschen sollten, endgültig festzustellen.

Berlin, den 9. November 1918. **Der Reichskanzler.**
Prinz Max von Baden.

Es wird nicht geschossen!

Der Reichskanzler hat angeordnet, daß seitens des Militärs von der Waffe kein Gebrauch gemacht werde.

Parteigenossen! Arbeiter! Soldaten!

Soeben sind das Alexanderregiment und die vierten Jäger geschlossen zum Volke übergegangen. Der sozialdemokratische Reichstagsabgeordnete Wels u. a. haben zu den Truppen gesprochen. Offiziere haben sich den Soldaten angeschlossen.

Der sozialdemokratische Arbeiter- und Soldatenrat.

Q7 Der Kaiser hat abgedankt

Extraausgabe des „Vorwärts" vom 9. November 1918.

Q8 „Es lebe die deutsche Republik"

Philipp Scheidemann ruft die Republik aus, 9.11.1918:
Das deutsche Volk hat auf der ganzen Linie gesiegt. Das alte Morsche ist zusammengebrochen; der Militarismus ist erledigt! Die Hohenzollern haben abgedankt! Es lebe die deutsche Republik! Der Abgeordnete Ebert ist zum Reichskanzler ausgerufen worden. Ebert ist damit beauftragt, eine neue Regierung zusammenzustellen. Dieser Regierung werden alle sozialistischen Parteien angehören. Jetzt besteht unsere Aufgabe darin, diesen glänzenden Sieg, diesen vollen Sieg des deutschen Volkes nicht beschmutzen zu lassen, und deshalb bitte ich Sie, sorgen Sie dafür, dass keine Störung der Sicherheit eintrete. Nichts darf existieren, was man uns später wird vorwerfen können! Ruhe, Ordnung und Sicherheit, das ist das, was wir jetzt brauchen. (…) Sorgen Sie dafür, dass die neue deutsche Republik, die wir errichten werden, nicht durch irgend etwas gefährdet werde. Es lebe die deutsche Republik!

Zit. nach: G. A. Ritter/S. Miller (Hg.), Die deutsche Revolution 1918–1919. Dokumente. Frankfurt a. M. 1983, S. 77 f.

Q9 „Ich proklamiere die freie sozialistische Republik Deutschland"

Karl Liebknecht ruft die Republik aus, 9.11.1918:
Der Tag der Revolution ist gekommen. Wir haben den Frieden erzwungen. Der Friede ist in diesem Augenblick geschlossen, das Alte ist nicht mehr. Die Herrschaft der Hohenzollern, die in diesem Schloss jahrhundertelang gewohnt haben, ist vorüber. (…) Parteigenossen, ich proklamiere die freie sozialistische Republik Deutschland, die alle Stämme umfassen soll, in der es keine Knechte mehr geben wird, in der jeder ehrliche Arbeiter den ehrlichen Lohn seiner Arbeit finden wird. (…) Wir müssen alle Kräfte anspannen, um die Regierung der Arbeiter und Soldaten aufzubauen und eine neue staatliche Ordnung des Proletariats zu schaffen, eine Ordnung des Friedens, des Glücks und der Freiheit unserer deutschen Brüder und unserer Brüder in der ganzen Welt. Wir reichen ihnen die Hände und rufen sie zur Vollendung der Weltrevolution auf.

Zit. nach: Ebenda, S. 78 f.

Fragen und Anregungen

1. Charakterisiere anhand von VT und Q 1–4, D 1–2 sowie Q7 die Situation am Ende des Ersten Weltkriegs. Sammelt die Ergebnisse gemeinsam in Form einer Mind map.
2. Zeige, wie Remarque in seinem Roman die Auswirkungen des Krieges auf den Einzelnen schildert (Q5). Welche Folgen ergeben sich für die Gesellschaft insgesamt? Vergleiche Remarques Darstellung mit den Erinnerungen der 1925 geborenen Sternheim-Peters (Q6): Welche Rolle spielen Krieg und Kriegsandenken in ihrer Familie?
3. Recherchiere anhand der Lokalzeitung die Situation in deinem Wohnort am Ende des Ersten Weltkrieges. Bilde Gruppen zu folgenden Überbegriffen: Politisches Geschehen, Wirtschaft, Kultur, Alltagsleben.
4. Scheidemann und Liebknecht wollen beide eine Republik verwirklichen (Q8 und 9): Auf welchem Weg wird die Republik errichtet? Wer übernimmt die Macht? Welche wichtigen Aufgaben hat das neue System? Lege für den Vergleich eine Tabelle an.

2. Wer übernimmt die Macht?

10. November 1918	Der Rat der Volksbeauftragten bildet sich als Übergangsregierung.
Dezember 1918/ Januar 1919	In Berlin finden Straßenkämpfe zwischen Regierungstruppen und Revolutionären statt.
19. Januar 1919	Die Verfassungsgebende Nationalversammlung wird gewählt.

Parlamentarische oder Räterepublik?

Nicht alle verstanden darunter das Gleiche, wenn sie Deutschland als Republik bezeichneten. Die SPD unter Ebert und Scheidemann wollte eine parlamentarische Demokratie verwirklichen. Eine gewählte Nationalversammlung sollte eine Verfassung ausarbeiten. Andernfalls befürchtete sie einen Bürgerkrieg wie in der Sowjetunion. Die Spartakisten hingegen wollten die Revolution weiterführen, bis alle Macht in den Händen der Räte lag. Das Wirtschafts- und Gesellschaftssystem sollte erneuert, die bisherigen Verwaltungsbeamten entlassen werden.

Erste Schritte der Übergangsregierung

Am 10. November wurde in Berlin der Rat der Volksbeauftragten gebildet, eine Übergangsregierung unter dem Vorsitz Eberts. Sie bestand aus je drei Mitgliedern der SPD und der Unabhängigen SPD (USPD). Diese hatte sich von der SPD während des Krieges abgespalten. Anders als die Provisorische Regierung in Russland ergriff der Rat der Volksbeauftragten sofort Maßnahmen, um das politische und gesellschaftliche Leben funktionstüchtig zu erhalten. Ebert schloss dazu zwei Bündnisse mit wichtigen Machthabern des alten Kaiserreichs: Noch am gleichen Tag sicherte General Groener der neuen Regierung zu, die Heeresleitung werde zu ihr stehen. Ebert hingegen garantierte, bei der Aufrechterhaltung der Kommandogewalt der Offiziere mitzuhelfen. Am 15. November wurde die Zentralarbeitsgemeinschaft zwischen dem Führer der freien Gewerkschaften Legien und dem Großunternehmer Stinnes begründet. Mit der Einführung des Achtstundentags und der Anerkennung als gleichberechtigte Vertreter der Arbeitnehmer wurden langjährige Forderungen der Gewerkschaften erfüllt. Verzichtet wurde im Gegenzug auf die Verstaatlichung einzelner Betriebe oder Wirtschaftszweige.

Kommt es doch zum Bürgerkrieg?

Im Dezember trafen sich die Räte und ihre Vertreter zu einem Kongress in Berlin. Sie sprachen sich mehrheitlich für die Wahl zu einer Nationalversammlung aus. Die Spartakisten aber hielten an ihrem Ziel fest, mehr Macht für die Räte und eine

Räterepublik

In einer Räterepublik sind die Wähler in Basiseinheiten organisiert (die Arbeiter eines Betriebes, die Bewohner eines Bezirkes usw.). Sie wählen direkt alle öffentlichen Funktionsträger. Diese Räte sind Gesetzgeber, Regierung und Gerichte in einem, es gibt also keine Gewaltenteilung und auch keine Vielfalt von Parteien, weil die Räte den einheitlichen Volkswillen verkörpern sollen. Die Räte sind der Basis verantwortlich, an ihre Weisungen gebunden und jederzeit abrufbar.

Parlamentarische Systeme

In einem parlamentarischen System übt das Volk die Herrschaft nicht direkt aus, sondern überträgt sie auf für bestimmte Perioden gewählte Repräsentanten. Diese werden von Parteien aufgestellt und sind ihrem Gewissen unterworfen (freies Mandat). Das Parlament ist oberstes Staatsorgan. Es beschließt Gesetze und den Staatshaushalt. Mit seiner Mehrheit wählt es den Regierungschef, kann ihm aber sein Vertrauen auch wieder entziehen.

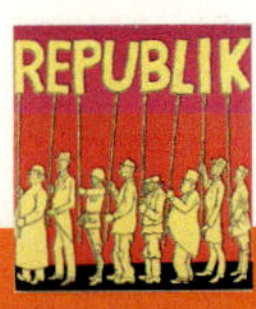

Sozialisierung der Wirtschaft zu erreichen. Als die SPD den Einsatz von Truppen gegen demonstrierende Spartakisten anordnete, traten die USPD-Mitglieder aus dem Rat der Volksbeauftragten aus. Teile der USPD schlossen sich den Spartakisten an. Sie gründeten am 1. Januar 1919 die Kommunistische Partei (KPD). Wenige Tage später erklärten radikale Spartakisten die Regierung für abgesetzt. Wieder marschierten Regierungstruppen sowie Freiwilligenverbände ehemaliger Frontsoldaten auf. Diese „Freikorps" wurden von Offizieren der Kaiserzeit angeführt, die die Demokratie ablehnten. Auf ihr Konto ging am 15. Januar 1919 die Ermordung der Anführer der Spartakisten Luxemburg und Liebknecht.

Karl Liebknecht und Rosa Luxemburg

Wahl zur Nationalversammlung

Inmitten der Unruhen fand am 19. Januar 1919 die Wahl zur Nationalversammlung statt. SPD, Zentrum und die liberale DDP erhielten zusammen etwa 75 Prozent aller Stimmen. Sie bildeten eine Koalitionsregierung, die „Weimarer Koalition". Eröffnet wurde die Nationalversammlung am 6. Februar in Weimar, abseits der revolutionären Bewegung der Reichshauptstadt. Ebert wurde zum Reichspräsidenten gewählt.

Ende der Revolution

Nachdem die neue Regierung gebildet war, lösten sich in vielen Städten die Räteorganisationen auf. Sie hatten ihre Aufgabe darin gesehen, an der Normalisierung des Lebens nach dem Krieg mitzuwirken. Eine kleine Gruppe von Anhängern der Rätebewegung jedoch machte offen Front gegen die Regierung und ihre Zusammenarbeit mit den alten Mächten. Unterstützung erhielten sie von Arbeitern im Ruhrgebiet und anderen Industriestandorten. Sie bestreikten Betriebe und besetzten Zeitungsgebäude, auf der Straße kam es zu gewaltsamen Auseinandersetzungen. Aber die Freikorpsverbände behielten die Oberhand. Im Frühjahr 1919 war die Revolution zu Ende.

Q1 Gegen eine Räterepublik, November 1918

Q2 „Alle Macht den Räten", November 1918

Der Rat der Volksbeauftragten Q3
Von links nach rechts: Emil Barth (USPD), Otto Landsberg (SPD), Friedrich Ebert (SPD), Hugo Haase (USPD), Wilhelm Dittmann (USPD), Philipp Scheidemann (SPD)

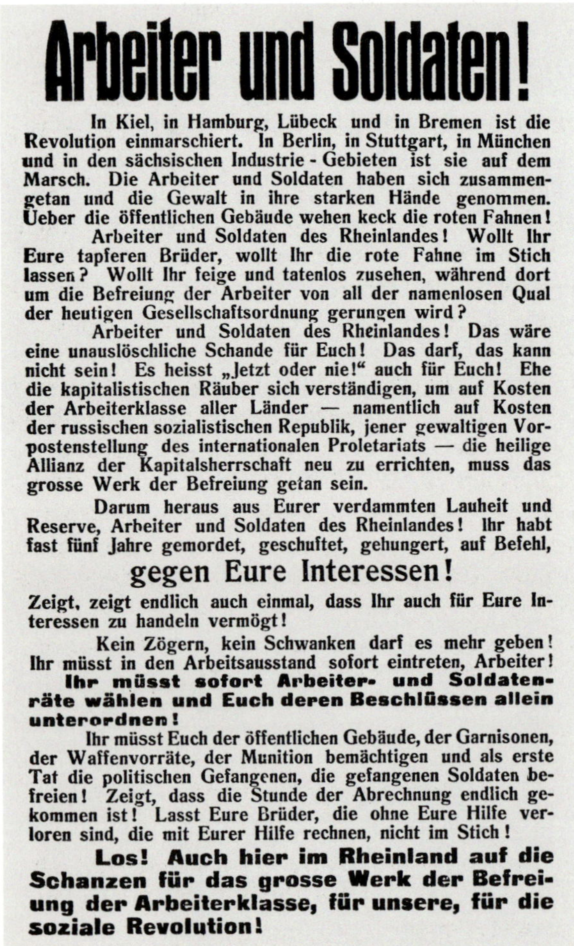

Arbeiter und Soldaten!

In Kiel, in Hamburg, Lübeck und in Bremen ist die Revolution einmarschiert. In Berlin, in Stuttgart, in München und in den sächsischen Industrie - Gebieten ist sie auf dem Marsch. Die Arbeiter und Soldaten haben sich zusammengetan und die Gewalt in ihre starken Hände genommen. Ueber die öffentlichen Gebäude wehen keck die roten Fahnen!

Arbeiter und Soldaten des Rheinlandes! Wollt Ihr Eure tapferen Brüder, wollt Ihr die rote Fahne im Stich lassen? Wollt Ihr feige und tatenlos zusehen, während dort um die Befreiung der Arbeiter von all der namenlosen Qual der heutigen Gesellschaftsordnung gerungen wird?

Arbeiter und Soldaten des Rheinlandes! Das wäre eine unauslöschliche Schande für Euch! Das darf, das kann nicht sein! Es heisst „Jetzt oder nie!“ auch für Euch! Ehe die kapitalistischen Räuber sich verständigen, um auf Kosten der Arbeiterklasse aller Länder — namentlich auf Kosten der russischen sozialistischen Republik, jener gewaltigen Vorpostenstellung des internationalen Proletariats — die heilige Allianz der Kapitalsherrschaft neu zu errichten, muss das grosse Werk der Befreiung getan sein.

Darum heraus aus Eurer verdammten Lauheit und Reserve, Arbeiter und Soldaten des Rheinlandes! Ihr habt fast fünf Jahre gemordet, geschuftet, gehungert, auf Befehl,

gegen Eure Interessen!

Zeigt, zeigt endlich auch einmal, dass Ihr auch für Eure Interessen zu handeln vermögt!

Kein Zögern, kein Schwanken darf es mehr geben! Ihr müsst in den Arbeitsausstand sofort eintreten, Arbeiter! **Ihr müsst sofort Arbeiter- und Soldatenräte wählen und Euch deren Beschlüssen allein unterordnen!**

Ihr müsst Euch der öffentlichen Gebäude, der Garnisonen, der Waffenvorräte, der Munition bemächtigen und als erste Tat die politischen Gefangenen, die gefangenen Soldaten befreien! Zeigt, dass die Stunde der Abrechnung endlich gekommen ist! Lasst Eure Brüder, die ohne Eure Hilfe verloren sind, die mit Eurer Hilfe rechnen, nicht im Stich!

Los! Auch hier im Rheinland auf die Schanzen für das grosse Werk der Befreiung der Arbeiterklasse, für unsere, für die soziale Revolution!

Q4 **Aufruf zur Wahl eines revolutionären Arbeiter- und Soldatenrates.** Flugblatt, November 1918.

Q5 **Welche Aufgaben hat der Arbeiter- und Soldatenrat vor Ort?**

Aus einem Aufruf des provisorischen Arbeiter- und Soldatenrats in Elberfeld-Barmen, Plakat vom 9. November 1918:

Arbeiter! Soldaten! Bürger! Die Volksbewegung für Frieden, Freiheit und Brot schlägt im ganzen Lande ihre hohen Wellen. Wie überall haben sich auch hier die Arbeiter und Soldaten zusammengetan und die Unterzeichneten einen Arbeiter- und Soldatenrat von Elberfeld-Barmen mit der Vertretung ihrer Interessen gegenüber der Gesamtbürgerschaft und allen Behörden beauftragt.

Wir richten an die gesamte Bevölkerung die Aufforderung, den weiteren Fortgang der Volksbewegung durch ruhiges und besonnenes Verhalten zu sichern.

Die Ernährung der Bevölkerung muss wie bisher nach den Anweisungen der Behörden, mit denen der Arbeiter- und Soldatenrat Hand in Hand arbeiten wird, bewältigt werden. (…)

Für die weitere Ernährung der hier bleibenden Soldaten wird Sorge getragen. Die Lebensmittelläger stehen unter dem Schutz des Arbeiter- und Soldatenrates. Jeder Alkoholgenuss muss unterbleiben. Leben, Gesundheit und Eigentum der Bevölkerung ist aufs Strengste zu achten. (…)

Um 1 Uhr nachmittags finden zwei große Versammlungen statt. (…) In beiden Versammlungen wird sich der Arbeiter- und Soldatenrat an die Bevölkerung wenden.

Der provisorische Arbeiter- und Soldatenrat

F.-J. Schmillen, Revolution und Rätebewegung 1918/19 im Rheinland. Frankfurt a. M. 1980, S. 26 f.

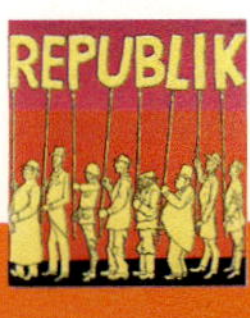

Q6 **Aufruf des Rates der Volksbeauftragten für eine Nationalversammlung, Januar 1919.**

Q7 **Plakat zur Teilnahme an den Wahlen zur Nationalversammlung, Januar 1919, Auftraggeber unbekannt.**

Q8 Was aus Deutschland wird, entscheidet die Nationalversammlung

In seinen Memoiren berichtet Philipp Scheidemann, wie es nach seiner Ausrufung der Republik am 9. November 1918 zu einem Streit mit Ebert kam:

Ebert war vor Zorn dunkelrot im Gesicht geworden, als er von meinem Verhalten [der Ausrufung der Republik] hörte. Er schlug mit der Faust auf den Tisch und schrie mich an: „Ist das wahr?" Als ich ihm antwortete, dass „es" nicht nur wahr, sondern selbstverständlich gewesen sei, machte er mir eine Szene, bei der ich wie vor einem Rätsel stand. „Du hast kein Recht, die Republik auszurufen! Was aus Deutschland wird, ob Republik oder was sonst, das entscheidet eine Konstituante [Verfassungsgebende Nationalversammlung]!" Wie konnte ein so kluger Mann die Situation derart falsch einschätzen, dass er selbst am 9. November noch von Regentschaft, Stellvertretung, Reichsverweser und anderem total erledigtem monarchischen Gerümpel sprach!

Ph. Scheidemann, Memoiren eines Sozialdemokraten Bd. 2. Dresden 1928, S. 313.

Q9 Konkursverwalter des alten Regimes

Aus der Ansprache Friedrich Eberts zur Eröffnung der Nationalversammlung am 6. Februar 1919 in Weimar:

Meine Damen und Herren, die provisorische Regierung hat eine sehr üble Herrschaft angetreten. Wir waren im eigentlichsten Wortsinne die Konkursverwalter des alten Regimes: Alle Scheuer, alle Läger waren leer, alle Vorräte gingen zur Neige, der Kredit war erschüttert, die Moral tief gesunken. Wir haben, gestützt und gefördert vom Zentralrat der Arbeiter- und Soldatenräte, unsere beste Kraft eingesetzt, die Gefahren und das Elend der Übergangszeit zu bekämpfen. Wir haben der Nationalversammlung nicht vorgegriffen. Aber wo Zeit und Not drängten, haben wir die dringlichsten Forderungen der Arbeiter zu erfüllen uns bemüht. Wir haben alles getan, um das wirtschaftliche Leben wieder in Gang zu bringen. (...) Wenn der Erfolg nicht unseren Wünschen entsprach, so müssen die Umstände, die das verhinderten, gerecht gewürdigt werden.

W. Michalka/G. Niedhart (Hg.), Deutsche Geschichte 1918–1933. Dokumente zur Innen- und Außenpolitik. Frankfurt a. M., 1982, S. 51.

Fragen und Anregungen

1. Skizziere die unterschiedlichen Auffassungen innerhalb der Rätebewegung: Welche Forderungen erheben die Spartakisten (Q4)? Welche Aufgaben hat der provisorische Arbeiter- und Soldatenrat übernommen (Q5)? In beiden Texten ist von Räten die Rede – ziehe Rückschlüsse auf Zusammensetzung und Ziele der Rätebewegung.
2. Formuliere ein Streitgespräch zwischen einem Anhänger der Nationalversammlung und einem Befürworter des Rätesystems. (VT, hist. Stichwort, Q1, 2, 6 und 7).
3. Verfasse anhand von Q8 und 9 ein Interview mit Ebert, in dem er seine Haltung in der Revolution begründet.
4. Vorschlag für ein Kurzreferat: Recherchiere Stationen des Lebens Friedrich Eberts beziehungsweise Rosa Luxemburgs und stelle sie der Klasse vor.

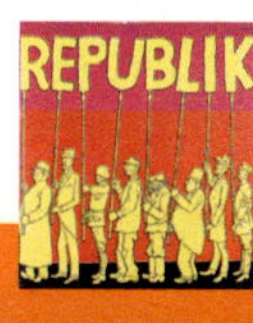

3. Die neue politische Ordnung

31. Juli 1919 Die Nationalversammlung verabschiedet die Verfassung.

11. August 1919 Nach der Unterzeichnung durch Reichspräsident Ebert tritt die Verfassung in Kraft.

Q1 **Wahldemonstration der SPD, 25.1.1919**

Q2 **Ratlose Frauen mit ihren Stimmzetteln, 25.1.1919**

Frauenstimmrecht

Unter der Leitung des Liberalen Hugo Preuß begann die Ausarbeitung einer Verfassung für die neue Republik. Zum ersten Mal in Deutschland erhielten die Frauen das aktive und passive Wahlrecht. 41 Frauen gehörten der Nationalversammlung an, davon waren etwa die Hälfte Mitglieder der SPD. Dieser Anteil von 9,6 Prozent wurde erst wieder 1983 im Deutschen Bundestag erreicht.

Parteien und Verfassungsschutz

Mit der Einführung des Verhältniswahlrechts zog jede Partei gemäß ihrem Stimmenanteil in den Reichstag ein. Auf eine Sperrklausel wurde verzichtet, so dass auch die kleinen Parteien vertreten waren. Auf diese Weise erreichte keine Partei bei Reichstagswahlen die absolute Mehrheit. Um eine Regierung zu bilden, mussten sich mehrere Parteien zu einer Koalition zusammenschließen. Die Parteien von Weimar waren nicht durch die Verfassung an die Demokratie gebunden. Jede sollte frei sein in ihrem politischen Denken und Handeln. Dadurch konnten Parteien und Organisationen, die der Demokratie feindlich gesinnt waren oder sie bekämpften, wenig Grenzen gesetzt werden.

Regierung und Reichspräsident

Die Regierung ging in der Regel aus der parlamentarischen Mehrheit hervor und war vor dem Parlament verantwortlich. Der Reichstag konnte dem Kanzler das Vertrauen wieder entziehen (einfaches Misstrauensvotum) und so seinen Rücktritt veranlassen. Reichskanzler und Minister wurden vom Reichspräsidenten ernannt. Dieser war mit weit reichenden Rechten ausgestattet: Er konnte den Reichstag auflösen. Waren die öffentliche Sicherheit und Ordnung gefährdet, hatte er die Möglichkeit, den Staatsnotstand zu verhängen (Artikel 48). In diesem Fall waren die Verfassungsrechte der Bürger außer Kraft gesetzt. „Notverordnungen", gesetzliche Maßnahmen ohne Mitwirkung des Reichstags, konnten erlassen werden.
Auch dass der Reichspräsident direkt von den Wahlberechtigten gewählt wurde, stärkte sein politisches Gewicht.

Q3 Wahlrednerin in Berlin, 1919
Frauen machten in großer Zahl von ihrem Stimmrecht Gebrauch, 82 % nahmen an der Wahl zur Nationalversammlung teil.

Q4 „Sie tragen die Buchstaben der Firma – wer aber trägt den Geist?"
Karikatur von Th. Th. Heine aus dem „Simplicissimus", 1927.

Die Parteien der Weimarer Republik

Die stärkste politische Kraft blieb bis 1932 die SPD. In der Revolution von 1918/19 war ihr die politische Führungsrolle zugefallen, die sie nutzte, um im Bündnis mit den bürgerlichen Parteien eine parlamentarische Republik zu schaffen. Die Sozialdemokratie war fest in der Arbeiterschaft verwurzelt und blieb an sie gebunden. Alle Bemühungen der Parteiführung, den Einfluss der Partei auf andere Schichten auszudehnen und eine linke Volkspartei zu werden, blieben jedoch erfolglos.
Die aus dem Spartakusbund hervorgegangene KPD stieg nach 1920 zu einer linken Massenpartei auf. Sie hatte ihre Basis im linken Spektrum der Arbeiterschaft. Die Partei orientierte sich an den sowjetischen Bolschewisten und verfolgte seit 1923 einen radikalen antidemokratischen Kurs gegen die Weimarer Republik.
Das 1870 gegründete Zentrum verstand sich als politischer Interessenvertreter der deutschen Katholiken aller sozialen Schichten. Es war bis 1932 in allen Reichsregierungen vertreten und stellte mehrmals den Reichskanzler. Trotz kritischer Sicht auf ihre Politik bekannte sich das Zentrum zur Weimarer Republik.
Die linksliberale Deutsche Demokratische Partei (DDP) hatte ihre Wähler im Bürgertum und vertrat uneingeschränkt die parlamentarische Demokratie. Die zweite liberale Partei, die Deutsche Volkspartei (DVP) wurde vor allem von der Schwerindustrie unterstützt. Nach anfänglicher Ablehnung näherte sie sich der Weimarer Demokratie, verlor damit aber immer mehr Wählerstimmen an die konservative Deutschnationale Volkspartei (DNVP), die sich zur Monarchie bekannte, auch wenn sie sich an Regierungen beteiligte.
Zu Beginn der 1920er Jahre entstanden militante rechtsextreme Geheimbünde und Parteien, unter ihnen die NSDAP. Sie waren strikte Gegner der demokratisch-parlamentarischen Ordnung und richteten häufig Gewaltaktionen gegen demokratische Kräfte und zunehmend gegen Juden. Erst gegen Ende der Weimarer Republik verzeichnete die NSDAP einen größeren Zulauf.

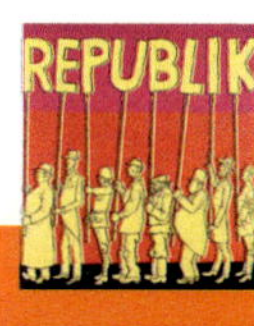

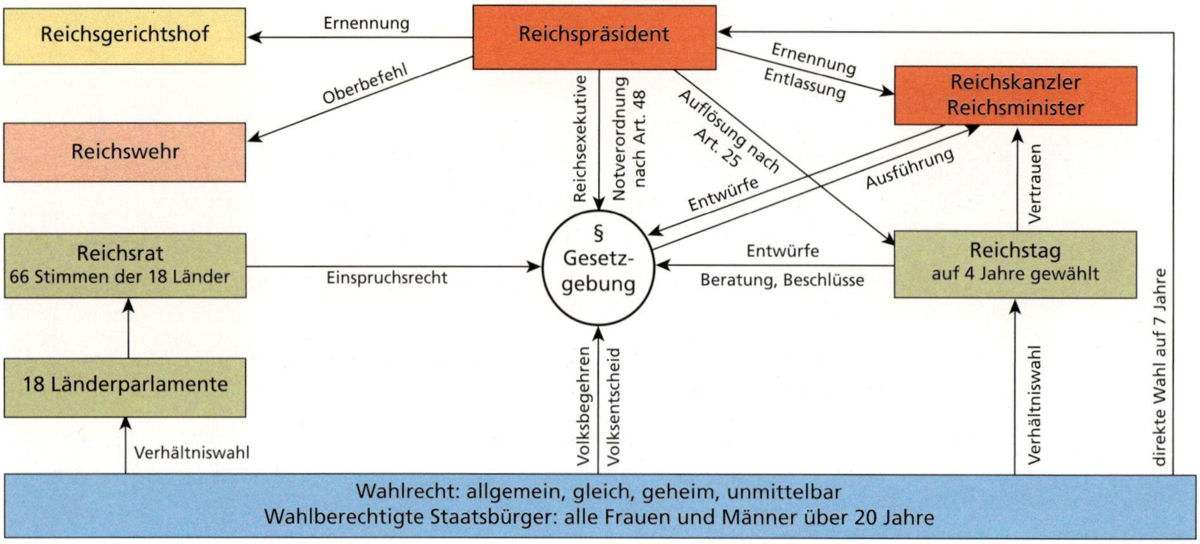

D1 Die Weimarer Verfassung

Q5 Die Grundrechte der Weimarer Verfassung

Auszug aus der Weimarer Verfassung:

Art. 48 Der Reichspräsident kann, wenn im Deutschen Reich die öffentliche Sicherheit und Ordnung erheblich gestört oder gefährdet wird, die zur Wiederherstellung der öffentlichen Sicherheit und Ordnung nötigen Maßnahmen treffen, erforderlichenfalls mit Hilfe der bewaffneten Macht einschreiten. Zu diesem Zwecke darf er vorübergehend die (...) Grundrechte ganz oder zum Teil außer Kraft setzen.

Art. 109 Alle Deutschen sind vor dem Gesetz gleich. Männer und Frauen haben grundsätzlich die gleichen Rechte und Pflichten. (...)

Art. 111 Alle Deutschen genießen Freizügigkeit im ganzen Reiche. Jeder hat das Recht, sich an beliebigem Orte des Reiches aufzuhalten und niederzulassen (...).

Art. 114 Die Freiheit der Person ist unverletzlich. Eine Beeinträchtigung oder Entziehung der persönlichen Freiheit durch die öffentliche Gewalt ist nur aufgrund von Gesetzen zulässig.

Art. 115 Die Wohnung jedes Deutschen ist für ihn eine Freistätte und unverletzlich. (...)

Art. 116 Eine Handlung kann nur dann mit einer Strafe belegt werden, wenn die Strafbarkeit gesetzlich bestimmt war, bevor die Handlung begangen wurde.

Art. 117 Das Briefgeheimnis sowie das Post-, Telegrafen- und Fernsprechgeheimnis sind unverletzlich. (...)

Art. 118 Jeder Deutsche hat das Recht, innerhalb der Schranken der allgemeinen Gesetze seine Meinung durch Wort, Schrift, Druck, Bild oder in sonstiger Weise frei zu äußern. An diesem Rechte darf ihn kein Arbeits- oder Anstellungsverhältnis hindern, und niemand darf ihn benachteiligen, wenn er von diesem Rechte Gebrauch macht. (...)

P. Longerich (Hg.), Die Erste Republik. Dokumente zur Geschichte des Weimarer Staates, München 1992, S. 104 ff.

Fragen und Anregungen

1. Klärt in Partnerarbeit folgende Fragen zur Weimarer Verfassung (D1und Q5): Welche Rechte hat die Bevölkerung, welche der Reichstag, welche die Regierung und der Reichspräsident? Beurteilt anschließend, wie die staatliche Macht verteilt ist und welche Möglichkeiten der gegenseitigen Kontrolle bestehen.
2. Fasse tabellarisch die Zielgruppen der einzelnen Parteien und ihre Haltung zum Staat von Weimar zusammen (VT, Q1). Prüft, welche Parteien miteinander stabile Koalitionen bilden können.
3. Überlege, welche Personen du auf dem Bild Q4 erkennen kannst und für welche gesellschaftlichen Gruppen sie stehen. Wählt zwei dieser Personen aus und lasst sie in einem Dialog über das System von Weimar zu Wort kommen.
4. Vergleiche Q2 mit Q3. Auf welche Weise nehmen die dargestellten Frauen ihr Wahlrecht wahr.

4. Der Versailler Friedensvertrag und seine Folgen

28. Juni 1919	Die deutsche Regierung nimmt den Versailler Vertrag an.
1924	Dawes-Plan: Die jährlichen Reparationen werden festgelegt unter Berücksichtigung der deutschen Zahlungsfähigkeit.
1925	Vertrag von Locarno: Die Unverletzlichkeit der deutschen Westgrenze wird bestätigt.
1929	Young-Plan: Deutschland ist zu Zahlungen über einen Zeitrum von 59 Jahren verpflichtet.
1932	Auf der Konferenz von Lausanne werden die verbliebenen Reparationszahlungen gestrichen.

Unterschiedliche Interessen der Siegermächte

Im Januar 1919 begannen in Paris die Friedensverhandlungen der Alliierten. Großbritannien und die USA waren daran interessiert, die Mächte auf dem Kontinent stabil zu halten als Gegengewicht zur kommunistisch regierten Sowjetunion. Bereits im Krieg hatte der amerikanische Präsident Wilson ein 14 Punkte umfassendes Programm verkündet, in dem er die Verständigung der Völker untereinander und ein Selbstbestimmungsrecht der Nationen forderte. Vor allem in Frankreich, das Deutschland so weit wie möglich geschwächt sehen wollte, stieß das Programm auf Ablehnung. Verwirklicht allerdings wurde Wilsons Idee eines Völkerbunds. Dieser internationale Zusammenschluss sollte das friedliche Zusammenleben der beteiligten Staaten in Zukunft garantieren.

Bestimmungen des Versailler Vertrages für Deutschland

Deutschland war an den Beratungen in Versailles nicht beteiligt. Als die Bestimmungen bekannt wurden, löste dies einen Proteststurm aus. Durch Gebietsabtretungen verlor Deutschland auch wichtige Anbauflächen, Rohstoffvorkommen und Industriestandorte. Auf seine Kolonien sollte Deutschland verzichten. Die Flotte wurde beschlagnahmt, die Reichswehr sollte auf 100 000 Mann verkleinert werden. Zahlreiche Güter sollte Deutschland an die Siegermächte liefern, darunter Lokomotiven, Schiffe, landwirtschaftliche Maschinen, Nutztiere sowie Kohle und Farbstoffe. Daneben war es zu hohen Reparationszahlungen verpflichtet. Begründet wurden diese Wiedergutmachungsleistungen mit der alleinigen Kriegsschuld Deutschlands: Der deutsche Angriff habe den Krieg verursacht. Deutschland trage daher die Verantwortung für die Zerstörungen und Verluste.
In der Nationalversammlung kam es zu heftigen Auseinandersetzungen über die Unterzeichnung des Vertrags. Sollte Deutschland in Kauf nehmen, dass die Alliierten ihre Drohung wahr machten, Deutschland zu besetzen, falls der Vertrag nicht fristgerecht angenommen wurde? Die Regierung Scheidemann zerbrach an dieser Entscheidung. Die neue Regierung beschloss, den Vertrag zu akzeptieren und unterschrieb ihn in Versailles.

Dolchstoßlegende

Ausgerechnet Versailles: Hier hatte im Januar 1871 nach dem Sieg über Frankreich die feierliche Gründung des Deutschen Reichs stattgefunden. Wilhelm I. war zum Kaiser gekrönt worden. Von den Franzosen wurde dies als große Schmach empfunden. Jetzt war es Deutschland, das sich gedemütigt fühlte. Die Gegner der Republik lasteten dies den demokratischen Parteien an. Sie warfen ihnen vor, Deutschland

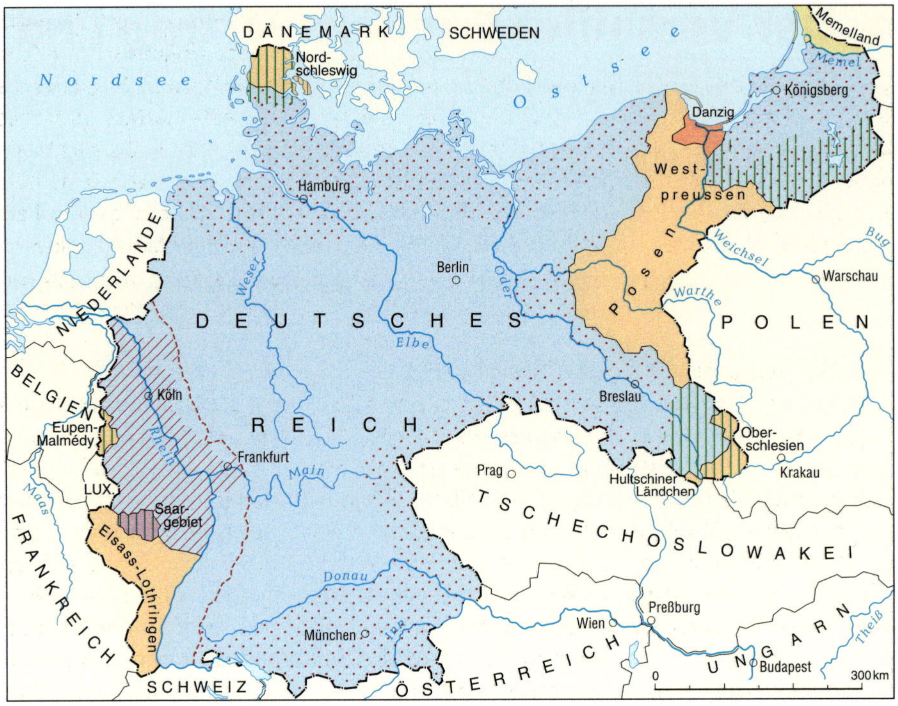

Der Friedensvertrag von Versailles, 1920 D1

der „Schuldknechtschaft" auszuliefern, weil sie die Bedingungen des Vertrages erfüllen wollten. Rechts gerichtete Gruppen verbreiteten in dieser Situation ihre Sichtweise der Kriegsniederlage, die bereits die Generäle 1918 aufgebracht hatten: Der Krieg sei nicht an der Front verloren gegangen, vielmehr seien Demokraten und Revolutionäre im November 1918 den Soldaten in den Rücken gefallen und hätten so den Sieg verhindert. Diese „Dolchstoßlegende" wurde populärer Bestandteil der Propaganda gegen Parlamentarismus und Demokratie.

Die Regelung der Reparationen

Vor allem die Regelung der Reparationen, deren endgültiger Umfang zunächst noch nicht abzusehen war, führte zu großen Spannungen mit Frankreich und verschärfte in Deutschland die wirtschaftlichen Probleme. 1924 aber entwickelte der amerikanische Bankier Charles Dawes einen Plan, der die Höhe der jährlichen Reparationsraten bestimmte und genau festlegte, aus welchen Einnahmen sie stammen sollten. Verbunden damit war auch eine Geldanleihe, die der deutschen Wirtschaft zu einem Aufschwung verhelfen sollte. Dadurch entspannte sich das Verhältnis zu den Alliierten. Die 1929 vom amerikanischen Bankier Owen Young vorgelegte Lösung sah eine abschließende Ratenzahlung über einen Zeitraum von 59 Jahren vor. Das besetzte Rheinland konnte jetzt vorzeitig geräumt werden. Im Sommer 1932 wurden die Reparationen schließlich ganz eingestellt – gegen eine einmalige Zahlung, die aber nicht mehr geleistet wurde.

Annäherung an die Sowjetunion und an Frankreich

Bereits 1922 nahm Deutschland mit der Sowjetunion wieder diplomatische Beziehungen auf. Im Vertrag von Rapallo vereinbarten beide Seiten, sich gegenseitig wirtschaftlich zu fördern. 1925 wurde der Vertrag von Locarno abgeschlossen: Sowohl Frankreich und Belgien als auch Deutschland garantierten die Unverletzlichkeit der deutschen Westgrenze. Deutschland bestätigte damit den Verzicht auf Elsass-Lothringen. Es verpflichtete sich außerdem, die polnische Grenze nicht gewaltsam ändern zu wollen. 1926 wurde Deutschland in den Völkerbund aufgenommen.

Reparationen

Bezeichnet werden damit Wiedergutmachungsleistungen für Kriegsschäden oder -aufwendungen, die der Besiegte an den oder die Sieger zahlen muss. Reparationen können Geldzahlungen oder Sachlieferungen sein. Sie werden durch Beschlagnahmung von Vermögen oder durch Demontagen gesichert.

Q1 Der Versailler Vertrag als „Todesurteil"

Auszüge aus dem Kommentar der Süddeutschen Zeitung zu den Bestimmungen von Versailles, 24. 6. 1919:
Dem deutschen Volke ist die Schande angetan worden, nicht nur sein Todesurteil zu unterschreiben, sondern seines eigenen Blutes und Stammes Genossen dem Feinde auszuliefern, zur Aburteilung, zur Bestrafung dafür, dass sie ihrem Vaterlande in seiner Not das Beste gegeben. (…) Was haben wir denn gutzumachen, wir, die wir der großen seit Jahrzehnten zusammengebrauten Verschwörung Hass erfüllter Nachbarn und gieriger, Neid erfüllter Konkurrenten zum Opfer gefallen sind. Wie kann man dem heiligen Volksempfinden so ins Gesicht schlagen! Waren die Augusttage 1914, wo aus Millionen deutscher Herzen das Befreiungslied, der vaterländische Jubel sich rang, Lüge, waren sie Selbstbetrug? (…) Es ist geschehen, dein Schicksal, deutsches Volk, ist besiegelt, durch die Männer der Revolution, die den 9. November zum Nationalfeiertag machten, den Tag der Freiheit, wie sie meinten.

Süddeutsche Zeitung, 24. 6. 1919, o. S.

Q2 Deutsche Außenpolitik nach Versailles

Der deutsche Außenminister Gustav Stresemann (DVP) über die Grundlinien seiner Außenpolitik, 18. 5. 1925:
Jedermann weiß auch, dass sich in Deutschland kein ernsthafter Mensch mit kriegerischen Absichten irgendwelcher Art trägt, und dass das deutsche Volk nur den einen Wunsch hat, in ungestörter friedlicher Arbeit seinen Staat und seine Wirtschaft wieder aufzubauen. Wir können deshalb auch das Bestreben eines Sicherheitsproblems in dem Sinne, als ob andere Länder ein berechtigtes Bedürfnis nach Schutz gegen deutsche Angriffe hätten, unmöglich anerkennen. Ganz im Gegenteil kann Deutschland, das, völlig entwaffnet, stark gerüsteten, durch militärische Bündnisse gesicherten Machthabern gegenübersteht, mit Recht die Forderung nach Schutz seiner Grenzen erheben.

W. Michalka/ G. Niedhart (Hg.), Deutsche Geschichte 1918–1933. Dokumente zur Innen- und Außenpolitik. Frankfurt a. M. 1992, S. 106.

D2 Bleibt Deutschland eine Großmacht?

Der Historiker Eberhard Kolb zum Versailler Vertrag:
Der Vertrag besaß tatsächlich einen Kompromisscharakter (…). Trotz des Versailler Vertrags erhielt das Deutsche Reich den Status einer europäischen Großmacht und besaß auf längere Sicht die Möglichkeit, wieder einen aktiven Part in der europäischen Politik zu spielen, sogar mit noch größerer außenpolitischer Bewegungsfreiheit als noch vor 1914.

E. Kolb, Die Weimarer Republik. München, Wien 1984, S. 35.

Q3 Dolchstoßlegende
Ausschnitt aus einem Wahlplakat der deutschnationalen Volkspartei, 1924.

Fragen und Anregungen

1. Fasse die wesentlichen Bestimmungen des Versailler Vertrags für Deutschland zusammen (D1, VT).
2. Untersuche, wie der Vertrag in der deutschen Öffentlichkeit aufgenommen wurde (Q1).
3. Begründe mithilfe des VT die Aussage des Historikers Kolb (D2).
4. Prüfe die Ziele von Stresemanns Außenpolitik (Q2) vor dem Hintergrund des Versailler Vertrags.
5. Überlege, welche Folgen die Verbreitung der Dolchstoßlegende für die Gesellschaft hatte (VT, Q3).
6. Vergleiche Q1 mit der Aussage in D2.

Die Reichstagswahlen im Zeichen von Versailles

In Wahlkampfzeiten sind sie nicht zu übersehen – Plakate, mit denen Parteien auf ihre Programme oder ihren Kandidaten aufmerksam machen. Die Weimarer Republik wird oft als Geburtsstunde der politischen Plakate in Deutschland angesehen. Da Massenmedien wie Fernsehen oder Rundfunk fehlten, waren Plakate wichtige Informationsquellen.

Q1 Plakat der DNVP zur Reichstagswahl 6. 6. 1920

Die zahlreichen Parteien der Weimarer Republik, die um die Stimmen der Wählerinnen und Wähler konkurrierten, nutzten sie auch als Möglichkeit der Meinungsbildung. An Litfaßsäulen, Bauzäunen, Schaufenstern und „Sandwichmen“ machten Plakate politische Werbung, die weithin sichtbar viele Menschen erreichte. Dabei waren die Ausdrucksformen reichhaltiger als wir es von der politischen Werbung heute kennen.

In den aufstrebenden Großstädten bekam das Leben eine immer größere Geschwindigkeit. Zahlreiche Eindrücke strömten auf den Einzelnen ein. Hier musste ein Plakat seine Wirkung sofort entfalten und seine Aussagen schnell vermitteln.

Das Plakat der DNVP zur Reichstagswahl 1920 beispielsweise gewinnt die Aufmerksamkeit des Betrachters durch ein einprägsames Bild: Eine wehende Fahne in den Farben des Kaiserreichs gibt den Blick frei auf ein Bismarck-Denkmal – Erinnerungen an vergangene, vorgeblich bessere Zeiten werden geweckt. Die Farben schwarz, weiß, rot wiederholen sich auch in der Gestaltung des Hintergrunds und in den Schriftzügen.

Die politischen Inhalte werden auf wenige Schlagworte verkürzt. Das Plakat will polarisieren, den politischen Gegner angreifen und Feindbilder heraufbeschwören. Die Botschaft ist deshalb einfach und einprägsam.

Neben diesem offenkundigen Appell bedient sich der Plakatkünstler auch einer Bild- und Textsprache, die eher unbewusst wahrgenommen wird. Sie ruft Erinnerungen und Gefühle wach. So denkt der Betrachter an Bismarcks militärische Erfolge, gerade den Sieg über Frankreich, der der Gründung des Deutschen Reiches vorausging. Die Kaiserkrone, der Lorbeerkranz und das Kriegsschiff sind Symbole „herrlicher Zeiten“, wie Wilhelm II. das damals vorherrschende Lebensgefühl ausdrückte. Bildhafte Elemente wie die strahlend aufgehende Sonne wirken beinahe unbemerkt auf den Betrachter, können ihn aber wesentlich beeinflussen und manipulieren.

Methodische Arbeitsschritte:

1. Erste Eindrücke sammeln
   Wie wirkt das Plakat auf den ersten Blick, was fällt spontan auf?
2. Das Plakat analysieren
   Welche Details sind abgebildet, welche Textaussagen enthält das Plakat, welche Bilder?
   Welche Rolle spielen die Farben, die Größenverhältnisse und die Anordnung von Text und Bild?
   Welche Symbole und bildhaften Elemente werden eingesetzt – mit welcher Absicht?
   Werden Feindbilder geweckt?
3. Die Adressaten ermitteln
   Wer wird angesprochen? Warum ist diese Zielgruppe von Bedeutung? Worin besteht der Appell?
4. Die Absichten des Auftraggebers klären
   Wann ist das Plakat entstanden? Welche Interessen verfolgt der Auftraggeber?
5. In den historischen Zusammenhang stellen
   Welches aktuelle politische Thema greift das Plakat auf? Welche Rückschlüsse lassen sich ziehen auf das Programm der jeweiligen Partei, welche auf die Einstellung zur Republik von Weimar?

Q2 Wahlplakat der KPD, September 1929 (oben links)

Q3 Plakat der NSDAP zur Reichstagswahl 1928 (oben Mitte)

Q4 Plakat der SPD zur Wahl der Nationalversammlung, Januar 1919 (oben rechts)

Q5 Plakat der DDP zur Wahl der Nationalversammlung, Januar 1919 (unten links)

Q6 Plakat der DVP zur Reichstagswahl, September 1930 (unten Mitte)

Q7 Plakat des Zentrum zur Wahl der Nationalversammlung, Januar 1919 (unten rechts)

Fragen und Anregungen

1. Betrachte die Plakate Q2–7. Sammelt erste Eindrücke in der Klasse.
2. Analysiert in Kleingruppen jeweils eines der Plakate nach dem vorgeschlagenen Raster (Q2–7).
3. Verfasse ein kurzes Interview mit dem Plakatkünstler, in dem er seine Gestaltung begründet.
4. Untersuche ein aktuelles Wahlplakat mithilfe der Arbeitsschritte.

5. Die Republik übersteht das Krisenjahr 1923

11.1. Französische und belgische Truppen besetzen wegen Vernachlässigung der Reparationsleistungen das Ruhrgebiet.

13.1. Die Reichsregierung verkündet den passiven Widerstand.

12.8. Eine Große Koalition (SPD, DDP, Zentrum, DVP) unter Stresemann übernimmt die Regierung.

26.9. Der passive Widerstand im Ruhrgebiet wird beendet.

10.10.–5.11. Revolutionäre kommunistische Regierungen in Thüringen und Sachsen werden mit Einsatz der Reichswehr abgesetzt.

9.11. Hitler-Putsch in München: Hitler und seine Anhänger wollen eine provisorische Regierung bilden.

15.11. Die Einführung der Rentenmark stoppt die Inflation (eine Rentenmark gleich eine Billion Papiermark).

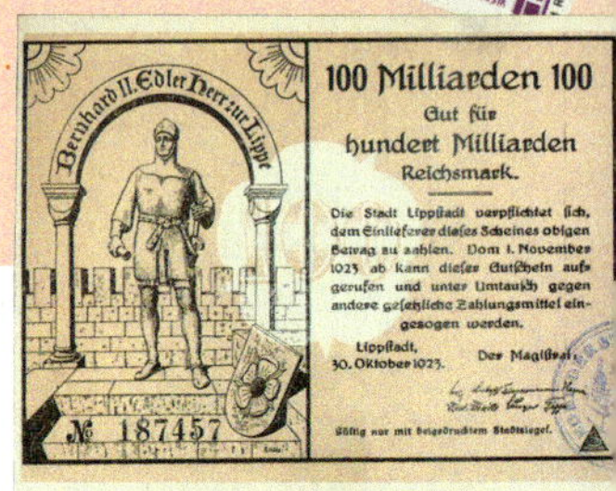

Notgeld aus Westfalen Q1
Oben: 10 000 Mark, Februar 1923; unten: 100 Milliarden Mark, November 1923.

Ruhrbesetzung und Inflation

In ihren Anfangsjahren erlebte die junge Republik schwere Belastungsproben, die ihren Höhepunkt im Jahr 1923 hatten. Anfang des Jahres besetzten französische und belgische Truppen das Ruhrgebiet, weil ein Rückstand Deutschlands bei der Holz- und Kohlelieferung festgestellt worden war. Die Regierung verkündete daraufhin den passiven Widerstand: Allen Beamten war es verboten, Befehle von den Besatzungsmächten anzunehmen. Zwischen streikenden Arbeitern und französischen Soldaten kam es zu gewaltsamen Zusammenstößen. Da sich die Bevölkerung des Ruhrgebiets im „Generalstreik“ befand, musste der Staat für ihren Lebensunterhalt aufkommen. Zudem ruhte dort die Produktion. Die hohen Ausgaben beschleunigten den Verfall der ohnehin instabilen Währung.

Genau betrachtet hatte die Inflation mit dem Ersten Weltkrieg begonnen. Der Krieg wurde weitgehend durch Anleihen bei Unternehmern oder Privatleuten finanziert, die der Staat verzinst zurückzahlen musste. Dabei behalf er sich durch immer neue Banknotenausgabe: Zwischen 1914 und 1918 verfünffachte sich die in Umlauf befindliche Geldmenge. Dem Geld stand aber kein Warenwert gegenüber. Vielmehr verringerte sich die Gütermenge um mehr als ein Drittel, weil für den zivilen Bedarf kaum produziert wurde.

Q2 **Schlange vor einem Berliner Lebensmittelladen.**
Ein Pfund Butter wird für 30 300 Mark verkauft

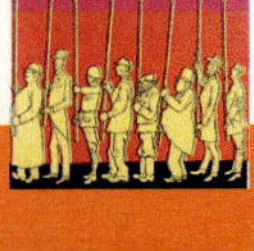

1918 hatte sich der Geldwert im Vergleich zu Kriegsbeginn halbiert.
Für die Regierung war es auch deshalb schwierig, den Staatshaushalt zu sanieren, weil Höhe und Dauer der Reparationen noch nicht feststanden. Von der Geldentwertung allerdings profitierte der Staat: Die 154 Milliarden Mark Kriegsschulden besaßen 1923 einen Wert von 15,4 Pfennigen. Lohnempfänger und Besitzer von Sparkonten dagegen ruinierte die Inflation. Zusammen mit der anhaltenden Krise in der Lebensmittelversorgung verschärfte dies den Konflikt zwischen Bevölkerung und Besatzungsbehörden. Bei vielen sank aber auch das Vertrauen in den Staat von Weimar.

Q3 **Inflation 1923**
Banknoten werden in Waschkörben und Möbelwagen transportiert

Im August musste die Regierung angesichts der wachsenden wirtschaftlichen Schwierigkeiten zurücktreten. Die neue Regierung unter Reichskanzler Stresemann war eine Große Koalition aus SPD, DDP, Zentrum und DVP. Sie brach im September den passiven Widerstand ab, als sich die Inflation einem neuen Höhepunkt näherte. Im November gelang es durch eine Währungsreform, die Geldmenge zu beschränken und den Geldwert zu stabilisieren. Ein Übergangsgeld, die Rentenmark, wurde eingeführt. Deutschland konnte mit den Alliierten in neue Verhandlungen über Wirtschaftslage und Reparationen eintreten.

Politische Unruheherde

Zur gleichen Zeit versuchten Separatisten im Rheinland und in der Pfalz, eine Abtrennung dieser Regionen vom Deutschen Reichsgebiet zu erreichen. Diesen Bestrebungen stand die Bevölkerung jedoch größtenteils ablehnend gegenüber, vor allem, als sich die wirtschaftliche Lage mit der Währungsreform beruhigte. In Thüringen und Sachsen bewaffneten sich Anhänger der Kommunisten, um eine Revolution nach russischem Vorbild („deutscher Oktober") vorzubereiten. Doch die Regierung in Berlin griff schnell ein: Sie verhängte den Ausnahmezustand, ließ Reichswehrtruppen einmarschieren und setzte den sächsischen Ministerpräsidenten ab. Auch in Bayern kam es zu politischen Unruhen, als ein Sympathisant rechts gerichteter Verbände zum Regierungschef erhoben wurde. Er wurde von Verbänden der Reichswehr unterstützt. Reichspräsident Ebert forderte wieder einen Einmarsch von Truppen, aber der Chef der Reichswehr lehnte diesmal ab.
Ein weiterer Putschist nutzte die Gunst der Stunde: Adolf Hitler, Führer der Nationalsozialistischen Partei, stürmte in München eine politische Versammlung. Er erklärte sowohl die bayrische als auch die Reichsregierung für abgesetzt und wollte selbst an einer Übergangsregierung beteiligt werden. Ein Marsch Hitlers und seiner Anhänger durch München wurde am nächsten Tag von der Polizei beschossen. Der Putsch war gescheitert. Die NSDAP wurde verboten, Hitler zu einer fünfjährigen Haftstrafe verurteilt, von der er aber nur neun Monate verbüßte.

Hitler-Putsch am 9.11.1923 Q4

Plakat der Reichsregierung zum Ruhrkampf 1923 Q5

Q6 Motive Frankreichs bei der Ruhrbesetzung

Der britische Botschafter in Berlin Viscount d'Abernon notiert am 27. 7. 1923 in sein Tagebuch:

Wenn man auf die Ereignisse vom Januar aus der Distanz von einigen Monaten zurückblickt, zwingt sich einem der Eindruck auf, dass die führenden Kreise in Frankreich einen viel größeren Wert auf territoriale, militärische und wirtschaftliche Vorteile als auf Zahlungen von Reparationen legen. Das war ihr wirkliches Ziel: Die vorgebrachten Reparationsforderungen waren so übermäßig, so jenseits aller Erfüllungsmöglichkeiten, dass weitsichtige Politiker wie die Franzosen sie nur in der Hoffnung auf eine Ablehnung und die sich daraus ergebenden Strafmaßnahmen stellen konnten. (...) Diese Auffassung der wirklichen Ziele der Ruhrpolitik wird durch die Ereignisse im Rheinland bestätigt. Einige Wochen nach der Besetzung der Ruhr setzte die Agitation ein, die auf eine Abtrennung des Rheinlands und der Ruhr von Deutschland abzielte. Es lässt sich schwer sagen, wieweit die Bewegung spontan und wieweit sie auf die französischen Einflüsterungen zurückzuführen war; eines ist jedoch sicher, dass sie von Frankreich – offen oder verstohlen – energisch unterstützt wurde.

Viscount d'Abernon, Ein Botschafter der Zeitenwende. Memoiren Bd.2, Leipzig 1929, S. 262 f.

Q7 Überreizte Nerven, August 1923

Der Journalist Friedrich Kroner schildert in der „Berliner Illustrierten Zeitung" seine Beobachtungen während der Inflation, 26. 8. 1923:

Epidemie der Angst, der nacktesten Not: Dem Blick längst entwöhnt gewesene Käuferschlangen stehen wieder vor den Läden, erst vor einem, dann vor allen. (...) Die Stadt, die große, steinerne Stadt wird wieder einmal leer gekauft. Reis, gestern noch das Pfund 80 000 Mark, kostet heute 160 000 Mark, morgen vielleicht das Doppelte, übermorgen zuckt der Mann hinterm Ladentisch die Achseln: „Reis ist alle." Also Nudeln. „Nudeln sind alle." Also Graupen, Grieß, Bohnen, Linsen, nur kaufen, kaufen, kaufen! Dieses Stück Papier, das funkelnagelneue Banknotenpapier, noch feucht von Druck, heute früh als Wochenlohn ausgezahlt, schrumpft an Wert auf dem hastigen Wege zum Kaufmannsladen. Die Nullen, die ständig wachsenden Nullen!

Zit. nach: P. Longerich (Hg.), Die Erste Republik. Dokumente zur Geschichte des Weimarer Staates. München 1992, S. 169 f.

D1 Preise in Berlin während der Inflation

In Berlin kosteten am 9./10. Juni 1923:

1 Pfund Rindfleisch	8500–12 000 Mark
1 Pfund Kartoffeln	112–130 Mark
1 Pfund Kaffee	26 000–36 000 Mark
1 Pfund Zucker	1400–1550 Mark
1 Pfund Mehl	1900–2600 Mark
1 Ei	800–810 Mark
1 Brot	2500 Mark
1 Straßenbahnfahrt	600 Mark

Nach W. Michalka/G. Niedhart (Hg.), Deutsche Geschichte 1918–1933. Dokumente zur Innen- und Außenpolitik. Frankfurt a. M. 1992, S. 79.

D2 Gewinner und Verlierer der Inflation

Der Historiker Heinrich August Winkler zeigt, wen die Inflation schädigte und wem sie nützte:

Wer seinen Lebensunterhalt aus Ersparnissen oder der Tilgung und Verzinsung von Wertpapieren zu bestreiten gewohnt war, der stand am Ende der Inflationsperiode buchstäblich vor dem Nichts. Hart betroffen waren auch jene Akademikerfamilien, die das Studium ihrer Kinder traditionell aus Ersparnissen zu finanzieren pflegten. Auf der anderen Seite gab es auch in den Mittelschichten viele, die aus der Geldentwertung Nutzen zogen: Haus- und Grundbesitzer wurden schuldenfrei (...). Die eigentlichen Inflationsgewinner waren die meist hoch verschuldeten Großgrundbesitzer, die durch die Geldentwertung ihrer Schulden ledig wurden, und die Besitzer großer industrieller Vermögen. Materiell war auch der Staat ein Gewinner der Inflation: Die Rückzahlung von Schulden und namentlich der gigantischen Summe der Kriegskredite in wertlosem Papiergeld kam einer Schuldenbefreiung gleich. (...) Seine Glaubwürdigkeit war durch die Inflation fundamental erschüttert worden, und es war die Republik, gegen die sich das Ressentiment [die Abneigung] der Enttäuschten richtete. Die Monarchie, die die Inflation 1914 ausgelöst hatte, erschien hingegen fünf Jahre nach Kriegsende vielen Deutschen schon wieder in einem verklärten Licht.

H. A. Winkler, Der lange Weg nach Westen. Bd. 1. München 2002, S. 448 f.

Q9 **„Retter Stresemann: ‚Er schaut nach rechts, er schaut nach links – er wird mich retten!'“**
Karikatur von K. Arnold, 1923.

Q8 **Das Jahr 1923 – eine Bilanz**

Der britische Botschafter in Berlin Viscount d'Abernon blickt am Ende des Jahres zurück, 31. 12. 1923:

Nun geht das Krisenjahr zu Ende. Die inneren und äußeren Gefahren waren so groß, dass sie Deutschlands ganze Zukunft bedrohten. (...) In den zwölf Monaten vom Januar bis heute hat Deutschland die folgenden Gefahren überstanden:
Die Ruhrinvaison;
den kommunistischen Aufstand in Sachsen und Thüringen;
den Hitler-Putsch in Bayern;
eine Wirtschaftskrise ohnegleichen;
die separatistische Bewegung im Rheinland.
Jeder einzelne dieser Faktoren, falls er sich ausgewirkt hätte, würde eine grundlegende Veränderung entweder in der inneren Struktur des Landes oder in seinen Beziehungen nach außen herbeigeführt haben. Jedes dieser Gefahrenmomente, falls es nicht abgewendet worden wäre, hätte jede Hoffnung auf eine allgemeine Befriedigung vernichtet. Politische Führer in Deutschland sind nicht gewohnt, dass ihnen die Öffentlichkeit Lorbeeren spendet. Und doch haben diejenigen, die das Land durch diese Gefahren durchgesteuert haben, mehr Anerkennung verdient, als ihnen zuteil wird.

Viscount d'Abernon, Ein Botschafter der Zeitenwende. Memoiren Bd. 2. Leipzig 1929. S. 337 f.

Fragen und Anregungen

1. Analysiere das Plakat Q5 nach der dir bekannten Vorgehensweise. Achte dabei auch auf Körperhaltung und Gesten der Personen sowie die bildhaften Elemente. Stell dir vor, das Plakat wäre von der französischen Regierung in Auftrag gegeben worden: Erfinde einen neuen Text, der dazu passen würde.
2. Zeige, wie der britische Botschafter die Ruhrbesetzung einschätzt (Q6). Welche Interessen verfolgt er als Vertreter Großbritanniens?
3. Erkläre Ursachen, Verlauf und Auswirkungen der Inflation (VT, Q1–3 und Q7, D1,2).
4. Fasse mithilfe des VT zusammen, auf welche Weise die fünf in Q8 genannten Belastungsproben der Republik gelöst wurden. Nimm selbst dazu Stellung, wie der Autor das „Krisenjahr 1923“ und die Leistungen der deutschen Politiker beurteilt.
5. Informiere dich über Stresemanns Politik und werte daraufhin die Karikatur Q9 aus.

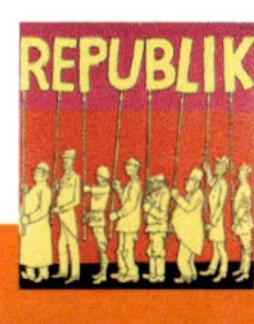

6. Der Reichswehreinmarsch in Sachsen 1923 – war das notwendig?

4.3.	Die Landeskonferenz der SPD beschließt, gemeinsam mit der KPD Abwehrorganisationen (proletarische Hundertschaften) zu schaffen.
21.3.	Der frühere Justizminister Erich Zeigner (SPD) wird mit 49 Stimmen (SPD, KPD) gegen 46 Stimmen zum Ministerpräsidenten gewählt.
26.9.	Die Reichsregierung verhängt den Ausnahmezustand über das Reich. Die Reichswehr erhält unter General Müller vollziehende Gewalt in Sachsen.
10.10.	Zeigner bildet die Regierung um und nimmt zwei KPD-Mitglieder in das Kabinett auf.
20.10.	Die Reichswehr marschiert in Sachsen ein.
29.10.	Reichspräsident Ebert setzt mit einem Erlass die Regierung Zeigner ab.

Der von russischem Sowjet Wodka total bezechte sächsische Miniterpräsident Dr. Zeigner, der einen wußten „Kosazki“ zum Schrecken der Berliner Regierung tanzte wurde von General Müller energisch zur Ordnung gerufen.

Ministerpräsident Zeigner und Generalleutnant Müller, Militärbefehlshaber für Sachsen Q1

Die Karikatur mit dem darunter stehenden Text wurde in der viel gelesenen satirischen Wochenzeitschrift „Kladderadatsch“ abgebildet.

Erich Zeigner zwischen Anerkennung und Ächtung

Der am 10. April 1923 gewählte, damals erst 37 Jahre alte sächsische Ministerpräsident Erich Zeigner bildete (auf der Grundlage der Wahlergebnisse vom November 1922) eine SPD-Minderheitsregierung. Im Oktober nahm er bei einer Regierungsumbildung zwei KPD-Mitglieder in sein Kabinett auf und betraute den KPD-Vorsitzenden Heinrich Brandler mit der Leitung der Staatskanzlei.
Von Anfang an war Zeigners Politik umstritten: Liberale und konservative Kreise warfen ihm wegen seiner Maßnahmen zur Linderung der Not der Bevölkerung „Futterkrippenwirtschaft“ und wegen der Zusammenarbeit mit der KPD eine sowjettreue Sachsenpolitik vor. Die republikanische Linke indes sah in ihm einen populären Hoffnungsträger zum Schutz der Republik gegen die faschistische Bedrohung. Noch heute wird seine Landespolitik sehr widersprüchlich beurteilt. Worin liegen die Gründe für derart kontroverse Urteile?

Politisches Konzept und politische Praxis der Zeigner-Regierung

Der im Auftrag der Reichsregierung geführte passive Widerstand im Ruhrgebiet 1923 führte überall in der Republik zu hoher Arbeitslosigkeit, Inflation und Hungersnöten. 22 % der Arbeitslosen und 30 % der Kurzarbeiter des gesamten Reiches befanden sich allein im rohstoffarmen Industrieland Sachsen. Deshalb besaß die Bekämpfung der Arbeitslosigkeit oberste Priorität: Zeigner kritisierte öffentlich die Politik der Reichsregierung im Ruhrkonflikt und forderte die unverzügliche Aufnahme von Verhandlungen mit Frankreich. Er drängte sie, allerdings ohne Erfolg, zur Zahlung von Sonderbeihilfen und zur Einführung einer Erwerbslosenversicherung. Eine Getreidelieferung aus der Sowjetunion half die große Hungersnot etwas zu lindern. Zeigners Kabinett unternahm große Anstrengungen, um die Langzeitarbeitslosigkeit abzubauen. Es förderte Qualifizierungs- und Umschulungsmaßnahmen von Arbeitnehmern in strukturschwachen Regionen des Landes. Die Regierung unterstützte die Gewerkschaften in ihrem Kampf um die Beibehaltung des Achtstundentages, indem sie staatliche Aufträge für private Unternehmen mit der Auflage verband, die Tarifvereinbarungen zu befolgen.

Q2 **Erich Zeigner** (1886–1949)

Zeigner leitete in Sachsen Maßnahmen zur Demokratisierung der Verwaltung, Polizei und Justiz und zur Beseitigung der Überreste des überholten Obrigkeitsstaates ein. Während die Reichswehr in Bayern auf völkische, nationalistische Ziele setzte und sich in diesem Geist als Stütze der bayerischen Landesregierung erwies, erließ die sächsische Regierung ein Beamtenpflichtschutzgesetz, welches alle Beamten verpflichtete, in ihrer Tätigkeit für die republikanische Verfassung einzutreten. Der sächsische Landtag verabschiedete im Juli 1923 auch eine basisdemokratische Gemeindeordnung. Diese hob die Rechtsunterschiede zwischen Stadt und Landgemeinden auf, ermöglichte die Wahl von Gemeindevertretungen und sprach ihnen die Zuständigkeit für alle kommunalen Angelegenheiten zu. Ein Amnestiegesetz für Not- und Abtreibungsdelikte wurde gegen die Stimmen der Konservativen durchgesetzt.

Proletarische Hundertschafen – Schutz oder Gefahr für die Republik?

Noch vor dem Regierungsantritt Zeigners vereinbarten SPD und KPD im März die Bildung gemeinsamer unbewaffneter proletarischer Hundertschaften zum Schutz der Republik (diese Maßnahme war eine der Bedingungen, welche die KPD stellte, wenn sie eine SPD-Minderheitsregierung tolerieren soll).

Als Zeigner im Oktober zwei Kommunisten in die Regierung aufnahm, spitzte sich der Widerstand gegen ihn zu. Diese Maßnahme war in der Tat eine Entscheidung, die in den Augen der Reichsregierung und konservativer Kreise Misstrauen hervorrief, denn sie fassten die Regierungsbeteiligung der KPD als Beginn zur revolutionären Machtübernahme auf: Die KPD plante mit sowjetischer Unterstützung – ähnlich der Oktoberrevolution in Russland 1917 – eine Revolution in Deutschland, den so genannten Deutschen Oktober. Auf mehreren illegalen Tagungen der Proletarischen Hundertschaften wurde zur Bewaffnung aufgerufen. Allerdings verfügten sie nicht über die dafür notwendigen Mittel. Zeigner indes glaubte, mit der Übertragung politischer Verantwortung auf die KPD deren Putschpläne abwehren und den begonnenen Reformkurs fortsetzen zu können. Zudem gehörten den sächsischen proletarischen Hundertschaften, welche – so Zeigner – unter allen Umständen unbewaffnet bleiben sollten, Mitglieder beider Arbeiterparteien an.

Die Lage spitzte sich zu, als Finanzminister Paul Böttcher (KPD) am 13. Oktober in Leipzig öffentlich die Bewaffnung der Proletarischen Hundertschaften forderte und zum Sturz der Reichsregierung aufrief. Der für Sachsen zuständige Reichswehrgeneral Müller verbot die Hundertschaften und unterstellte drei Tage später die sächsische Polizei dem Befehl der Reichswehr. Es half auch nicht mehr, dass die sächsische Arbeiterbewegung sich auf einer Arbeiterkonferenz in Chemnitz am 21. Oktober von den revolutionären Plänen der Kommunisten distanzierte und Brandler zur Aufgabe der für den 9. November geplanten Umsturzpläne veranlasste.

Am 20. Oktober 1923 begann in Sachsen der Einmarsch der Reichswehr mit etwa 60 000 Soldaten. Sie ging brutal gegen die Bevölkerung vor. In Freiberg starben bei Schießereien 27 Zivilisten; auch in Pirna und Chemnitz waren je ein Toter und Verletzte zu beklagen. Nachdem sich Zeigner geweigert hatte, die kommunistischen Minister zu entlassen, löste der Reichskanzler am 29. Oktober 1923 die legal gebildete Zeigner-Regierung unter dem Beifall des Bürgertums auf.

D1 Ergebnisse der vorgezogenen Landtagswahlen vom 5. November 1922
(Angaben in Prozent; Zahlen in Klammern: Sitze im Parlament)

KPD	SPD	DDP	Z	DVP	DNVP	Wirtschafts-partei	Sonstige
10,5	41,8	8,4	0,9	18,7	19,0	0,2	0,5
(10)	(40)	(8)	(0)	(19)	(19)	(0)	(0)

Szejnmann, Claus-Christian W.: Vom Traum zum Alptraum. Sachsen in der Weimarer Republik. Sächsische Landeszentrale für politische Bildung 2000, S. 142.

Q3 Die Republik ist bedroht

Aus Zeigners Regierungserklärung vom 10. April 1923:

Besitz verpflichtet! Wir haben immer wieder sehen müssen, dass dieses Verantwortlichkeitsgefühl bei den besitzenden Schichten Deutschlands nicht allseitig vorhanden ist. Deshalb, und weil sich die sächsische Regierung ganz besonders als das Vertrauensorgan der besitzlosen Massen fühlt, hält sie es auch für unbedingt geboten, dass die von ihr geforderte aktive Politik der Reichsregierung diese Einsicht in die Notwendigkeit eines großen Opfers der besitzenden Klassen nicht vermissen lässt. (...) Die sächsische Regierung (wird) alles tun, was geeignet ist, um die Entwicklung von der Privatwirtschaft zur Gemeinwirtschaft vorwärts zu treiben. (...)
Alle diese für unseren wirtschaftlichen, sozialen und kulturellen Wiederaufbau notwendige Arbeit kann nur geleistet werden auf dem Boden der Republik. Diese aber ist bedroht. Solange diese Situation besteht, kann die sächsische Regierung es den Arbeiterparteien nicht verbieten, nein, sie muss es dankbar begrüßen, wenn sich die Arbeiter den Organen der Republik zur Verfügung stellen, um im Bedarfsfalle, unter der Leitung staatlicher Polizei, mit ihrem Leben alle gewalttätigen und ungesetzlichen Angriffe gegen die Republik abzuwehren (...), (...) der sächsische proletarische Ordnungsdienst ist nicht bewaffnet.
Nur einen Weg gibt es, um diese Abwehrorganisationen überflüssig zu machen: Das Reich mag endlich eingreifen gegen die faschistischen Organisationen! In Nord- und Mitteldeutschland ist die Deutsche Freiheitspartei, ist die Nationalsozialistische Deutsche Arbeiterpartei verboten. (...) In Bayern aber sind jene Organisationen noch heute erlaubt. (...)
Ich habe am 21. März vor dem Landtag den Eid auf die sächsische Verfassung geleistet. Meine Herren Kollegen haben den gleichen Eid geleistet. Wir werden diesen Eid halten! Wir betrachten es als unsere Aufgabe, die Republik zu sichern, aufzubauen, nicht zu zerstören. Die Anerkennung der Ehrlichkeit des Wollens darf die Regierung auch von denen fordern, von denen sie weiß, dass sie andere Wege für richtig halten.

Sächs. HStAD: Verhandlungen des Sächsischen Landtages 1922/23. Erster Band, 29. Sitzung, S. 717–720.

Q4 Die Bevölkerung wird als Feind betrachtet

Aus einem Pressebericht über den Reichswehreinmarsch:

Aus den verschiedenen Teilen des Landes laufen Meldungen ein, wonach die Reichswehr bei ihrer Besetzung Sachsens in einer Weise vorgeht, die geeignet ist, die Arbeiterschaft und die republikanische Bevölkerung überhaupt in größte Erregung zu versetzen. Das allgemeine Urteil in diesen Kreisen ist, dass die Reichswehr eine Haltung zeigt, als ob sie sich im Feindesland befinde und als ob sie den republikanisch gesinnten Teil der Bevölkerung als ihren Feind betrachtet. (...)

Aus *Freital* wird berichtet: Hier fanden Haussuchungen bei führenden Personen der sozialdemokratischen und der kommunistischen Partei statt, (...) Auch die „Rote Schänke" wurde durchsucht. Alle Haussuchungen verliefen ergebnislos.

In *Freiberg* ist die Reichswehr am 23. Oktober in das dortige Parteilokal eingedrungen und hat die Gäste in den Restaurationsräumen mit vorgehaltenem Revolver aufgefordert: „Hände hoch!" Arbeitersamariter, die dort weilten, sind in sehr rücksichtsloser Weise nach Waffen durchsucht worden, natürlich vergeblich. (...)

Sächs. HStAD: Zeitungsausschnittsammlung 11/52

Q5 Einmarsch der Reichswehr im sächsischen Freiberg im Oktober 1923
Soldaten kontrollieren die Straßen und durchsuchen die Passanten. Sowohl in Sachsen als auch in Thüringen zeigte sich die Bevölkerung vom Einmarsch der Reichswehr überrascht, zum Teil auch empört.

D2 Linkssozialistisches Spiel?

Der Jurist Christoph Jestaedt schrieb 1998:

Besonders hervorzuheben ist trotz der Kürze seiner Regierungszeit der Sozialdemokrat Erich Zeigner. Auf dem linken Flügel seiner Partei stehend, arbeitete er mit den Kommunisten zusammen, von denen auch zwei in seine Regierung eintraten. Zeigner trieb sein linkssozialistisches Spiel gegen die Weimarer Republik so weit, dass das Reich sich genötigt sah, die Reichsexekution gegen Sachsen anzuordnen. (...) Der aus bürgerlichem Hause stammende Jurist Zeigner (...) musste bald wieder aus der Justiz entfernt werden, da er in einem Strafprozess wegen passiver Bestechung [er hatte für Begnadigungen kleinere Zuwendungen angenommen (...)] zu einer mehrjährigen Haftstrafe und dem Entzug der bürgerlichen Ehrenrechte verurteilt worden war. Das politische Schicksal Zeigners ist durchaus symptomatisch für das frühzeitige Scheitern des „roten Sachsens".

Jestaedt, Chr.: Sachsen als Verfassungsstaat. Sächsische Landeszentrale für politische Bildung. Edition Leipzig 1998, S. 53 f.

D3 Ein Militärputsch?

Der Historiker Claus-Christian W. Szejnmann schrieb 2000:

Mit der Reichsexekution wurde etwas beseitigt, was der Reichsregierung ein Dorn im Auge gewesen war – das linksdemokratische Projekt in Sachsen. Diesem ernsthaften Versuch, einen gegenüber dem Reich alternativen Weg zu gehen, wurde damit ein herbes Ende bereitet. Sachsen landete damit wieder auf der Berliner „Normschiene". (...)
Die Reichsexekution war ein folgenschwerer Rückschlag für die Weimarer Republik und unterstrich eklatante Schwächen des demokratischen Systems, vor allem während der Krisenzeiten. (...) Es zeigte sich auch, dass Zeigners Kritik an der unabhängigen Rolle und der antidemokratischen Grundeinstellung der Reichswehr berechtigt war. Geßler (Reichswehrminister) handelte mehrmals eigenmächtig und über das hinaus, was Stresemann im Sinne hatte. Deshalb kann man fast schon von einem „Militär-Putsch" sprechen.

Szejnmann, Cl.-Chr. W.: Vom Traum zum Alptraum. Sachsen in der Weimarer Republik. Sächsische Landeszentrale für politische Bildung 2000, S. 45.

Fragen und Anregungen

1. Für die SPD stimmten in den vorgezogenen Landtagswahlen 41,8 % der Wähler (M3).
   Erstelle mögliche Regierungskoalitionen.
   Finde eine Erklärung für die Entscheidung der SPD, eine Minderheitsregierung zu bilden.
2. Stelle die Zielstellungen und Aktivitäten der radikalen Gruppierungen in Bayern (VT S.57, Q3) jenen in Sachsen (VT. Q3) in einer Tabelle gegenüber. Formuliere eine Grundaussage über die jeweiligen politischen Ziele.
3. Prüfe die politischen Grundsätze und die praktizierte Regierungspolitik der Zeigner-Regierung (VT) im Hinblick auf grundlegende Bestimmungen der Reichsverfassung (vgl. S. 48-50, D1, Q5).
4. Interpretiere die Karikatur Q1. Beurteile die Haltung des Karikaturisten zur Politik der Zeiger-Regierung.
5. Der Reichswehreinmarsch in Sachsen 1923 – war das notwendig? Führt in der Klasse ein Streitgespräch zu dieser Frage. Diskutiert in diesem Zusammenhang D2 und D3.
6. Forsche in der örtlichen Bibliothek/im Stadtarchiv/Zeitungsarchiv nach den Ereignissen 1923 in deiner Region.
   Schreibe für die Lokalzeitung einen Zeitungsartikel zum Jahrestag des Reichswehreinmarsches in Sachsen.

7. Der Alltag verändert sich

Rationalisierung und Konzernbildung

Im Jahr 1924 begann sich in Deutschland die Wirtschaft von den Folgen des verlorenen Krieges zu erholen. Die Industrieproduktion konnte knapp das Vorkriegsniveau wieder erreichen. Die Arbeitslosenzahl allerdings blieb weiterhin hoch. Denn große Wirtschaftszweige wie die Schwerindustrie wurden einer konsequenten Rationalisierung unterzogen. Entlassungen waren die Folge. Viele Unternehmen schlossen sich auch zu Großkonzernen zusammen, um wirtschaftlicher arbeiten zu können und Konkurrenten auszuschalten. 1925 entstand der IG-Farben Konzern, 1926 die Vereinigten Stahlwerke. Auf dem Elektromarkt waren die Firmen Siemens und AEG führend.

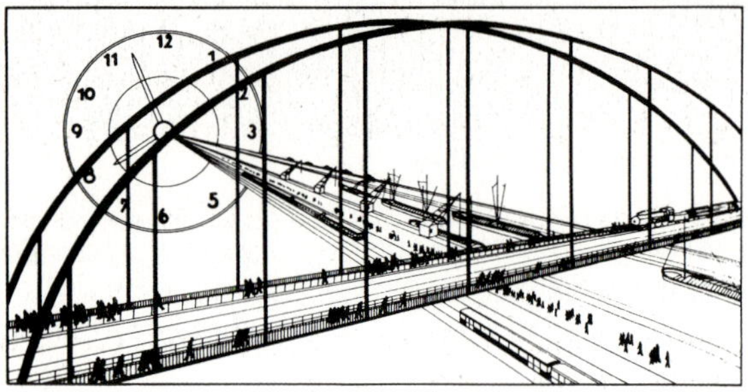

Q1 Straßen der Arbeit
Zeichnung von Oskar Nerlinger, 1923.

In der Elektro-, Chemie- und Automobilindustrie ermöglichten Anleihen aus den USA, die Betriebe mit neuen Techniken und Maschinen auszurüsten. Als Vorbild galten die amerikanischen Automobilwerke Ford: Durch die Einführung von Fließbändern konnten Rohstoffe, Energie und Arbeitskräfte eingespart werden. Die Zeit, die der einzelne Arbeiter für seine Tätigkeiten am Fließband hatte, war genau festgelegt. Der amerikanische Ingenieur Taylor hatte dafür jeden einzelnen Handgriff beobachtet und hinsichtlich Notwendigkeit, Zeit- und Kraftaufwand geprüft („Taylorismus"). Die daraus folgende monotone Arbeit, die kein selbstständiges Denken mehr verlangte, und die hohe Arbeitsintensität machte viele Arbeiter unzufrieden und nicht wenige bekamen gesundheitliche Probleme.

Soziale Verbesserungen, Löhne, Lebensstandard

In den 1920er Jahren wurden eine Reihe von sozialpolitischen Neuerungen eingeführt, die die Lage der Arbeitnehmerinnen und Arbeitnehmer verbesserten. Allerdings wurden so manche Bestimmungen auch wieder eingeschränkt: So konnte seit 1923 der Achtstundentag zur Überwindung der wirtschaftlichen Krise verlängert werden. Obwohl im Durchschnitt die Löhne der Arbeitnehmer zwischen 1920 und 1930 stiegen, sank in vielen Haushalten der Lebensstandard im Vergleich zur Vorkriegszeit. Hochwertige Lebensmittel wie Butter, Fleisch oder Früchte wurden weit weniger verbraucht, weil sie bedeutend teurer geworden waren.

1918	Der Achtstundentag wird eingeführt, 1923 aber wieder eingeschränkt.
1919	Die Gewerkschaften bekommen Tarifautonomie, das Grundrecht der Jugend auf Erziehung und Bildung wird festgeschrieben.
1920	Das Betriebsrätegesetz garantiert Mitsprache der Arbeitnehmer in Betrieben mit mehr als 20 Mitarbeitern.
1923	Das Mieterschutzgesetz schützt vor willkürlicher Kündigung.
1924	Heimarbeiterinnen erhalten Anspruch auf staatliche Armenfürsorge, Mindestlöhne und Sozialversicherung.
1926	Arbeitsgerichte werden eingerichtet.
1927	Das Arbeits- und Kündigungsgesetz für werdende und stillende Mütter tritt in Kraft, die Arbeitslosenversicherung und die Arbeitsvermittlung werden eingeführt.

D1 Sozialpolitische Neuerungen der Weimarer Republik

Q2 Fließbandarbeiterinnen bei Siemens, um 1920

Q3 Bürgerliche Familie mit dem ersten Auto, ca. 1925

Frauenberufe

Die Berufstätigkeit von Frauen war daher häufig ein Muss, um die Familie (mit) zu versorgen. In den Fabriken, vor allem der aufstrebenden Elektro-,Textil- und Konsumgüterindustrie, wurden zahlreiche ungelernte Arbeiterinnen für die Montage eingesetzt. Dabei erhielten sie nur etwa Zweidrittel des Lohns ihrer männlichen Kollegen. So nahmen viele Frauen auch den gesetzlich verankerten Mutterschutz nicht in Anspruch, weil sie sich den Verdienstausfall nicht leisten konnten.

Durch Vergrößerung und Rationalisierung der Betriebe entstanden neue Berufe, die heute vielfach das Bild von der erwerbstätigen Frau in der Weimarer Zeit prägen. In Büros waren Sekretärinnen oder Stenotypistinnen beschäftigt, in den großen Warenhäusern arbeiteten fast ausschließlich Frauen als Verkäuferinnen und an der Kasse. Im Jahr 1925 gab es 1,5 Millionen weibliche Angestellte – drei Mal so viele wie vor dem Weltkrieg. Die Mehrheit von ihnen war jünger als 25 Jahre. Und knapp die Hälfte stammte aus Arbeiterfamilien: Einen Dienstleistungsberuf zu lernen, bedeutete einen sozialen Aufstieg. Die Angestellten bildeten den „neuen Mittelstand".

Die Verfassung der Weimarer Republik garantierte die „grundsätzliche Gleichstellung" in Staat und Familie. So standen alle Bildungseinrichtungen auch den Mädchen offen. Es war jedoch häufig eine Frage des Geldes, wenn Mädchen keine weiterführende Schule besuchen konnten. 1931 waren ein Viertel der Abiturienten Frauen und im Wintersemester 1932/33 waren ca. 18 % der an den deutschen Universitäten eingeschriebenen Studierenden weiblich.

Für die Frauen aus Kleinstädten und ländlichen Gebieten – und damit weitaus für die Mehrheit – brachte die wirtschaftliche Modernisierung wenig Veränderung. Allerdings fanden sich die Frauen hier schon lange in der Doppelrolle von Familie und Beruf wieder: Sie arbeiteten in der Landwirtschaft, in handwerklichen Betrieben oder Geschäften. Und unverheiratete Frauen gingen nach wie vor als Dienstmädchen in Stellung.

Moderne Haushaltsarbeit Q4

Staubsauger, Kühlschrank oder Gasherd erleichterten die Arbeit. Allerdings blieben diese Geräte für viele unerschwinglich. Oft fehlten auch die erforderlichen Gas- oder Stromanschlüsse.

Q5 **Karl Völker, Industriebild, 1923**

Q6 Fließbandarbeit in der Automobilindustrie

Seit 1924 betrieb die „Ford Motor Company" eine Automontagefabrik in Berlin. Bis zu 25 Kraftwagen wurden täglich produziert.

Auf einer durch den ganzen Raum führenden Doppelkette bewegt sich das Arbeitsstück weiter. Rechts und links davon, auf dreirädrigen Transportkarren oder an Deckenschienen hängend, sind die verschiedenen Arbeitsstücke stationiert. Jeder Arbeiter hat daran eine bestimmte Handlung vorzunehmen: Schrauben festzuziehen, Nieten einzuschlagen, Teile zu lackieren und dergleichen, bis es auf das Band gelangt. Am Anfang liegen auf dem Band nur ein paar Achsen. Wenige Meter weiter befinden sich schon Federn dran. Motor und Kühler werden eingebaut, Räder anmontiert, Reifen aufgezogen, und am Ende fährt das fertige Untergestell auf das Prüffeld.

(...) Für die Arbeiter ist die Hauptsache das Mitkommen. Das Arbeitsstück fließt ja weiter, schneckengleich langsam zwar – aber es fließt! Verursacht einer der Arbeiter eine Verzögerung, bringt das den ganzen Betrieb in Unordnung, lenkt sofort die Aufmerksamkeit aller Kollegen und Vorgesetzten auf den „Bummler". Kommt ein Arbeiter an einer Stelle nicht recht mit, wird er stillschweigend an eine andere versetzt. Versagt er auch dort, fliegt er ohne jede Förmlichkeit! Das weiß auch jeder und setzt daher die ganz Kraft daran, dem Tempo des nach der höchsten Einzelleistung laufenden Bandes zu folgen.

P. Longerich (Hg.), Die Erste Republik. Dokumente zur Geschichte des Weimarer Staates. München 1992, S. 271.

Q7 Paul Zech, Fabrikstraße tags, Erstveröffentlichung 1920

Paul Zech (1881–1946) arbeitete zunächst im Kohlenbergbau, später ging er als Redakteur nach Berlin: 1922 erschien seine Gedichtsammlung „Das schwarze Revier":

Nichts als Mauern. Ohne Gras und Glas
zieht die Straße den gescheckten Gurt
der Fassaden. Keine Bahnspur surrt.
immer glänzt das Pflaster wassernass.

Streift ein Mensch dich, trifft sein Blick dich kalt
bis ins Mark; die harten Schritte haun
Feuer aus dem turmhoch steilen Zaun,
noch sein kurzes Atem wolkt geballt.

Keine Zuchthauszelle klemmt
so ins Eis das Denken wie dies Gehen
zwischen Mauern, die nur sich besehn.

Trägst du Purpur oder Büßerhemd –
immer drückt mit riesigem Gewicht
Gottes Bannfluch: uhrenlose Schicht.

P. Zech, Das schwarze Revier. München 1922.

Q8 „Gelernt hatte man nichts"

Ilse Moritz, geboren 1902 in Essen-Katernberg, hatte acht Geschwister. 1916 wurde sie aus der Volksschule entlassen. Zunächst ging sie als Dienstmädchen in Stellung, noch während des Krieges begann sie im Bergbau zu arbeiten:

Es blieb nichts übrig, man hat jede Arbeit angenommen, die man nur kriegen konnte. Ich habe, bevor ich in Essen war, auf der Zeche Bergmannsglück in den Nebengewinnungsanlagen gearbeitet, wo Naphthalin gemacht wurde. Ammoniak wurde da gewonnen und von diesen Restbeständen wurde dann Naphthalin gemacht. Das war in Gruben, das schwamm in Wassern, wo dann die Mottenkugeln daraus gemacht wurden. (...) Das wurde dann getrocknet und das gab dann Naphthalin und Ammoniak für das Land als Dünger. (...) Dann sind die Jahre vergangen ohne Lehre und ohne alles und ich habe dann mit 20 geheiratet. Tja, und mit der Heirat fing dasselbe Elend an, als wie's schon vorher war. Wir waren ein Jahr verheiratet, fing mein Mann schon an mit Magengeschwüren und mit Bronchitis (...) ja so war das, so musste ich eben auch als Verheiratete dauernd arbeiten. Gelernt hatte man nichts. Was blieb? Auch nur Waschstellen, Putzstellen, Putzstellen!

K. Hartewig, Das unberechenbare Jahrzehnt. Bergarbeiter und ihre Familien im Ruhrgebiet 1914–1924. München 1993, S. 198 f.

Die „neue Frau“ Q9
Filmplakat „Das Fräulein von Kasse 12“, 1927

D2 Die Entstehung der modernen Massenkultur

Die Historikerin Ursula Becher erforschte unter anderem die Geschichte der Freizeit:

Erst in der Weimarer Republik wurden mit Arbeitszeitverkürzung und Urlaubsregelungen die Voraussetzungen für die moderne Freizeit geschaffen. Erst jetzt war es einer breiten Bevölkerung möglich, die nach ihrer Berufstätigkeit verbleibende Zeit nach eigenen Wünschen zu gestalten und an Vergnügungen teilzunehmen, die bisher vorwiegend dem Bürgertum vorbehalten waren. Außer den traditionellen und erweiterten Bildungsangeboten wie Theater, Bibliotheken, Museen, Konzerte, Veranstaltungen der Volkshochschulen wurde Massenspektakel populär: Boxkämpfe und Sechstagerennen zogen Zuschauermengen an. Die neuen Kinopaläste, Varietés, Tanzsäle, Sportarenen waren Hochburgen der neuen Freizeitwelt. (...)

Massenkultur ist nicht zu denken ohne Massenkonsum. Die Versorgung der deutschen Bevölkerung mit neuen Produkten verbesserte sich stetig. Im Jahr 1932 kamen in Deutschland auf je 1000 Einwohner 66 Rundfunkgeräte, 52 Fernsprechanschlüsse und 8 Personenautos. Das entsprach dem europäischen Durchschnittswert. Dagegen waren die USA Europa weit überlegen. Dort kamen im Jahr 1932 auf je 1000 Einwohner 131 Rundfunkgeräte, 165 Fernsprechanschlüsse und 183 Personenautos. Das amerikanische Beispiel wirkte stimulierend – und nicht nur auf die Wirtschaft –, es (...) den USA gleichzutun. Amerika wurde zum Vorbild für den modernen Lebensstil, der sich jetzt auch in Deutschland durchsetzte.

U. A. J. Becher, Geschichte des modernen Lebensstils. Essen – Wohnen – Freizeit. München 1990, S. 175 f.

Fragen und Anregungen

1. Zeige, wie sich die modernen Arbeits- und Lebensbedingungen auf die Menschen auswirkten (D1, Q1–7). Wo sind Fortschritte erkennbar, wo Nachteile?
2. Argumentiere aus der Sichtweise eines Unternehmers im Jahr 1924, warum er Rationalisierungsmaßnahmen in seinem Betrieb durchführt. Entgegne ihm aus der Perspektive eines Arbeitnehmers (VT, Q2 und 6).
3. Untersucht die Formen von Frauenarbeit in den zwanziger Jahren (VT, Q2, 4, 8 und 9). Fertigt dazu in Gruppen eine Collage an. Überlegt gemeinsam, wie sich Frauenarbeit heute verändert hat.
4. Erkläre den Begriff „Massenkultur“ am Beispiel des veränderten Freizeitverhaltens der Weimarer Republik (D2). Überlege, wer die neuen Freizeitangebote und Konsumartikel nutzen konnte.

„Das Leben ist überall für dich da" – Lebensgefühle in der Großstadt

Ausgehen, wohin und so lange man will, anziehen, was einem gefällt, Menschen treffen, die Interessantes erlebt haben – Großstädte üben auf uns eine Anziehungskraft aus. Auch in der Weimarer Zeit galt das Leben in der Großstadt als attraktiv. Neu war, dass sich die Großstädte in Deutschland gerade erst herausbildeten, wobei Berlin zum Zentrum der Superlative wurde: Nirgendwo auf der Welt waren die Stadtbahnen so schnell, die Auswahl an Zeitungen so reichhaltig, die Telefonanschlüsse so zahlreich. Im Jahr 1929 war Berlin mit 4,3 Millionen Einwohnern die drittgrößte Stadt nach London und New York. Hier waren viele Verlage ansässig, hier gab es Kinos und Theater, Kabarett und Konzerte. Berlin wurde zum kulturellen Mittelpunkt, von dem neue Stilrichtungen in Literatur, Musik und Kunst ausgingen. Mit dem Begriff der „Goldenen Zwanziger" brachten die Zeitgenossen diese Veränderung ihres Lebensgefühls zum Ausdruck.

Nicht alle teilten jedoch die Begeisterung. Kunstbewegungen wie die Heimatkunst idealisierten im Gegenzug die dörfliche Idylle. Konservative Kritiker sahen in der Großstadt eine Gefährdung der Sitten und Werte. Abwertend sprachen sie vom „Kulturbolschewismus". Der Philosoph Oswald Spengler veröffentliche 1918 eine viel gelesene kulturhistorische Abhandlung mit dem Titel „Der Untergang des Abendlandes". Auch kam bei vielen das neue Lebensgefühl gar nicht an. Nach wie vor lebte ein beträchtlicher Anteil der Menschen auf dem Land. Hier – wie auch in vielen städtischen Regionen – spielten Tradition und Konvention noch eine große Rolle.

Anhand der folgenden Materialien könnt ihr in Gruppenarbeit verschiedene Seiten der Großstadt genauer kennen lernen, das Leben dort aber auch mit dem in kleineren Städten beziehungsweise auf dem Land vergleichen.

„Neue Sachlichkeit"
So lautete der Titel einer Ausstellung in der Städtischen Kunsthalle Mannheim im Jahr 1925. Ausgestellt wurden Werke von Künstlern, die die Wirklichkeit abbilden wollten – unsentimental, nüchtern, ungeschönt. In der Literatur wurden Gebrauchstexte wie Werbungs- oder Zeitungsannoncen in fiktionale Texte „montiert". Um Objektivität und Fakten sollte es auch in Reportagen oder Dokumentationen gehen. Dabei spielten die Erfahrungen des Weltkriegs eine Rolle, aber auch das Interesse, sich mit der politischen und sozialen Gegenwart auseinander zu setzen.

Q1 **Großstadt,** Triptychon von Otto Dix, 1928.

Q2 Die Straßenbahn als Verkehrsmittel der Großstadt

Der Autor Joseph Roth veröffentlicht 1926 Reisereportagen aus dem Ruhrgebiet:

Pünktlich, sie war gar nicht dazu verpflichtet, kommt die Straßenbahn. Ihr Trittbrett ist hoch und nass, auch der Fußboden im Innern des Wagens ist feucht, ein alter Mann raucht Pfeife, ein Frau sitzt, einen verhüllten Korb auf dem Schoß. Schulmädchen steigen ein, mit hässlichen harten Schultornistern, auf die der Regen getrommelt hat; Ertüchtigungsinstrumente mit baumelndem Schwamm. Zwei Arbeiter lehnen auf dem Hinterperron neben dem Schaffner. Eine ländliche Magd ist da, sie trägt eine goldgefasste Brille und ist barfuß. Sie mahnt mich an einen Pflug, der von einer Lokomotive gezogen wird. Niemand spricht, alle machen sich auf die Qual einer langen Fahrt gefasst. (...) Wir fahren durch eine lange Straße, an schwarzen Häusern und Häuserlücken vorbei, an Brettern, an Zäunen (...). Die Stadt hört nicht auf. Wenn sie aber einmal aufhört, beginnt sofort die andere.

J. Roth, Reisebilder. Werke in drei Bänden Bd. 3. Köln, Berlin 1956, S. 433.

Berlin Friedrichstraße Q3
George Grosz, 1918.

Q4 Berlin Alexanderplatz

Alfred Döblin schreibt in seinem 1929 erschienenen Roman „Berlin Alexanderplatz":

Die Elektrische Nr. 68 fährt über den Rosenthaler Platz, Wittenau, Nordbahnhof, Heilanstalt, Weddingplatz, Stettiner Bahnhof, Rosenthaler Platz, Alexanderplatz, Straußberger Platz, Bahnhof Frankfurter Allee, Lichtenberg, Irrenanstalt Herzberge. Die drei Berliner Verkehrsunternehmen, Straßenbahn, Hoch- und Untergrundbahn, Omnibus, bilden eine Tarifgemeinschaft. Der Fahrschein für Erwachsene kostet 20 Pfennig, der Schülerfahrschein 10 Pfennig. Fahrpreisermäßigung erhalten Kinder bis zum vollendeten 14. Lebensjahr, Lehrlinge und Schüler, unbemittelte Studenten, Kriegsbeschädigte, im Gehen schwer behinderte Personen auf Ausweis der Bezirkswohlfahrtsämter. Unterrichte dich über das Liniennetz. Während der Wintermonate darf die Vordertür nicht zum Ein- und Aussteigen geöffnet werden, 39 Sitzplätze, 5918, wer aussteigen will, melde sich rechtzeitig, die Unterhaltung mit den Fahrgästen ist dem Wagenführer verboten, Auf- und Absteigen während der Fahrt ist mit Lebensgefahr verbunden.

Mitten auf dem Rosenthaler Platz springt ein Mann mit zwei gelben Paketen von der 41 ab, eine leere Autodroschke rutscht noch gerade an ihm vorbei, der Schupo sieht ihm nach, ein Straßenbahnkontrolleur taucht auf, Schupo und Kontrolleur geben sich die Hand: Der hat aber mal Schwein gehabt mit seine Pakete. (...)

Die Invalidenstraße wälzt sich linksherum ab. Es geht nach dem Stettiner Bahnhof, wo die Züge von der Ostsee ankommen: Sie sind ja so berußt – ja hier staubts. – Guten Tag, auf Wiedersehen. – Hat der Herr was zu tragen, 50 Pfennig. – Sie haben sich aber gut erholt. – Ach die braune Farbe vergeht bald. – Woher die Leute bloß das viele Geld zu verreisen haben. – In einem kleinen Hotel da in einer finstern Straße hat sich gestern früh ein Liebespaar erschossen, ein Kellner aus Dresden und eine verheiratet Frau, die sich aber anders eingeschrieben haben.

A. Döblin, Berlin Alexanderplatz. München 1965, S. 40 f.

Städtebau und Architektur

Mit zunehmender Einwohnerzahl veränderte sich das Stadtbild. Städteplaner entwickelten Konzepte für Wohn-, Sport- und Grünanlagen. Dabei spielte die Zweckmäßigkeit, angepasst an die Lebenssituation der Menschen, eine wichtige Rolle. Über Deutschlands Grenzen hinaus bekannt wurde das „Staatliche Bauhaus", eine 1919 in Weimar von dem Architekten Walter Gropius gegründete Schule für Kunst, Architektur und technisches Design. Auch hier stand die Funktionalität im Vordergrund. Nüchterne Baustoffe wie Beton, Stahl und Glas waren beliebt.

Q5 Moderne Hochhausarchitektur

Das 1926 fertig gestellte Wilhelm-Marx-Haus in Düsseldorf war mit 56 m das erste Hochhaus in Deutschland. (Marx gehörte der Zentrumspartei an und war von 1923 bis 1925 Reichskanzler.)

Q6 Ankunft in Berlin

In Irmgard Keuns Roman „Das kunstseidene Mädchen" (1932) schildert die Ich-Erzählerin, eine junge Frau aus der Provinz, ihre ersten Eindrücke von Berlin:

Ich bin in Berlin. Seit ein paar Tagen. Mit einer Nachtfahrt und noch neunzig Mark übrig. Damit muss ich leben, bis sich mir Geldquellen bieten. Ich habe Maßloses erlebt. Berlin senkt sich auf mich wie eine Steppdecke mit feurigen Blumen. Der Westen ist vornehm mit hochprozentigem Licht – wie fabelhafte Steine ganz teuer und mit so gestempelter Einfassung. Wir haben hier ganz übermäßige Lichtreklame. Um mich war ein Gefunkel. Und ich mit dem Feh [Pelzmantel]. Und schicke Männer wie Mädchenhändler, ohne dass sie gerade mit Mädchen handeln, was es ja nicht mehr gibt – aber sie sehen danach aus, weil sie es tun würden, wenn was bei rauskäme. Sehr viel glänzende schwarze Haare und Nachtaugen so tief im Kopf. Aufregend. Auf dem Kurfürstendamm sind viele Frauen. Die gehen nur. Sie haben gleiche Gesichter und viele Maulwurfpelze – also nicht ganz erste Klasse – aber doch schick – so mit hochmütigen Beinen und viel Hauch um sich. Es gibt eine Untergrundbahn, die ist wie ein beleuchteter Sarg auf Schienen – unter der Erde und muffig, und man wird gequetscht. Damit fahre ich. Es ist sehr interessant und geht schnell.

I. Keun, Das kunstseidene Mädchen. Stuttgart 1981, S. 42.

Q7 Begegnung in der Stadt

Anton Räderscheidt, Das Haus Nr. 9, 1921.

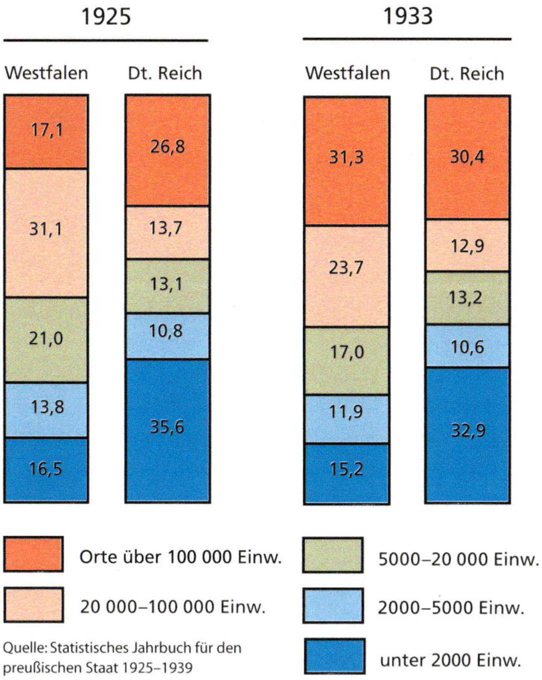

Quelle: Statistisches Jahrbuch für den preußischen Staat 1925–1939

Q8 Entwicklung der Bevölkerung in Westfalen und im Deutschen Reich (Angaben in Prozent)

nach: W. Kohl (Hg.), Westfälische Geschichte Bd.3: Das 19. und 20. Jahrhundert. Wirtschaft und Gesellschaft. Düsseldorf 1984, S. 335.

Q10 Veränderung der dörflichen Lebenswelt
Grethe Jürgens, Landstraße beim Dangaster Moor, 1932.

Bürgerliches Theater im Ruhrgebiet Q9
Die Ankündigung eines Theaterabends veröffentlichte Heinrich Hauser 1930 in einem Fotoband über das Ruhrgebiet mit dem Titel „Schwarzes Revier". Die bürgerlichen Theatervereine in Deutschland orientierten sich am Publikumsgeschmack und spielten Stücke, die mit der modernen Theaterwelt Berlins wenig zu tun hatten.

Fragen und Anregungen

1. Vorschlag für Gruppenarbeit:
   Gruppe 1: Untersucht, wie die Großstadt dargestellt wird: Was ist „typisch Großstadt", was dagegen untypisch? Wie bewerten die jeweiligen Künstler das Leben in der Stadt? Welche gestalterischen Mittel und Stile setzen sie ein (Q1–5)?
   Gruppe 2: Welche Erfahrungen machen die Menschen in der Großstadt? Wie unterscheidet sich davon das Leben im Ruhrgebiet oder auf dem Land? Welche Veränderungen lassen auf dem Land den Einfluss der „neuen Zeit" erkennen (Q6–10)?
2. Vorschlag für Kurzreferate: Informiert euch jeweils in Zweiergruppen über das Leben von Otto Dix, George Grosz und Anton Räderscheidt. Stellt die drei Maler in der Klasse vor.
3. Wähle eine auf den Bildern Q1, 3, 7 oder 11 dargestellte Person aus und lasse sie in einem Brief über ihr Leben (in der Großstadt, auf dem Land) zu Wort kommen.

8. Die Republik in der Wirtschaftskrise

25.10.1929 Mit dem Sturz der Aktienkurse an der New Yorker Börse beginnt die Weltwirtschaftskrise.

27.3.1930 Die Große Koalition scheitert an der Frage der Finanzierung der Arbeitslosenversicherung.

Arbeitsloser in Berlin, 1930 Q1

Die USA: Vom wirtschaftlichen Aufschwung zum „Schwarzen Freitag"

Nach dem Ersten Weltkrieg übernahmen die USA die Führungsrolle im internationalen Wirtschaftssystem. Mit der Lieferung von Kriegsschiffen und Waffen hatte zunächst die Stahlindustrie einen großen Aufschwung erlebt. Durch Modernisierung der Produktionstechniken zogen die neuen Industrien wie Automobilbau, Elektroindustrie oder Nachrichtentechnik nach. Und an Geld fehlte es nicht: Die meisten europäischen Staaten hatten während des Krieges von den USA Geld geliehen und mussten jetzt ihre Kredite zurückzahlen. New York wurde zum beherrschenden Finanzzentrum.

Unter den Käufern war vor allem das Interesse an Konsumgütern groß. In Folge der Rationalisierung konnten sie schneller und billiger hergestellt werden – die Produktion wurde laufend gesteigert und die Wirtschaft florierte. Als aber der Bedarf an Autos oder Elektrogeräten gedeckt war, blieb die Nachfrage aus. Auch die Landwirtschaft hatte große Absatzschwierigkeiten: Es gab zu wenig Käufer für das Getreide, das durch intensivierte Bodennutzung in großen Mengen produziert worden war.

Während des Wirtschaftsaufschwungs hatten viele Bürger Aktien erworben. Als die Krise erkennbar wurde, wollten die Aktionäre ihre Wertpapiere schnell los werden, um Kursverluste zu vermeiden. Im Herbst 1929 wurden fast 13 Millionen Aktien zum Verkauf angeboten. Am 25. Oktober 1929 brachen an der New Yorker Börse die Aktienkurse zusammen. Dieser Tag ging als „Schwarzer Freitag" in die Wirtschaftsgeschichte ein. Als viele Sparer daraufhin ihre Geldeinlagen abheben wollten, wurden die Banken zahlungsunfähig und viele gingen in den Konkurs. Auch zahlreiche Firmen standen vor dem Aus. Die Zahl der Arbeitslosen stieg.

New York am 25. Oktober 1929 Q2
Kunden stehen vor einer Bank Schlange. Sie befürchten, durch den Zusammenbruch der Börse ihre Ersparnisse zu verlieren.

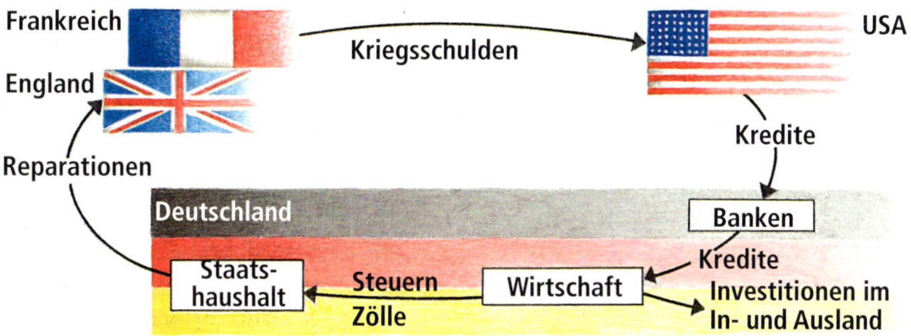

D1 Geldkreisläufe nach dem Ersten Weltkrieg

Absatzkrise und Massenarbeitslosigkeit auch in Deutschland

Die amerikanischen Banken begannen, ihre Anleihen aus Europa zurückzuziehen. Die deutschen Unternehmer hatten jedoch das Geld, das von den USA als kurzfristiger Kredit gedacht war, in langfristigen Investitionen angelegt und waren nun davon abhängig. Deutschland hatte ohnehin mit eigenen wirtschaftlichen Schwierigkeiten zu kämpfen: Wie in den USA waren die Konsumausgaben zurückgegangen. Auch hier gingen viele Betriebe zugrunde. 1932 erreichte die Krise ihren Höhepunkt: Sechs Millionen Menschen waren in Deutschland ohne Arbeit. Bedrückend war vor allem die lange Dauer der Arbeitslosigkeit. Unter der Bevölkerung machten sich Existenzängste breit, auch unter denjenigen, die noch Arbeit besaßen.

Die Regierungskoalition zerbricht

Die Unterstützungsleistungen für die Arbeitslosen aufzubringen, wurde immer schwieriger. Bereits 1929 forderte der Verband der Industriellen die Senkung der Sozialleistungen. Auch die aus seiner Sicht zu hohen Löhne würden eine Erholung der deutschen Wirtschaft behindern. An die Vereinbarungen mit den Gewerkschaften fühlten sich die Unternehmer immer weniger gebunden. Der Ton in der Auseinandersetzung zwischen Arbeitgebern und Arbeitnehmern wurde schärfer.
Die regierende Große Koalition war zerstritten darüber, wie die Arbeitslosenversicherung finanziert werden sollte: Die SPD wollte den Beitrag der Arbeitslosenversicherung erhöhen. Die DVP verlangte hingegen einen Abbau der Versicherungsleistungen. Am 27. März 1930 trat daher die Regierung unter Kanzler Müller (SPD) zurück. Danach gelang es nicht mehr, eine Regierungskoalition zu bilden, die die Mehrheit des Parlaments hinter sich hatte.

Q3 **Arbeitslose stehen vor dem Arbeitsamt in Hannover an**
Foto vom Frühjahr 1932.

Q4 Nach dem Auslernen stempeln gehen …

Schülerinnen und Schüler einer Abschlussklasse über ihre Berufs- und Zukunftsaussichten, 1932:

„… ich möchte gern Elektriker werden, aber der Meister darf nun doch keinen Lehrling mehr einstellen, weil er kürzlich wieder zwei Gehilfen entlassen musste. Ich muss nun doch bei meinem Vater im Milchgeschäft bleiben. Aber heute bei der großen Arbeitslosigkeit muss man ja froh sein, wenn man überhaupt etwas hat …"

„… ich bin manchmal ganz wirr im Kopf vom vielen Vorstellen. Ich bin jeden Tag auf jede Anzeige losgewesen, aber immer war es schon besetzt. Manche sagten auch, ich sei zu schwach: Ich bin nämlich im letzten Kriegsjahr 1917/18 geboren …"

„… in der nächsten Woche ist unsere Schulentlassung, ich freue mich schon sehr darauf. Ich habe ein schöne Stelle als Friseurlehrling bekommen. Das ist für mich ein großes Glück; denn in meiner Klasse haben von 60 nur 10 etwas bekommen. Ich muss vier Jahre lernen; aber ich hoffe, dass nach dieser Zeit die Arbeitslosigkeit schon wieder abgenommen hat, damit ich nicht gleich nach dem Auslernen stempeln gehen muss."

Zit. nach: W. Abelshauser/ A. Faust/ D. Petzina (Hg.), Deutsche Sozialgeschichte 1914–1945. Ein historisches Lesebuch. München 1985, S. 333.

Q5 Alltag von Berliner Arbeitslosen

Der Journalist Siegfried Kracauer berichtet in der Frankfurter Zeitung vom 18. Januar 1931:

In der Ackerstraße liegt die große Wärmehalle des Wohlfahrtsamts Mitte, die jedermann ohne Ausweis betreten kann. Ursprünglich war sie ein Depot, in dem statt der Menschen Trambahnen aufbewahrt wurden. (…) Wie viele Leute sich hier täglich versammeln? „Ungefähr 1800 bis 2500", bedeutet mir der Hallenleiter, ein wohlmeinender Mann, der sein Stammpublikum kennt und mit den Besuchern anscheinend auf gute Art fertig wird. Sie stehen – junge Burschen, Männer und Greise – in Gruppen zusammen, sitzen wie in den Arbeitsnachweisen auf Wartesaalbänken und genießen die Wärme, die eine Voraussetzung nackten Lebens ist, als besondere Wohltat. (…)„Wie leben diese Leute?", erkundige ich mich beim Leiter. „Viele von ihnen", erwidert er, „verbringen hier die Zeit zwischen 7 und 3; solange ist die Halle täglich, auch sonntags, geöffnet. Um 5 Uhr suchen sie das Asyl auf, wo sie schlafen können und verköstigt werden. Das Asyl schließt um 6 Uhr in der Frühe und dann kommen sie wieder zu uns."

Zit. nach: W. Abelshauser/ A. Faust/ D. Petzina (Hg.), Deutsche Sozialgeschichte 1914–1945. Ein historisches Lesebuch. München 1985, S. 343 f.

D2 Produktion wichtiger Güter

Produkt	Angabe in	1913	1919	1925	1930	1932
Steinkohle	Mill. t	190,1	116,7	132,6	142,7	104,7
Roheisen	Mill. t	16,8	6,3	11,6	11,6	5,3
Rohstahl	Mill. t	17,7	7,9	13,8	13,5	7,2
Elektrizität	Mill. kWh	2533	5067	9915	16101	13423
Wohnungen	1000	–	57	179	311	141

Quelle: Statistisches Bundesamt, Wiesbaden, Auszug aus Bevölkerung und Wirtschaft 1872–1972.

D3 Index der industriellen Produktion 1926–1933

1928 entspricht 100

1926	79
1927	101
1928	100
1929	101

1930	89
1931	73
1932	59
1933	66

Quelle: Statistisches Bundesamt, Wiesbaden, Auszug aus Bevölkerung und Wirtschaft 1872–1972.

Arbeitslosenzahlen während der Wirtschaftskrise D4

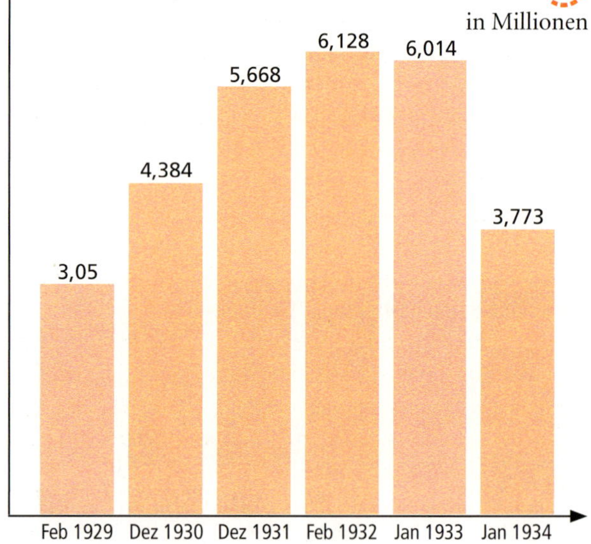

Nach: E. Wagemann (Hg.), Kurven und Zahlen zur Wirtschaftslage in Deutschland. Berlin, Hamburg 1935, S. 8.

Fragen und Anregungen

1. Erläutere Ursachen und Folgen der Weltwirtschaftskrise. Berücksichtige dazu den VT, D1, Q2 und 3 sowie D2–4.

2. Untersuche, wie sich die Arbeitslosigkeit auf das Leben des Einzelnen auswirkte (Q1, 4 und 5). Welche Konsequenzen hatte sie für die ganze Gesellschaft?

9. Die gesellschaftlichen Konflikte spitzen sich zu

Antisemitismus und Gewalt

Angesichts von wirtschaftlicher Not und politischen Schwierigkeiten begann sich das Leben zu radikalisieren. Viele suchten nach Verantwortlichen für die Krisensituation. Gerade junge Leute, Schüler und Studenten, fühlten sich zunehmend ohne Orientierung und waren besonders empfänglich für radikale Parolen, die einfache Erklärungen vortäuschten. Die Kritik an Parlamentarismus und Demokratie ging häufig einher mit Judenfeindlichkeit. Antisemitismus hatte es in der Weimarer Republik immer wieder gegeben. So war der aus einer jüdischen Familie stammende Außenminister Walther Rathenau bereits 1922 einem politischen Attentat zum Opfer gefallen. Er galt als „Erfüllungspolitiker", der bereit gewesen war den Versailler Vertrag zu akzeptieren. In den Augen der Republikgegner verkörperte er daher das politische System von Weimar – eine Einschätzung, die in der Bevölkerung durchaus geteilt wurde.
Ende der 1920er Jahre registrierte der jüdische Zentralverein eine neue Welle von Synagogen- und Friedhofsschändungen. Aber nicht nur die Übergriffe auf jüdische Einrichtungen nahmen zu, auch die Gewalt gegen jüdische Bürger. Überhaupt wurden politische Auseinandersetzungen immer häufiger auf der Straße ausgetragen. Veranstaltungen oder Demonstrationen endeten mitunter in Kämpfen zwischen Anhängern und Gegnern des Weimarer Staates. Es gab Verletzte und auch Tote.

Aufstieg der NSDAP

Auch viele Parteien verbreiteten antisemitisches und antidemokratisches Gedankengut, vor allem die NSDAP. Ihr gelang 1930 der Durchbruch von einer kleinen Splitterpartei zur Massenbewegung. Bis zum Novemberputsch 1923 war die NSDAP regional auf Bayern beschränkt gewesen. Nach seiner Haftentlassung begann Hitler mit dem Neuaufbau der Partei auf Reichsebene. Die NSDAP wollte die Macht jetzt „legal" erringen, durch die Beteiligung an Wahlen auf parlamentarischem Weg. Grundlage war eine straffe Parteiorganisation unter der Autorität ihres „Führers" Hitler. Auch die „Sturmabteilung" SA, eine uniformierte Kampftruppe, war streng auf die politische Führung ausgerichtet. Im Zuge des planmäßigen Ausbaus der Partei wurden immer neue SA-Ortsgruppen gegründet. Ihr Ziel war, durch Gewaltaktionen die „Straße zu beherrschen". In der Altersstruktur unterschied sich die NSDAP von anderen Parteien: Mehr als ein Drittel ihrer Mitglieder war jünger als 30 Jahre. 1929 konnte die NSDAP auf Reichsebene weiter bekannt werden. Gemeinsam mit DNVP und „Stahlhelm", einer Vereinigung ehemaliger Frontsoldaten, rief sie zu einem Volksbegehren gegen den Young-Plan auf (S. 53). Zwar scheiterte der Volksentscheid, für die NSDAP von Vorteil aber war der Kontakt zum neuen Vorsitzenden der DNVP, Alfred Hugenberg. Er war ein erklärter Gegner des Weimarer Staates. Als Besitzer eines großen Pressekonzerns konnte er auf die öffentliche Meinung einwirken. Die NSDAP hatte jetzt die Voraussetzungen geschaffen, eine bedeutende Kraft auch im Reichstag zu werden.

Zerstörte Schaufensterscheibe eines jüdischen Bekleidungsgeschäfts, um 1932 Q1

D1 Judenfeindliche Straßengewalt

Der Historiker Dirk Walter hat ein Beispiel aus Köln recherchiert:

Am Tag der jüdischen Gemeindewahlen in Köln am 13. März 1927 marschierten gegen ein Uhr mittags etwa 40 Nationalsozialisten, die von einer NSDAP-Veranstaltung zurückkamen, in Richtung der Synagoge in der Roonstraße. In Reichweite der Synagoge stimmten sie provokativ antisemitische Lieder an. Jüdische Bürger, die aus dem in der Synagoge befindlichen Wahllokal kamen, riefen ihnen daraufhin Schimpfworte („Feiglinge", „Lumpen") zu. Die Nationalsozialisten ließen sich hiervon zunächst nicht beirren, sie kehrten jedoch nur wenig später in kleinen Trupps von je drei bis vier Mann zurück und drängten sich auf dem Bürgersteig an den Juden vorbei. Die Angerempelten reagierten entrüstet mit neuerlichen Beschimpfungen, bis der verbale Konflikt schließlich in offene Gewalt umkippte. Von den Nationalsozialisten wurden dabei drei jüdische Passanten mit Messerstichen verletzt.

D. Walter, Antisemitische Kriminalität und Gewalt: Judenfeindschaft in der Weimarer Republik. Bonn 1999, S. 200.

Q2 NSDAP und SA werden planmäßig ausgebaut

Der stellvertretende Reichspropagandaleiter der NSDAP, Heinrich Himmler, schrieb am 24. Dezember 1928, was er unter Propaganda-Aktionen versteht:

1. Konzentration von 70 bis 200 Versammlungen in einem Gau im Zeitraum von 7 bis 10 Tagen.

2. Diese zeitliche Anhäufung für ein Gebiet ist sinnvoll, wenn die beabsichtigte Wirkung erzielt werden soll.

3. Die Wirkung sehe ich

a) In der Stellungnahme der gegnerischen Presse, die, im Gegensatz zu ihrer sonstigen Taktik, von unseren vielen Versammlungen schreiben muss und wird und damit von uns spricht und Propaganda macht,

b) in der Tatsache, dass in 70–150 Orten eines Gaus innerhalb einer Woche unsere Plakate zu sehen sind und damit die Bevölkerung einer Provinz gleichmäßig auf uns aufmerksam gemacht wird,

c) in einer nicht unerheblichen moralischen Stärkung der Parteigenossen von oft mühsam und unter schwierigen Verhältnissen kämpfenden Gebieten, (...)

d) in der massenhaften Verteilung von Flugblättern und Handzetteln, die zur Vorbereitung der Versammlungen notwendig sind.

4. Im Anschluss an die Versammlungen in einem Orte erfolgt eine Propaganda-Woche mit einem Werbe-Abend für die S.A., einem Werbe-Abend für die Hitler-Jugend, einem Werbe-Tag (...) für die Presse.

P. Longerich (Hg.), Die Erste Republik. Dokumente zur Geschichte des Weimarer Staates. München 1992, S. 331f.

Q3 Wir Schülerinnen politisierten viel

Die Bibliothekarin Sabine Neumann erinnert sich:

In der Schule politisierten wir Schülerinnen der Oberstufe viel untereinander, zumeist als Anhänger der „Bewegung". Wir holten uns NS-Zeitungen, rannten zu Partei- und Wahlveranstaltungen – eine mit Hitler wurde für uns ein überwältigendes Erlebnis. Wir warfen den Lehrern heimlich Broschüren in die Briefkästen, um sie überzeugen zu helfen (...) Die Einstellung von uns Jugendlichen wurde begünstigt durch die antidemokratische Atmosphäre unserer bürgerlichen Elternhäuser. Die eigene Urteilsfähigkeit war noch nicht entwickelt. Aber den Idealismus der Jugend und Begeisterungsfähigkeit für einen „Führer", der gute Ziele anzusteuern versprach – das besaßen wir in hohem Maße!

Zit. nach: R. Italiaander (Hg.), Wir erlebten das Ende der Weimarer Republik. Zeitgenossen berichten. Düsseldorf 1982, S. 133.

Q4 „Politische" Prügel für einen Neunjährigen

Der Gewerkschaftsvorsitzender Hermann Fredersdorf:

Mit meinem Vater war ich nicht nur häufig beim nächtlichen Zeitungsmachen zusammen, sondern saß bei den vielfachen Wahlen der Weimarer Zeit oft mit ihm am Radio, um die neuesten Wahlergebnisse zu erfahren. Hinzu kamen im Kohlenpott die extremen Begegnungen mit Kommunisten und Nationalsozialisten, deren Straßenschlachten und wöchentlich mindestens einem Messertoten. Für einen Sechs- bis Neunjährigen grausame Erlebnisse, bei denen ich als bekannt anders denkender Junge von anderen Schülern auch hin und wieder „politische" Prügel bezog.

Zit. nach: Ebenda, S. 115.

Fragen und Anregungen

1. Erkläre, wie sich der zunehmende Antisemitismus in der Weimarer Republik äußerte (VT, Q1 und D1).
2. Kennzeichne den Aufstieg der NSDAP und die Strategie der Parteiführung (VT, Q2).
3. Zeige, wie Jugendliche den Aufstieg des Nationalsozialismus und die letzten Jahre der Republik erlebten. Welche Rolle spielte die politische Haltung der Eltern? Verfasse einen Briefwechsel zwischen Sabine und Hermann (Q3 und 4).

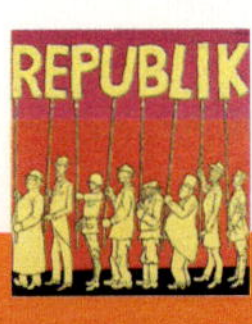

10. Das Ende der Republik

April 1930–Januar 1933	Präsidialkabinette regieren ohne parlamentarische Mehrheit.
30. 1. 1933	Hitler wird zum Reichskanzler ernannt.

Regieren mit Notverordnungen

Bereits 1925 war Paul von Hindenburg, ein führender General des Ersten Weltkriegs, zum Reichspräsidenten gewählt worden. Sein Vorgänger Ebert hatte sich immer um einen Ausgleich zwischen den verschiedenen Gruppen der Gesellschaft bemüht. Unter Hindenburg, der sich selbst noch der Monarchie verbunden fühlte, trat die Spaltung der Gesellschaft in Befürworter und Gegner des Weimarer Staates offen zutage. Um ihn scharten sich all die Kräfte, die die demokratische Ordnung von Weimar beseitigen wollten.

Im April 1930 ernannte Hindenburg den Zentrumspolitiker Heinrich Brüning zum neuen Reichskanzler. Seine Regierung besaß keine Mehrheit im Reichstag. Erwartungsgemäß lehnten die Oppositionsparteien im Juli eine Gesetzesvorlage der Regierung ab. Gestützt auf die Vollmachten des Reichspräsidenten (Artikel 48) setzte Brüning jedoch das Gesetz als Notverordnung in Kraft. Dieses Vorgehen entsprach nicht der Verfassung. Von der SPD wurde daher die Aufhebung der Notverordnung beantragt. In Abstimmung mit dem Reichspräsidenten verkündete Brüning daraufhin die Auflösung des Reichstags. Ein Weg war gefunden, das Parlament weitgehend auszuschalten. Die Regierung Brüning war eine Präsidialregierung, abhängig vom Vertrauen des Reichspräsidenten.

Durchbruch der NSDAP bei den Reichstagswahlen

Bei der Neuwahl im September 1930 wurde die NSDAP zur zweitstärksten Partei nach den Sozialdemokraten. Wer waren die NSDAP-Wähler, die diesen Erdrutsch-

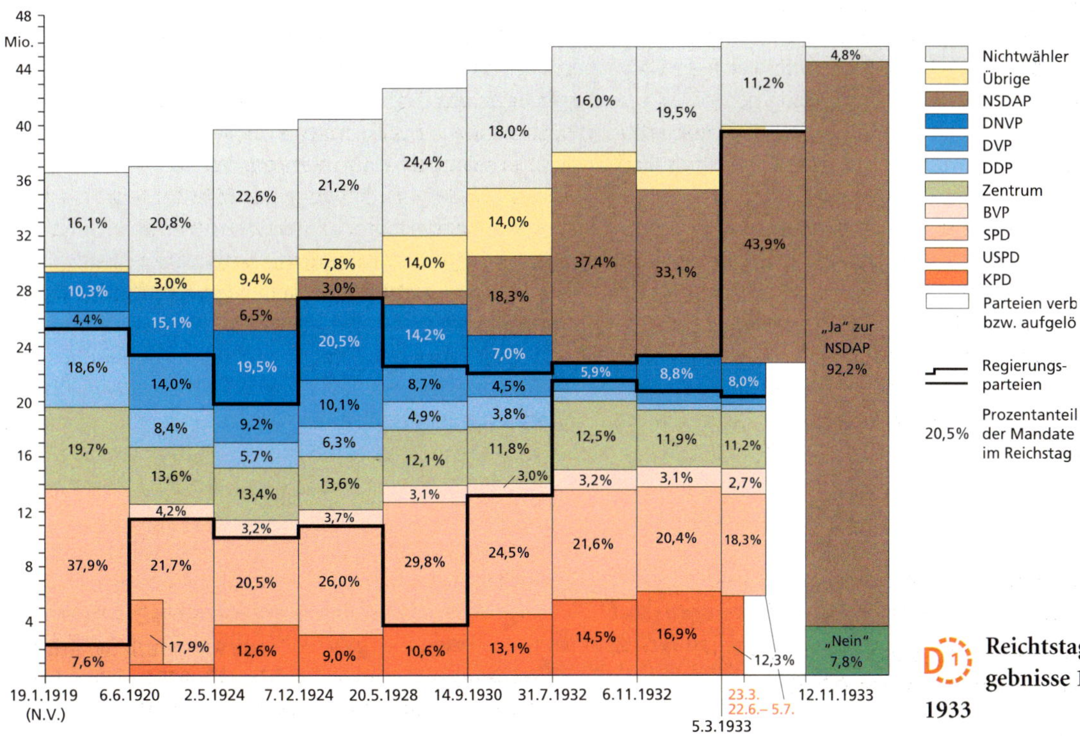

D1 Reichstagswahlergebnisse 1919 bis 1933

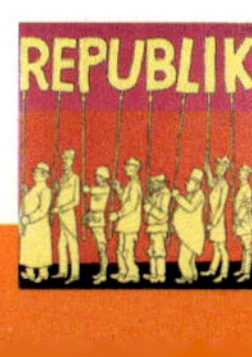

Q1 **Plakate zur Reichstagswahl, Juli 1932**
von links nach rechts: Zentrumspartei, SPD, KPD, NSDAP

sieg ausgelöst hatten? Einerseits hatte die NSDAP die Nichtwähler mobilisiert. Andererseits konnte sie Stimmen aus verschiedenen sozialen Gruppen mit unterschiedlicher parteipolitischer Bindung für sich gewinnen. Vertreten waren Wähler aus dem Mittelstand: Angestellte, kleine Unternehmer, Handwerker und Beamte fühlten sich durch die Wirtschaftskrise materiell und in ihrer gesellschaftlichen Stellung bedroht. Aber auch Angehörige der städtischen Oberschicht sowie Arbeiter aus ländlichen Regionen wandten sich Hitlers Partei zu.

Sparpolitik der Regierung Brüning

Immer noch hatte Deutschland mit großen wirtschaftlichen Problemen zu kämpfen. Brüning vertrat ein striktes Sparprogramm: Löhne, Beamtengehälter und Sozialleistungen wurden gekürzt, die Steuern erhöht. Dies sollte den Staatshaushalt entlasten und der Wirtschaft ermöglichen, kostengünstiger zu produzieren, damit deutsche Waren auf dem internationalen Markt billiger wurden. Andererseits aber ging die Kaufkraft zurück, weil die Menschen weniger Geld zur Verfügung hatten. Wieder wurde die Produktion gedrosselt und Beschäftigte entlassen. Brüning verfolgte noch ein weiteres Ziel: Wenn in Deutschland das Geld knapp war, konnte es auch keine Zahlungen ans Ausland mehr leisten. Brüning hoffte so auf ein Ende der Reparationen (S. 53 ff.).

Hitler wird Reichskanzler

Im Frühjahr 1932 verschlechterte sich das Verhältnis Hindenburgs zu Brüning. Auch enge Berater des Reichspräsidenten drängten auf Brünings Entlassung. Neuer Kanzler wurde der Zentrumspolitiker Franz von Papen. Dieser setzte die demokratische SPD-Regierung in Preußen, dem größten Land des Weimarer Staates, durch einen Staatsstreich ab: Papen selbst wurde preußischer Ministerpräsident. Inzwischen war die NSDAP zur stärksten Kraft im Reichstag geworden. Hitler forderte nun eine Regierung unter seiner Führung. Hindenburg aber bestimmte General Kurt von Schleicher zum Reichskanzler. Schleicher jedoch verunsicherte die Industrie, als er eine Annäherung an die Gewerkschaften verkündete. Papen machte daraufhin Hindenburg den Vorschlag, das Kanzleramt an Hitler zu übertragen. Papen glaubte, Hitler in einer Regierung aus rechtskonservativen Kräften „zähmen" zu können. Die NSDAP hatte zu diesem Zeitpunkt bei Reichstagswahlen bereits an Stimmen eingebüßt. Auch mehrten sich die Hinweise darauf, dass die Wirtschaft sich international wieder zu erholen begann. Am 30. Januar 1933 ernannte Hindenburg nun doch Hitler zum Reichskanzler. Das Kabinett aus drei Nationalsozialisten und neun Konservativen war wie die Vorgängerregierungen ein Präsidialkabinett ohne parlamentarische Mehrheit.

Q2 **Paul von Hindenburg**

Q3 Brünings Politik und die Sozialdemokraten

Die SPD begründet ihre Tolerierungstaktik, 18.10.1930:

Die Sozialdemokratie [steht] in entschiedenster Gegnerschaft gegen diese Regierung. Trotzdem hat sie keinen Misstrauensantrag gegen das Kabinett Brüning eingebracht. [... Dies] bedeutet aber nicht, dass die Sozialdemokratie Vertrauen zu der jetzigen Regierung habe. Diese taktische Stellung der sozialdemokratischen Reichstagsfraktion besagt nichts anderes, als dass sie selbst den Zeitpunkt bestimmen wird, an dem sie zum Angriff gegen das Kabinett Brüning vorgeht. (...) Die sozialdemokratische Fraktion ist jeden Tag in der Lage, mit Nationalsozialisten, Kommunisten und Deutschnationalen die Regierung zu stürzen, sie kann aber unmöglich mit solchen Bundesgenossen gemeinsam eine neue Regierung bilden. Deshalb und weil die Sozialdemokratie von dem Gefühl der Verantwortung für die arbeitende Klasse durchdrungen ist, lehnte sie jetzt die Zustimmung zu den Misstrauensanträgen der anderen Parteien ab. Und zwar solcher Parteien, die, wie die Nationalsozialisten und die Deutschnationalen offen arbeiterfeindlich sind oder, wie die Kommunisten, durch ihre Taktik zur Schwächung der Arbeiterklasse und zur Stärkung des Faschismus beitragen.

W. Michalka/ G. Niedhart (Hg.), Deutsche Geschichte 1918–1933. Dokumente zur Innen- und Außenpolitik. Frankfurt/a. M 1992, S. 194.

Q4 Ausschaltung des Reichstags

Collage des deutschen Künstlers John Heartfield, 1932.

Q5 Vertreter der Wirtschaft fordern die Übernahme der Regierung durch Hitler

Eingabe führender Personen aus Wirtschaft, Industrie und Großgrundbesitz an Reichspräsident Hindenburg, Mitte November 1932:

Mit Eurer Exzellenz bejahen wir die Notwendigkeit einer vom parlamentarischen Parteiwesen unabhängigeren Regierung, wie sie in dem von Eurer Exzellenz formulierten Gedanken eines Präsidialkabinetts zum Ausdruck kommt. (...) Wir erkennen in der nationalen Bewegung, die durch unser Volk geht, den verheißungsvollen Beginn einer Zeit, die durch Überwindung des Klassengegensatzes die unerlässliche Grundlage für einen Wiederaufstieg der deutsche Wirtschaft erst schafft. Wir wissen, dass dieser Aufstieg noch viele Opfer erfordert. Wir glauben, dass diese Opfer nur dann willig gebracht werden können, wenn die größte Gruppe diese nationalen Bewegung führend an der Regierung beteiligt wird. Die Übertragung der [Regierung] an den Führer der größten nationalen Gruppe wird (...) Millionen Menschen, die heute abseits stehen, zu bejahender Kraft mitreißen.

P. Longerich (Hg.), Die Erste Republik. Dokumente zur Geschichte des Weimarer Staates. München 1992, S. 488 f.

D2 Woher kamen Hitlers Wähler?

Der Historiker Heinrich August Winkler fasst die Analysen von Hitlers Wahlerfolg zusammen:

Die meisten NSDAP- Wähler hatten früher für andere Parteien gestimmt. Einer wissenschaftlichen Berechnung zufolge scheint 1930 jeder dritte DNVP-Wähler, jeder vierte DVP- oder DDP-Wähler, jeder siebte Nichtwähler und jeder zehnte SPD-Wähler für die Partei Hitlers gestimmt zu haben. Das konservative und das liberale „Lager" hatten demnach einen sehr viel größeren Anteil am Aufstieg des Nationalsozialismus als die Sozialdemokraten. Als gesichert können auch noch einige andere Befunde gelten: Protestanten waren für die NSDAP doppelt so anfällig wie Katholiken; Selbstständige, Bauern, Beamte, Rentner und Pensionäre waren unter den Wählern der NSDAP stärker vertreten, als es ihrem Anteil an der erwerbstätigen Bevölkerung entsprach, Arbeiter und Angestellte dagegen deutlich schwächer. Die Arbeitslosen (...) trugen zum Aufstieg des Nationalsozialismus nur wenig bei: Erwerbslose Arbeiter gaben ihre Stimme sehr viel häufiger der Partei Ernst Thälmanns [KPD].

H. A. Winkler, Der lange Weg nach Westen Bd. 1. München 2000, S. 491.

Kontro vers

Warum scheiterte die Weimarer Republik?

Über die Ursachen für das Scheitern der Weimarer Republik hat es immer unterschiedliche Ansichten gegeben.

D3 Machtvakuum und politische Radikalisierung

Der Geschichtswissenschaftler Karl Dietrich Bracher spricht ab 1932 von einer Staatskrise:

Mit diesem Begriff [des Machtvakuums] soll die Situation eines politischen „deadlock" charakterisiert sein, einer Selbstblockade des Staates und der Gesellschaft – ein Zustand, in dem die politischen Kräfte sich gegenseitig neutralisieren und das Funktionieren der parlamentarischen Institutionen lähmen. Extreme Polarisierung und Radikalisierung des politischen Lebens stören die Konsens- und Mehrheitsbildung, und schließlich öffnet sich der Weg zur Macht für Antisystem-Parteien, die das Vakuum mit neuem Inhalt zu füllen versprechen.

K. D. Bracher, Geschichte und Gewalt. Zur Politik im 20. Jahrhundert. Berlin. 1981, S. 114.

D4 Warum ernannte Hindenburg Hitler zum Reichskanzler?

Der Historiker Heinrich August Winkler überlegt, wie es dazu kommen konnte, dass Hitler Kanzler wurde:

Hitlers Ernennung zum Reichskanzler war nicht der unausweichliche Ausgang der deutschen Staatskrise (...). Nichts zwang den Reichspräsidenten dazu, Hitler zum Reichskanzler zu machen, Hitler war zwar immer noch (...) der Führer der stärksten Partei, aber eine Mehrheit im Reichstag gab es für ihn nicht. Bis in den Januar 1933 hinein hatte sich der Reichspräsident, um eine Parteidiktatur der Nationalsozialisten zu verhindern, der Kanzlerschaft Hitlers widersetzt. Hindenburg änderte seine Haltung, weil ihn nun auch seine engsten Berater dazu drängten und weil er das Risiko der Diktatur durch das Übergewicht konservativer Minister im Kabinett Hitler verringert, wenn nicht beseitigt sah. (...)

Der 30. Januar 1933 war also weder ein zwangsläufiges Ergebnis der vorausgegangenen Entwicklung noch ein Zufall. Hitlers Massenrückhalt machte sein Ernennung möglich, aber erst durch den Willen Hindenburgs und des Milieus, das er verkörperte, wurde er Kanzler.

H. A. Winkler, Der lange Weg nach Westen. Bd. 1, München 2002, S. 549 f.

„Das tote Parlament". Q6 Fotomontage von John Heartfield, 1930.

Fragen und Anregungen

1. Erkläre den Begriff „Präsidialregierung" für ein „Schülerlexikon Geschichte".
2. Begründe das Vorgehen der SPD angesichts der politischen Entwicklung 1930–1932. Wie reagieren andere Parteien auf die zunehmende Radikalisierung (VT, Q3)?
3. Zeige, wie der Karikaturist Heartfield die Handhabung von Artikel 48 bewertet (Q4).
4. Sammle Ursachen für die Wahlergebnisse der NSDAP seit 1928 (D1, Q1). Berücksichtige auch die Ergebnisse der anderen Parteien.
5. Finde heraus, welche Gruppen der Gesellschaft an Hitlers Kanzlerschaft Interesse hatten (VT, Q5, D2) und was sie von seiner Politik erhofften.
6. Kläre mithilfe eines Lexikons dir unbekannte Begriffe. Gib die Aussagen von D3–4 und Q6 in eigenen Worten wieder und nimm dazu Stellung. → **Kontrovers**
7. Fasst gemeinsam die verschiedenen Ursachen für das Scheitern der Weimarer Republik in einem Flussdiagramm (Lernen lernen) zusammen. → **Kontrovers**

Ein Flussdiagramm erstellen

Der Zusammenhang von Ursache und Wirkung spielt in allen Wissenschaften eine wichtige Rolle. Man kann ihn durch ein Flussdiagramm darstellen, das einprägsam vor Augen führt, wie Ursachen und Auswirkungen ineinander „fließen".

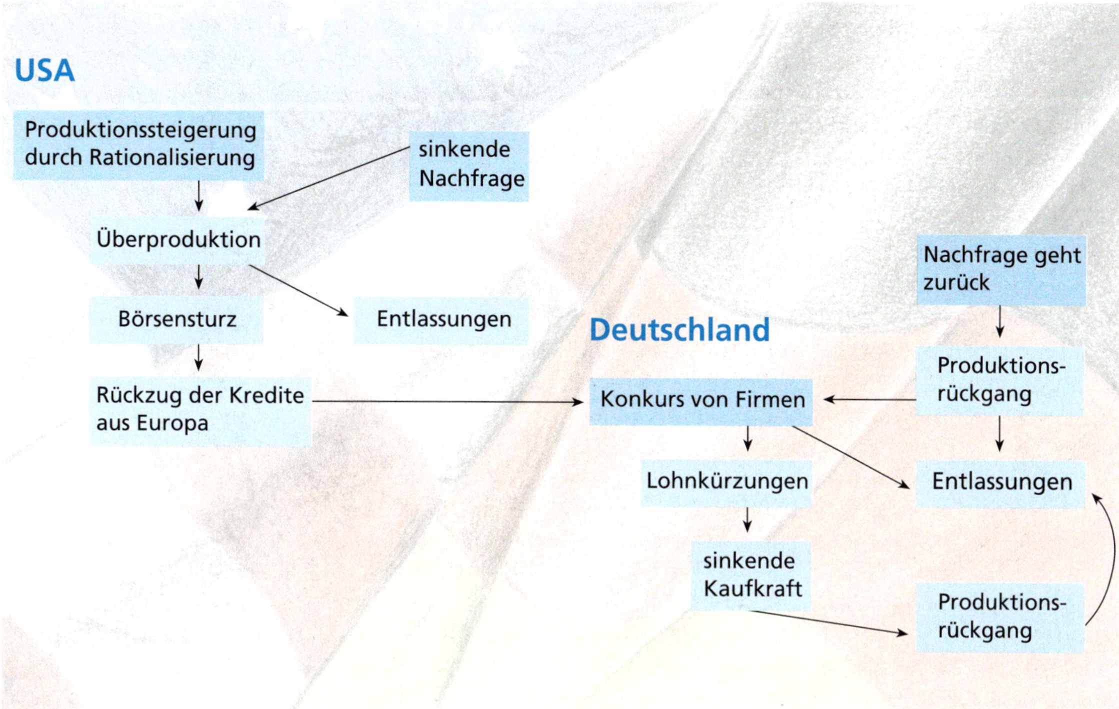

Ein Flussdiagramm zu Ursachen und Auswirkungen der Weltwirtschaftskrise

Ein Historiker fragt oft, warum es zu bestimmten Sachverhalten gekommen ist beziehungsweise welche Folgen sich daraus ergeben. Fast immer kann dabei ein ganzes Bündel von Ursachen ausgemacht werden und genauso eine Vielzahl von Auswirkungen auf die verschiedensten Bereiche oder Personen.

Ein Flussdiagramm kann deshalb hilfreich sein, weil es Informationen zusammenfasst und Abläufe strukturiert. Wie eine „mind-map" ist auch das Flussdiagramm eine Gedächtnislandkarte. Es veranschaulicht die Verkettung von Begriffen. Dadurch kannst du dir auch kompliziert oder umfangreich erscheinende Zusammenhänge leicht merken.

Damit das Flussdiagramm übersichtlich bleibt, ist es erforderlich, Informationen auf einzelne Stichworte zu verkürzen. Welche Begriffe oder Entwicklungsschritte sind zum Verständnis wichtiger als andere? Diese zentralen Bausteine werden in eine schlüssige Abfolge gebracht und mit Pfeilen verbunden. Dadurch wird sichtbar, wie sich Entwicklungen beeinflussen. Unter Umständen schließt sich das Flussdiagramm an einer Stelle zu einem Kreislauf: Manche Entwicklungsschritte wirken wieder auf andere zurück.

Ein Flussdiagramm eignet sich auch gut zur Wiederholung. In Partnerarbeit könnt ihr selber ein Flussdiagramm erstellen, zum Beispiel zu den Folgen des Versailler Vertrags oder den Ursachen für das Scheitern der Weimarer Republik. Gib deinem Partner/deiner Partnerin dabei drei Bausteine vor, die er/sie ergänzt und zu einem Flussdiagramm zusammenstellt. Erläutert euch anschließend gegenseitig euer Diagramm.

NATIONALSOZIALISMUS UND ZWEITER WELTKRIEG

Die Nationalsozialisten haben durch ihre Herrschaft in Deutschland viel Unheil über Europa und die Welt gebracht. Sie und ihr Führer haben den Zweiten Weltkrieg begonnen, Juden und andere Minderheiten verfolgt und ermordet, große Teile Europas zerstört. Millionen Menschen mussten sterben. Wie war dieses Unheil möglich? Warum konnten diese Verbrechen nicht verhindert werden? Warum fanden die Nationalsozialisten bei den Deutschen so viele Anhänger?

Der „Völkische Beobachter“ verkündete am 24. März 1933 das „Ermächtigungsesetz“

Berliner Ausgabe
83. Ausg. • 46. Jahrg. • Einzelpreis 15 Pf.

Berliner Ausgabe
Berlin, Freitag, 24. März 1933

VÖLKISCHER BEOBACHTER

Herausgeber Adolf Hitler

Kampfblatt der national-sozialistischen Bewegung Großdeutschlands

Der Wille des deutschen Volkes erfüllt:

Der Reichstag übergibt Adolf Hitler die Herrschaft

Annahme des Ermächtigungsgesetzes mit der überwältigenden Mehrheit von 441 gegen 94 Stimmen der S.P.D. / Einstimmige Annahme auch im Reichsrat / Hitlers historische Abrechnung mit den Novembermänner[illegible]

Die Regierungserklärung:

Für Freiheit und Ehre der deutschen Nation! Gegen die Scheidung der Völker in

Plakat der NSDAP von 1933

Das im Zweiten Weltkrieg zerstörte Köln

Kind in SA-Uniform beim Reichsjugendtag in Potsdam, 1. Oktober 1934

Plakat der Deutschen Arbeitsfront, das zum Sparen für einen Volkswagen warb

Kinder im Vernichtungslager Auschwitz nach der Befreiung durch die sowjetische Armee

Puppen aus einem Vernichtungslager
Das Eigentum der Ermordeten wurde in Deutschland verteilt.

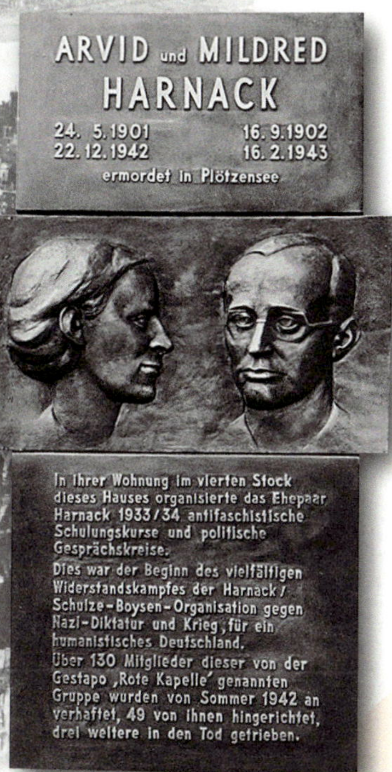

Gedenktafel für die von den Nationalisten hingerichteten Widerstandskämpfer Arvid und Mildred Harnack

Boykott jüdischer Geschäfte am 1. April 1933

1. Der Faschismus – ein Weg aus der Krise?

1919 In Italien gründet Benito Mussolini vor allem aus arbeitslosen Kriegsteilnehmern die ersten „fasci di combattimento" (Kampfbünde).

1921 Mussolini benennt seine „Faschistische Bewegung" um in „Partito Nazionale Fascista"; sich selbst nennt er „Duce" (Führer).

1922 Der italienische König überträgt Mussolini das Amt des Regierungschefs, ausgestattet mit diktatorischen Vollmachten.

Mussolini und römische Statue. Foto, 1935. Q1

Ruf nach einem starken Führer

Nach dem Ende des Krieges schien für die Zeitgenossen die Welt aus den Fugen geraten zu sein. Die Menschen in Europa sehnten sich nach Ruhe und Ordnung sowie einem wirtschaftlich gesichertem Leben. Nicht wenige verfolgten mit Angst und Unruhe die Nachrichten über die bolschewistische Revolution in Russland und deren Folgen (vgl. S.17–38). In Deutschland wurde zudem vielfach die demokratische Staatsform wie die Weimarer Republik als zu schwach angesehen, um einerseits die sozialen sowie wirtschaftlichen Probleme wie hohe Arbeitslosigkeit oder Inflation zu lösen und andererseits einem befürchteten Ausgreifen des Kommunismus Einhalt zu gebieten.

In dieser Krisensituation bildeten sich in den 1920er und vor allem 1930er Jahren fast überall in Europa politische Gruppierungen, die ihre Hoffnungen in einen starken Führer setzten, der in der Lage sei, für Volk und Nation wieder Sicherheit und wirtschaftlichen Aufschwung zu schaffen. Radikale Parteien und deren Repräsentanten boten populistische Programme an, die zwar irrational und widersprüchlich waren, aber vorgaben, mit einfachen Lösungen alle Probleme lösen zu können. Eines der frühesten Beispiele dafür war Italien.

Italien: Der Faschismus – ein Weg aus der Krise?

Obwohl Italien zu den Siegerstaaten des Ersten Weltkrieges gehörte, waren die meisten Italiener von den Friedensschlüssen enttäuscht. Italien hatte nur einen Teil der zugesagten Gebietsgewinne erhalten. Dazu kam die wirtschaftlich schlechte Lage und die Zerstrittenheit der Parteien, die sich auf keine stabilen Regierungsmehrheiten einigen konnten. Diese Situation nutzte Benito Mussolini, ursprünglich ein führender Funktionär des radikalen Flügels der Sozialistischen Partei. 1919 schlossen sich unter seiner Führung antiliberale, nationalistische Gruppen zu Kampfbünden und später zur Faschistischen Partei Italiens zusammen. Ihren Namen leitete die Partei von fasces (lat. Rutenbündel) ab, im antiken Rom Symbol der Gewalt über Leben und Tod.

1922 drohten Mussolinis Faschisten, die Macht in Italien gewaltsam zu ergreifen. Um Blutvergießen zu verhindern und unter Druck gesetzt von einflussreichen Kräften in Wirtschaft, Armee und Verwaltung, berief König Viktor Emanuel III. im Oktober 1922 Mussolini zum Ministerpräsidenten. Dieser bildete eine Koalitionsregierung, an der auch Liberale und Katholiken beteiligt waren. Die parlamentarische Demokratie Italiens blieb mit ihren formalen Einrichtungen zunächst noch bestehen. Dies alles konnte jedoch nicht darüber hinwegtäuschen, dass sich Italien auf dem Weg in eine Diktatur befand.

Unterdrückung und Terror im Innern

Die Faschisten besetzten alle Schlüsselpositionen und erließen neue Wahlgesetze, die ihnen sichere Mehrheiten garantierten. Die Pressefreiheit wurde erheblich eingeschränkt, die bewaffnete faschistische Parteimiliz (die sog. Schwarzhemden) in den Rang der staatlichen Polizei erhoben. Sie konnte damit jede Opposition unterdrücken – gegen faschistische Gewaltakte schritt sie jedoch nicht ein. Mit Terror und Mord schalteten die Faschisten ihre politischen Gegner, insbesondere Kommunisten, Sozialisten und Gewerkschafter, weitgehend aus dem politischen Leben aus. Nichtfaschistische Beamte mussten ihren Dienst quittieren, nichtfaschistische Parteien und die Gewerkschaften wurden verboten. Zudem schufen die staatlich kontrollierten Massenmedien (Radio, Kino) einen Mythos um Mussolinis Person als unfehlbaren „Duce“ (Führer). So war in Italien ein Staat entstanden, der alle Merkmale einer faschistischen Diktatur aufwies: Herrschaft einer einzigen Partei, Personenkult um einen unangefochtenen Führer und übersteigerter Nationalismus. Dazu kamen Feindbilder in Form von Anti-Haltungen: Antiliberalismus, Antiindividualismus, Antiparlamentarismus, Antibolschewismus – und letztlich das öffentliche Bekenntnis zur Gewalt.

Aggressive Außenpolitik

Der Gewalt in der Innenpolitik entsprach eine kriegsbereite, imperialistische Machtpolitik nach außen. Den gesamten Mittelmeerraum erklärte Mussolini zum italienischen Interessengebiet, was zu Konflikten vor allem mit Frankreich und Großbritannien führen musste. Doch Kampf und Krieg waren für Mussolini wesentliche Bestandteile des Lebens. 1935 ließ er italienische Truppen in Äthiopien einmarschieren, um die Grundlage eines italienischen Reiches im Mittelmeerraum zu legen. Um seine Expansionspolitik erfolgreich durchführen zu können, näherte sich Mussolini immer mehr dem nationalsozialistischen Deutschland (vgl. S. 118). Als 1936 in Spanien ein Bürgerkrieg ausbrach, nachdem General Franco gegen eine linke Regierung geputscht hatte, intervenierten Italien und Deutschland auf Francos Seite. Im Oktober 1936 vereinbarten beide eine enge Zusammenarbeit („Achse Berlin – Rom“), die 1939 zu einem Kriegsbündnis („Stahlpakt“) führte. Der italienische Faschismus wurde zum Vorbild für ähnliche rechtsradikale Bewegungen in Spanien, Portugal, Griechenland, Ungarn, Polen, Rumänien, Kroatien, der Slowakei, Belgien, Österreich – und Deutschland.

Der Duce Q2
Karikatur von Charles Girod aus dem „Eulenspiegel“, 1928.

Populismus

Der Begriff bezeichnet eine Politik, die sich an Stimmungen orientiert, die in der Bevölkerung weit verbreitet sind. Meist werden dabei aktuelle Probleme oder Unzufriedenheiten mit bestimmten Vorgängen oder Situationen aufgegriffen und mit volksnaher Rhetorik aufgeheizt. Populistische Politik bemüht sich nicht um sachliche Argumentation, sondern redet dem Volke nach dem Munde, um die Massen für sich zu gewinnen.

Q3 Fasces
Rutenbündel mit dem Beil, das Symbol der faschistischen Kampfbünde.

Q4 Faschistischer Terror

Der führende Sozialist Giacomo Matteotti schilderte 1921 in einer Rede vor dem Parlament in Rom das Muster, nach dem politische Gegner des Faschismus ausgeschaltet wurden. 1924 wurde Matteotti selbst von Faschisten ermordet:

Mitten in der Nacht, während die Bevölkerung schläft, kommen die Lastwagen mit Faschisten in den kleinen Dörfern an, natürlich von den Häuptern der lokalen Agrarier (Grundbesitzer) begleitet, immer von ihnen geführt, denn sonst wäre es nicht möglich, in der Dunkelheit, inmitten der weiten Landschaft, das Häuschen des Ligenführers (Gewerkschaftsführers) oder das kleine erbärmliche Arbeitsvermittlungsbüro auszumachen. Man nimmt vor einem Häuschen Aufstellung und es ertönt der Befehl: „Das Haus umzingeln!" Es sind zwanzig oder auch hundert Personen, mit Gewehren und Revolvern bewaffnet. Man ruft nach dem Ligenführer und befiehlt ihm herauszukommen. Wenn er keine Folge leistet, sagt man ihm: „;Wenn du nicht herunterkommst, verbrennen wir das Haus, deine Frau und deine Kinder." Der Ligenführer kommt herunter, wenn er die Tür öffnet, packt man ihn, bindet ihn, schleppt ihn auf den Lastwagen, man lässt ihn die unaussprechlichsten Martern erleiden, indem man so tut, als wolle man ihn totschlagen oder ertränken, dann lässt man ihn irgendwo im Felde liegen, nackt, an einen Baum gebunden. Wenn der Ligenführer (...) die Tür nicht öffnet und Waffen zu seiner Verteidigung gebraucht, dann wird er sofort ermordet, im Kampf von hundert gegen einen.

Zit. nach: E. Nolte, Der Faschismus. Von Mussolini zu Hitler. München 1968, S. 43f.

Q5 Das „Credo" (Glaubensbekenntnis) der italienischen Faschisten

1. Der Faschist, besonders der Milizsoldat, darf nicht an den ewigen Frieden glauben.
2. Strafen sind immer verdient.
3. Auch der Wachtposten vor dem Benzinfass dient dem Vaterland.
4. Der Kamerad ist dein Bruder: 1. weil er mit dir lebt, 2. weil er denkt und fühlt wie du.
5. Gewehr und Patronentasche sollen nicht während der Ruhezeit vernachlässigt, sondern für den Krieg bereitgehalten werden.
6. Sage niemals: Die Regierung zahlt's, denn du selbst bist es, der zahlt, und die Regierung hast du selbst gewollt und du trägst ihre Uniform.
7. Gehorsam ist der Gott der Heere, ohne ihn ist kein Soldat denkbar, wohl aber Unordnung und Niederlagen.
8. Mussolini hat immer Recht.
9. Der Freiwillige hat keine Vorrechte, wenn er nicht gehorcht.
10. Eines muss dir über allem stehen: das Leben des Duce.

Zit. nach: H. Wagenführ (Hg.), B. Mussolini: Der Geist des Faschismus. Ein Quellenwerk. München 1943, S. 451.

Q6 „Ein Imperium des Friedens"?

Mussolini zur Eroberung Abessiniens am 9. Mai 1936:

Italien hat endlich sein Imperium. Ein faschistisches Imperium, weil es die unzerstörbaren Zeichen für den Willen und die Macht des römischen Liktorenbündels trägt und weil es das Ziel darstellt, auf das die ebenso gewaltigen wie gebändigten Energien der jungen, kühnen italienischen Generation seit vierzehn Jahren hindrängten. Ein Imperium des Friedens; denn Italien will den Frieden für sich und für alle und entschließt sich nur dann zum Kriege, wenn es von feindlichen Mächten zum Krieg gezwungen wird. Ein Imperium der Kultur und der Menschlichkeit für alle Stämme Abessiniens. Es ist die Tradition Roms, die Völker, die es besiegt hat, an seinem Schicksal teilnehmen zu lassen.

Zit. nach: W. Kampmann, Der Faschismus in Italien. Stuttgart 1976, S. 40f.

Fragen und Anregungen

1. Erkläre, an welche Traditionen die Faschisten anknüpfen wollten (VT, Q1, 3 und 6).
2. Erläutere, was die Karikatur über die Herrschaft der Faschisten aussagen will (Q2).
3. Beschreibe die Methoden der Faschisten, die Macht zu erwerben und auszubauen (VT, Q4).
4. Stelle anhand des VT fest, welche Grundzüge des Faschismus sich in Q5 widerspiegeln.

2. Weichenstellung für die Diktatur in Deutschland

Q1 **Das Verhängnis**
Zeichnung von Paul A. Weber, 1932.

Q2 **Der 30. Januar 1933**
Gemälde von Arthur Kampf (Ausschnitt), 1938

Hoffnungen und Zustimmung

Als Reichspräsident Hindenburg am 30. Januar 1933 Adolf Hitler als Reichskanzler eingesetzt und mit der Regierungsbildung beauftragt hatte, schauten viele Deutsche mit großen Hoffnungen, aber auch mit Ängsten nach Berlin. Nicht alle vertrauten den neuen Machthabern, manche befürchteten das Ende der Demokratie, sie warnten vor Terror und Kriegsgefahr. Doch die Mehrheit schenkte der Wahlpropaganda der Nationalsozialisten Glauben. 1933 schien vielen Deutschen Hitler der richtige Mann zu sein, um die Arbeitslosigkeit zu beseitigen, die deutsche Wirtschaft entscheidend zu stärken, den Versailler Vertrag vollständig zu überwinden und Deutschland zu einstiger Größe zurückzuführen.

Ideologie der Nationalsozialisten: Rassenlehre …

Doch wodurch war der Nationalsozialismus angeblich in der Lage, alle Probleme besser zu bewältigen als andere? Auf welche Grundlagen stützte sich seine Politik? Eine geschlossene Weltanschauung besaß er nicht; vielmehr wurden unwissenschaftliche Vorstellungen und Vorurteile über die Entwicklung der Menschheit, der Völker und Nationen aufgegriffen und verkündet.
Einer der wichtigsten Grundpfeiler der nationalsozialistischen Denkweise war die Rassenlehre. Danach wurden die Menschen in höchst ungleiche Rassen eingeteilt: hochwertige, weniger wertvolle, aber noch kulturfähige, minderwertige und wertlose. Auf die oberste Stufe wurde die arische Rasse gestellt. Zu ihr rechnete man die germanischen Völker, insbesondere die Deutschen. Sie zeichneten sich angeblich dadurch aus, dass sie groß, blond und blauäugig, sowie tapfer, heldenhaft und opferbereit wären. Als wertlose Rasse und größter Gegensatz zu den Ariern wurden die Juden eingestuft. Sie waren angeblich Schuld an allem Übel der Welt. Sie galten als Drahtzieher des amerikanischen Weltkapitalismus ebenso wie des sowjetischen Weltbolschewismus. Ihnen wurde unterstellt, sie wollten die deutsche Kultur vernichten und die Weltherrschaft erringen.

… Sozialdarwinismus, Nationalismus …

In Anlehnung an die Lehre Darwins, dass es im Tierreich eine natürliche Auslese gibt und nur die Stärkeren überleben, wurde der Schluss gezogen, dass nur die höherwertigen Rassen im Lebenskampf bestehen würden. Alle anderen hätten sich entweder der Herrenrasse unterzuordnen oder müssten untergehen. Nach dieser Theorie des Sozialdarwinismus waren die Deutschen als Nation dazu bestimmt, über andere zu herrschen. In dieser Verbindung von Rassismus, Nationalismus

Im fernen Süden liegt das Land,
Wo einst der Juden Wiege stand.
Dorthin soll'n sie mit Frau und Kind
So schnell wie sie gekommen sind! –
Seht an das jammervolle Bild!
Die Juden garstig, frech und wild:
Den Abraham, den Salomon,
Den Blumenfeld, den Lewinson,
Rebekkchen mit Sohn Jonathan,
Dann Simon und auch Aaron Kahn –
Wie sie die Augen rollen
Und sich von dannen trollen....

Q3 „Die Juden sind unser Unglück"
Aus einem Kinderbuch von 1935.
Das Buch stammt aus dem Stürmer-Verlag, der seit 1923 unter Julius Streicher vor allem die Zeitschrift „Der Stürmer", ein Hetzblatt gegen die Juden, herausbrachte.
Die Worte im Bild lauten: „Einbahnstraße, Tempo, Tempo, Die Juden sind unser Unglück!"

Unter dem Bild steht in deutscher Schrift folgender Text:
„Im fernen Süden liegt das Land,
Wo einst der Juden Wiege stand.
Dorthin soll'n sie mit Frau und Kind
So schnell wie sie gekommen sind! –
Seht an das jammervolle Bild!
Die Juden garstig frech und wild:
Den Abraham, den Salomon,
Den Blumenfeld, den Lewinson,
Rebekkchen und Sohn Jonathan,
Dann Simon und auch Aaron Kahn –
Wie sie die Augen rollen
Und sich von dannen trollen ..."

und Sozialdarwinismus glaubten die Nationalsozialisten, eine Begründung dafür gefunden zu haben, dass sie das deutsche Volk in eine glorreiche Zukunft führen könnten – und viele glaubten nur zu gerne daran.

... und Lebensraumtheorie

Eng damit verbunden waren Versprechungen, den Deutschen mehr Lebensraum zu geben. Das hieß zum einem, sich für die Niederlage im Krieg zu revanchieren und die durch den Versailler Vertrag verlorenen Gebiete zurückzuholen, zum anderen aber, fremde Gebiete vor allem im Osten zu erobern. Gerechtfertigt wurde dies ebenfalls mit der Rassenlehre: Die im Osten lebenden slawischen Völker galten als minderwertig und somit der deutschen Herrenrasse untertan.

Hitler – der „Führer"

All diese ideologischen Grundgedanken hatte Hitler im Parteiprogramm der NSDAP sowie in dem während der Festungshaft 1924 in Landsberg entstandenen Buch „Mein Kampf" niedergeschrieben. Dabei hatte er vor allem auf Gedankengut zurückgegriffen, das er in seiner Jugend in Wien kennen gelernt hatte.
Hitler wurde 1889 in Braunau (Österreich) geboren. Nach dem Schulabschluss lebte er ohne Beruf in Linz und ab 1907 in Wien. Sein Versuch, ein Studium an der Wiener Kunstakademie zu beginnen, scheiterte. Zeitweise hielt er sich in Obdachlosenasylen und Männerheimen auf. In dieser Zeit las er viel, vor allem Schriften, die Fremdenhass, Antisemitismus und Rassismus ebenso verbreiteten wie überhöhten deutschen Nationalismus und die Idee, dass ein auserwählter Führer allen Deutschen eine glückliche Zukunft bringen werde.
In München trat er 1914 in das bayerische Heer ein und nahm am Weltkrieg teil. Nach Kriegsende schloss er sich der bis dahin unbedeutenden, aber stark antisemi-

Ergebnislose Haussuchung Q4

Karikatur aus der satirischen Zeitschrift „Simplicissimus", 1930. Der Karikaturist gibt seine Eindrücke über die Inhalte von „Mein Kampf" wieder.

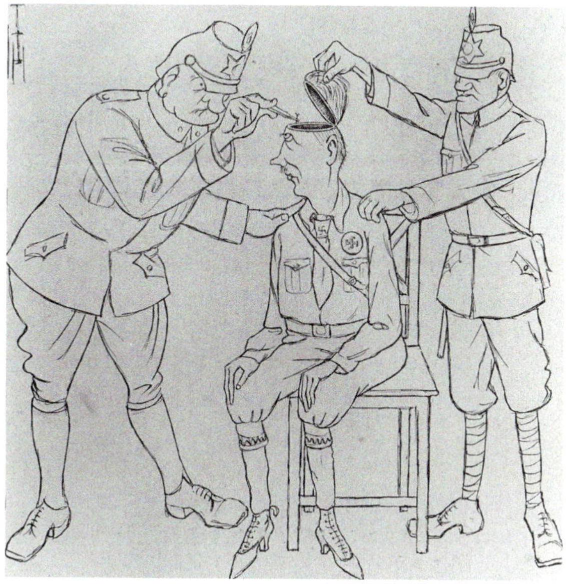

tischen Deutschen Arbeiterpartei an. Dank seines großen rhetorischen Talents und seiner charismatischen Wirkung auf Menschenmassen wurde er zum Propagandaobmann und trat in rascher Folge in öffentlichen Reden auf. Die 1920 in NSDAP umbenannte Partei verstand sich bald als „Hitlerbewegung" mit Hitler als Führer. Ab Mitte der 1920er Jahre gelang es Hitler mit seinen Angriffen gegen den Versailler Vertrag, gegen die Demokratie, gegen die Juden und die Kommunisten immer mehr Anhänger zu gewinnen. Denn er sprach damit das aus, was ohnehin die meisten dachten: Gegen Versailles war fast jeder Deutsche, für die Demokratie setzten sich nur wenige ein, der Antisemitismus hatte eine lange Tradition und die Juden waren als Sündenböcke für alles Unheil willkommen, Kommunisten wurden als Anhänger der Bolschewisten verachtet.

Zuspruch von (fast) allen Seiten

Nachdem Hitler zum Reichskanzler ernannt worden war, galt es für die Nationalsozialisten, nicht nur die Massen für sich zu gewinnen, sondern auch die führenden gesellschaftlichen Kräfte. Und auch hier zeigte sich, dass die weltanschaulichen Parolen des Nationalsozialismus ihre Wirkung nicht verfehlten.
Drohungen und später auch Maßnahmen gegen Kommunisten wurden von der breiten bürgerlichen Mittelschicht toleriert und akzeptiert. Denn sie fürchtete um ihr Eigentum und ihren gesellschaftlichen Status, sollten die Kommunisten an politischem Einfluss gewinnen. Dies galt in gleichem Maße für viele Großagrarier und Industrielle. Die Großagrarier vor allem im Osten versprachen sich andererseits Landgewinn durch die nationalsozialistischen Lebensraumparolen. Viele Industrielle fürchteten staatliche Eingriffe in die Wirtschaft und standen daher anfangs dem Nationalsozialismus abwartend gegenüber. Sie erhofften sich dann aber von den geplanten wirtschaftlichen Aufbaumaßnahmen eine deutliche Verbesserung ihrer eigenen Lage. Auch das Offizierskorps der Reichswehr ließ sich für die Nationalsozialisten gewinnen. Manche führenden Offiziere betrachteten zwar Hitler und die hohen nationalsozialistischen Funktionäre als Emporkömmlinge, sahen aber in der verkündeten Aufrüstungspolitik eine Chance, ihre Geltung, die sie in der Kaiserzeit innehatten, wiederzugewinnen.
Wo blieb der Widerspruch gegen die NS-Parolen? Die Masse der Bevölkerung sowie einflussreiche gesellschaftliche Kreise leisteten ihn nicht. Im Gegenteil: Gerade nach der Machtübernahme der Nationalsozialisten machten sich immer mehr deren Weltanschauung zu ihrer eigenen, um den neuen Machthabern gefällig zu sein und ihre persönliche Karriere zu fördern. Widerspruch blieb dem politischen Gegner wie z. B. der SPD, der KPD und den Gewerkschaften – sowie Vertretern der beiden Kirchen oder Einzelpersonen vorbehalten.

Hitler als Redner, 1934 Q5

Gestik und Mimik waren genau – z. B. vor einem Spiegel – einstudiert.

Antisemitismus in Deutschland

Du hast im Geschichtsunterricht bisher schon viele Textquellen kennen gelernt und interpretiert. Beim Thema Nationalsozialismus tauchen nun Texte auf, die sich von anderen durch ihren ideologischen Gehalt unterscheiden. Was bedeutet der Begriff Ideologie? Ursprünglich bezeichnete man damit Ideen oder Denkweisen, die ein System ergeben. Heute werden damit Vorstellungen und Denkweisen bezeichnet, die von bestimmten Interessen geprägt sind und daher vor allem durch Behauptungen eine verfälschende Sichtweise der Wirklichkeit darstellen. So können z. B. Wahlparolen ideologisch geprägt sein, wenn sie im Interesse einer Partei die wirklichen Sachverhalte durch bewusste Vereinfachungen oder Verdrehungen verfälscht darstellen. Eine ideologiekritische Untersuchung von Texten hat also das Ziel, die von bestimmten Interessen geleitete verfälschende Sichtweise der Wirklichkeit offen zu legen.

Q1 Auszüge aus Hitlers „Mein Kampf"

Menschliche Kultur und Zivilisation sind auf diesem Erdteil unzertrennlich gebunden an das Vorhandensein des Ariers. (...) Als Eroberer unterwarf er sich die niederen Menschen und regelte dann deren praktische Betätigung unter seinem Befehl, nach seinem Wollen und für seine Ziele. (...) Die Blutsvermischung und das dadurch bedingte Senken des Rassenniveaus ist die alleinige Ursache des Absterbens aller Kulturen. (...) Was nicht gute Rasse ist auf dieser Welt, ist Spreu. (...) Den gewaltigsten Gegensatz zum Arier bildet der Jude. (...) Er ist und bleibt der ewige Parasit (...), wo der auftritt, stirbt das Wirtsvolk nach kürzerer oder längerer Zeit ab. (...)
Das Vorgehen des Juden ist Folgendes:
Er macht sich an den Arbeiter heran, heuchelt Mitleid mit dessen Schicksal oder gar Empörung über dessen Los des Elends und der Armut, um auf diesem Wege das Vertrauen zu gewinnen. Er bemüht sich, alle die einzelnen tatsächlichen oder eingebildeten Härten seines Lebens zu studieren – und die Sehnsucht nach Änderung eines solchen Daseins zu erwecken. (...) So entsteht eine reine Handarbeiterbewegung unter jüdischer Führung, scheinbar darauf ausgehend, die Lage des Arbeiters zu verbessern, in Wahrheit aber die Versklavung und damit die Vernichtung aller nichtjüdischen Völker beabsichtigend. (...)
Die Internationalisierung unserer deutschen Wirtschaft, d. h. die Übernahme der deutschen Arbeitskraft in den Besitz der jüdischen Weltfinanz, lässt sich restlos nur durchführen in einem politisch bolschewistischen Staat. Soll die marxistische Kampftruppe des internationalen jüdischen Börsenkapitals aber dem deutschen Nationalstaat endgültig das Rückgrat brechen, so kann dies nur geschehen unter freundlicher Nachhilfe von außen. Frankreichs Armeen müssen deshalb das deutsche Staatsgebilde so lange berennen, bis das innen mürbe gewordene Reich der bolschewistischen Kampftruppe des internationalen Weltfinanzjudentums erliegt. So ist der Jude heute der große Hetzer zur restlosen Zerstörung Deutschlands. (...) Die Bolschewisierung Deutschlands, d. h. die Ausrottung der völkischen deutschen Intelligenz und die damit ermöglichte Anpassung der deutschen Arbeitskraft im Joche der jüdischen Weltfinanz, ist nur als Vorspiel gedacht für die Weiterverbreitung dieser jüdischen Welteroberungstendenz (...).

A. Hitler, Mein Kampf. S. 324 ff., 350 f., 702 f.

Q2 Der ewige Jude. Plakat zu einer Ausstellung, 1937.

Methodische Arbeitsschritte:

1. Stelle fest, welche Textaussagen ausschließlich Wertungen darstellen und überlege, was damit beim Leser erreicht werden soll.
2. Untersuche, welche Aussagen als Tatsachen bezeichnet werden können, die jeder Adressat anerkennen kann.
3. Stelle fest, welche Textstellen reine Behauptungen sind.
4. Lege dar, welche Schlussfolgerungen der Autor aus den jeweiligen Behauptungen zieht.
5. Erläutere, inwieweit die Schlussfolgerungen vom Leser nachvollzogen werden können oder nicht.
6. Erkläre, welche Interessen und Absichten der Autor mit seinen Schlussfolgerungen verfolgt.
7. Überlege, welche Wirkung er beim Leser mit seinen Aussagen erreichen will.
8. Formuliere in 2–3 Sätzen die ideologische Kernaussage des Textes.
9. Setze dich mit diesen Kernaussagen kritisch auseinander.

Q3 Vom Fluch der Natur beladen

Der folgende Text von Eugen Dühring aus dem Jahre 1881 zeigt die Einstellung zu den Juden im Kaiserreich:

Was den inzwischen erforderlichen Modus Vivendi [Form eines erträglichen Zusammenlebens] betrifft, so ist auf dem Fuße der Gleichheit kein andauerndes Zusammenleben mit den Juden möglich, weil der fragliche Stamm von Natur auf einer ungleichen und zwar erheblich tiefern Stufe der Begabung und Moralität steht. Hier kann auch kein geistiges Prinzip helfen; denn der Fehler ist physiologischer Art und liegt im Naturcharakter selbst. (...)

Die Juden sind nicht bloß schlecht ertragbar für andere, sondern auch für sich selbst und unter sich selbst. Der Einzelne ist sich seiner eigenen Natur mehr oder minder zur Last; die volle innere Ruhe bleibt dem Juden unbekannt. Er fühlt sich fortwährend nicht bloß im Widerspruch mit der besseren Menschheit, sondern auch mit sich selbst. (...) Das Judengemüt – wenn man überhaupt den edlen deutschen Ausdruck Gemüt für so etwas brauchen darf – befindet sich in rastloser Öde (...). Der ewige Jude, der nach dem Höheren und Edleren nicht aufzuschauen vermag und sich im Niedern durch die Weltgeschichte ruhelos treibt, ist das ganze Volk selbst, beladen mit dem Fluche der Natur, alle andern Völker heimzusuchen und selbst nicht sobald zur Ruhe einzugehen. Die Erlösung der Juden von sich selbst ist weltgeschichtlich durch ihren Reformator Christus vermittels eines geistigen Prinzips versucht worden, aber misslungen. (...) Was bleibt also übrig, als dass andere Völker an ihnen mit andern als geistigen Mitteln das vollziehen, was ihr eigener Reformator nicht vermocht hat, nämlich die Welt gründlich von allem Judenwesen zu erlösen. (...)

Die Mittel werden (...) politische, wirtschaftliche und gesellschaftliche sein müssen. Selbst ein mächtigeres Geistesprinzip als alle bisherigen Religionen würde als bloß geistige Macht den Judenstamm nicht erheblich zum Bessern verändern. Im Gegenteil würde die Aufnahme von Juden auch der besten Geistesgemeinschaft nur schädlich werden. (...)

Darum gibt es gegen sie auch nur eine einzige Politik, nämlich die der äußerlichen Einschränkung, Einpferchung und Abschließung.

Zit. nach: M. Görtemaker, Deutschland im 19. Jahrhundert. Entwicklungslinien. Bonn 1996, S. 271 f.

„Automobil, Patent Schmul. Billigster Betrieb! Gänzlich gefahrlos!". Karikatur, 1900. **Q4**

Fragen und Anregungen

1. Wende bei beiden Texten die methodischen Arbeitsschritte 1–9 an und arbeite Gemeinsamkeiten und Unterschiede der beiden Texte heraus.
2. Zeige auf, inwieweit sich die ideologischen Kernaussagen der Texte Q1 und 3 in den Bilder Q2 und 4 widerspiegeln.

Q6 „Sie konnten nicht widerstehen"
Karikatur von George Grosz, 1936.

Q7 Die NS-Parolen – nicht gelesen, nicht gehört, nicht gekannt?

Viele Deutsche haben nach dem Zweiten Weltkrieg immer wieder beteuert, sie hätten Hitlers „Mein Kampf" überhaupt nicht gelesen und seine Ziele daher nicht gekannt. Dabei machten auch andere führende Nationalsozialisten vor 1933 aus ihren grundsätzlichen Absichten öffentlich kein Hehl. Über das Verhältnis der NSDAP zur Demokratie schreibt Joseph Goebbels, der spätere Reichspropagandaleiter der NSDAP, 1928 in einem Leitartikel:

Wir gehen in den Reichstag hinein, um uns im Waffenarsenal der Demokratie mit deren eigenen Waffen zu versorgen. Wir werden Reichstagsabgeordnete, um die Weimarer Gesinnung mit ihrer eigenen Unterstützung lahm zu legen. Wenn die Demokratie so dumm ist, uns für diesen Bärendienst Freifahrkarten und Diäten zu geben, so ist es ihre eigene Sache (...) Uns ist jedes gesetzliche Mittel recht, den Zustand von heute zu revolutionieren. Wenn es uns gelingt, bei diesen Wahlen (1928) sechzig bis siebzig Agitatoren unserer Partei in die verschiedenen Parlamente hineinzustecken, so wird der Staat selbst in Zukunft unsere Kampfapparate ausstatten und besolden. (...) Wir kommen als Feinde! Wie der Wolf in die Schafherde einbricht, so kommen wir. Jetzt seid ihr nicht mehr unter euch!

Zit. nach: W. Michalka u. G. Niedhart (Hg.), Die ungeliebte Republik. München 1981, S. 251.

Q8 Antisemitische Bestseller

Rassistische Bücher waren oft Bestseller. Über eine Million Deutsche lasen zwischen 1917 und 1922 ein Buch mit dem Titel „Die Sünde wider das Blut". Darin geht es u.a. auch um die „Verunreinigung" der deutschen Frauen durch Juden. Wie sich das die Nationalsozialisten vorstellten, erläutert Julius Streicher:

Artfremdes Eiweiß ist der Same eines Mannes anderer Rasse. Der männliche Same wird bei der Begattung ganz oder teilweise von dem weiblichen Mutterboden aufgesaugt und geht so in das Blut über. Ein einziger Beischlaf eines Juden bei einer arischen Frau genügt um deren Blut für immer zu vergiften. Sie hat mit dem artfremden Eiweiß auch die fremde Seele in sich aufgenommen. Sie kann nie mehr, auch wenn sie einen arischen Mann heiratet, rein arische Kinder bekommen, sondern nur Bastarde, in deren Brust zwei Seelen wohnen und denen man körperlich die Mischrasse ansieht. Auch deren Kinder werden wieder Mischlinge, das heißt hässliche Menschen von unstetem Charakter und mit Neigungen zu körperlichen Leiden.

Zit. nach: P.-J. Wulf, Das Dritte Reich und seine Denker. Berlin 1959, S. 424.

Das Firmenschild der NSDAP Q9
Karikatur von Jacobus Belsen aus „Der Wahre Jakob", 1931.

Q10 „Eine Projektion der eigenen Absichten?"

Der Psychoanalytiker Rudolph M. Loewenstein, der während der NS-Zeit aus Deutschland emigrieren musste, schrieb 1952 über den nationalsozialistischen Antisemitismus:

Moellendorf (dt. Psychoanalytker) hat gesagt, die von Hitler gegen die Juden vorgebrachten Beschuldigungen seien nur eine Projektion seiner eigenen Absichten gewesen. Der Israel zugeschriebene Ehrgeiz, Herr zu sein und alle Völker in die Sklaverei zu führen, war das nicht in Wirklichkeit der offen proklamierte Ehrgeiz des Nationalsozialismus, der die „deutsche Rasse" als „Herrenrasse" betrachtet, deren Recht es ist, die anderen Völker „minderwertiger Rasse" zu beherrschen? Die „finstere Allianz zwischen dem Kapital und der Revolution" – ist dies nicht eine bei der deutschen Propaganda besonders beliebte Methode, die den Besitzenden und den Proletariern verspricht, gegen ihre Feinde zu kämpfen? Was die Beschuldigungen gegen die Juden betrifft, Kriegstreiber zu sein, den Krieg vorzubereiten und ihn zu provozieren – hat nicht das nationalsozialistische Deutschland, während es diese Beschuldigungen vorbrachte, eine fürchterliche Kriegsmaschine geschaffen?
Solche dem andern angehängten Absichten können glauben machen, man verurteile sie und denke selbst nicht daran, ebenso zu handeln. Dieses Verhalten, das auf so frappierende Weise dem Verhalten des „verfolgten Verfolgers" ähnelt, war bei vielen Deutschen durch den Umstand bestimmt, daß sie sich in einem Zustand legitimer Verteidigung zu befinden glaubten und daher das mit ihrer eigenen Aggressivität zusammenhängende „Schuldgefühl" abbauten.

R. M. Loewenstein, Psychoanalyse des Antisemitismus. Frankfurt/a. M. 1968, S. 56.

Q11 Die Drohung des Untermenschen
Nationalsozialistisches Schaubild.
Schautafeln dieser Art waren weit verbreitet und sollten die Ausgrenzung bestimmter Bevölkerungsteile rechtfertigen.

Fragen und Anregungen

1. Paul A. Weber zeichnete das Bild „Das Verhängnis" bereits 1932. Überlege, welche Elemente des Nationalsozialismus ihn schon zu diesem Zeitpunkt zu seiner Vision gebracht haben könnten (VT, Q1, 2).
2. Beschreibe das Bild Q3 genau und erläutere, wie bereits Kleinkinder die Juden sehen sollten. Warum wird im Text von einem „jammervollen Bild" gesprochen?
3. Formuliere, was die Karikaturisten mit Q4, Q6 und 9 ausdrücken wollten.
4. Überlege, welche Wirkung auf die Zuhörer durch Hitlers Gestik und Mimik erzielt werden sollte (Q5).
5. Suche Gründe dafür, warum Aussagen der NSDAP wie die in Q7 in der Bevölkerung vielfach nicht abgelehnt wurden. Beachte den Zeitpunkt der Veröffentlichung.
6. Überlege, warum rassistische Bücher mit Inhalten wie Q8 zu Bestsellern werden konnten.
7. Fasse zusammen, wie der Psychoanalytiker Loewenstein den Antisemitismus der Nationalsozialisten zu erklären versucht (Q10).
8. Erläutere die Aussage des Schaubildes Q11. Stelle fest, zu welchen Schlussfolgerungen der Betrachter verleitet werden sollte. Stelle einen Zusammenhang mit Q8 her.

3. Der Weg in die Diktatur

27. Februar 1933	Der Reichstag brennt.
28. Februar 1933	Die Reichstagsbrandverordnung setzt die Grundrechte außer Kraft.
23. März 1933	Der Reichstag hebt mit dem „Ermächtigungsgesetz" die Gewaltenteilung auf.
April 1933	Die Länder werden „gleichgeschaltet".
2. Mai 1933	Die Gewerkschaften werden aufgelöst.
Juni/Juli 1933	Die SPD wird verboten, DNVP, DVP, Zentrum und Bayerische Volkspartei lösen sich selbst auf. Ein Gesetz verbietet die Neubildung von Parteien. SPD und KPD arbeiten im Exil.
30. Juni 1934	Hitler lässt hohe SA-Führer und politische Gegner ermorden.
2. August 1934	Nach Hindenburgs Tod vereint Hitler die Ämter des Reichspräsidenten und des Reichskanzlers. Die Wehrmacht wird auf Hitler persönlich vereidigt.

Das Hakenkreuz Q1
Karikatur aus „Der wahre Jakob", Anfang 1933.

Das Ende des Rechtsstaates

Als Reichskanzler setzte Hitler für den 5. März 1933 eine Neuwahl des Reichstags an, um auf dem schnellsten Wege eine deutliche Mehrheit der Abgeordneten zu erhalten. Eine Woche vor dem Wahltermin wurde in Berlin das Reichstagsgebäude in Brand gesteckt. Bis heute streiten die Historiker, wer den Brand gelegt hat. Verurteilt wurde der holländische Kommunist van der Lubbe. Die Nationalsozialisten jedenfalls nutzten die Situation und sprachen von einer großen kommunistischen Verschwörung. Bereits einen Tag nach dem nächtlichen Brand legte Innenminister Frick (NSDAP) dem gesamten Kabinett, dem nur drei NSDAP-Minister angehörten, die „Verordnung zum Schutz von Volk und Staat" (Reichstagsbrandverordnung) vor. Das Kabinett stimmte ohne Gegenstimme zu, der Reichspräsident unterzeichnete es ohne Zögern. Damit waren die verfassungsmäßigen Grundrechte aufgehoben, jeder Deutsche konnte nun scheinbar legal ohne richterliche Verfügung und beliebig lange in Haft gehalten werden. In den nächsten Tagen wurden 40 000 Personen verhaftet. Deutschland hatte aufgehört, ein Rechtsstaat zu sein.

Q2 **Mitglieder der KPD und SPD nach der Verhaftung, 1933**

Die Demokratie wird abgeschafft

Trotz Propaganda und Unterdrückung brachte die Reichstagswahl am 5. März 1933 der NSDAP nicht die absolute Mehrheit. Sie erhielt 43,9 % der Stimmen und hatte auch zusammen mit der DNVP (8 %) noch nicht die für Verfassungsänderungen notwendige Zweidrittelmehrheit. Noch war Hitlers Macht nicht unumschränkt. Die Nationalsozialisten wollten deshalb den Reichstag dazu bringen, selbst auf sein

Der „Tag von Potsdam" Q3

Reichskanzler und Reichspräsident reichen sich die Hände. Diese wohl eher zufällige Aufnahme wurde später als Propagandapostkarte weit verbreitet.

Gesetzgebungsrecht zu verzichten und dieses auf vier Jahre der Regierung zu übertragen. Dazu brauchten sie allerdings eine Zweidrittelmehrheit im Reichstag – ein scheinbar unmögliches Vorhaben, das aber dennoch gelang.
Am 21. März wurde der neue Reichstag ganz bewusst in der Potsdamer Garnisonskirche eröffnet. Diese Kirche war ein Sinnbild der Macht und Größe Preußens in der Zeit des Deutschen Kaiserreiches. Diese Erinnerung an die „glorreiche" Kaiserzeit kam an: Bürgerlich-konservative Kreise zeigten sich ebenso beeindruckt wie Vertreter des Adels vor allem im Offizierskorps der Reichswehr und ein Großteil der sogenannten kleinen Leute.
Zwei Tage nach diesem „Tag von Potsdam" wurde mit der notwendigen Zweidrittelmehrheit das „Gesetz zur Behebung der Not von Volk und Reich" verabschiedet. Mit diesem „Ermächtigungsgesetz" übertrug der Reichstag der Regierung Hitler das Recht, Gesetze ohne Zustimmung des Parlaments zu erlassen. Versprechungen und Zusicherungen an ihre jeweiligen Interessen sowie persönliche Bedrohungen hatten fast jeden Widerspruch ausgeschaltet. Als einzige Partei lehnte die SPD das „Ermächtigungsgesetz" ab. Den 81 KPD-Abgeordneten waren inzwischen die Mandate aberkannt worden, die meisten saßen in Haft.

Die „Gleichschaltung" beginnt

Nun hatten die Nationalsozialisten die Möglichkeit, ihre Macht auszubauen. Die „Gleichschaltung" begann: Der noch vorhandene Föderalismus wurde beseitigt, die Länderregierungen durch nationalsozialistische Länderkabinette ersetzt. In den Gemeinden kontrollierten Nationalsozialisten die Bürgermeister oder verdrängten sie. Die politischen Parteien mussten sich auflösen. An den Schulen und Hochschulen wurden missliebige Beamte aus ihren Ämtern entfernt. Gewerkschaften und Arbeitgeberverbände mussten sich in der nationalsozialistischen „Deutschen Arbeitsfront" (DAF) zwangsvereinigen. Vereine und Verbände außerhalb der nationalsozialistischen Formationen waren verboten. Presse, Rundfunk, Film, Kunst und Kulturleben wurden zu Werkzeugen der NS-Propaganda umfunktioniert.
Der Prozess der „Gleichschaltung" verlief häufig unter Drohungen und Gewalt, für immer mehr Deutsche brauchte es aber weder Propaganda oder Einschüchterung, um sie für den Nationalsozialismus zu gewinnen. Zunehmend wuchs die Zahl derjenigen, die den „Zug der Zeit" nicht verpassen wollten und freiwillig zu willfährigen Helfern Hitlers wurden. Viele traten nun in die NSDAP ein und die Zahl derjenigen wuchs, die ohne jeden Befehl von oben den „Führerwillen" erfüllen wollten und danach handelten. Dazu zählten Institutionen, Vereine und Verbände ebenso wie Bürgermeister, Lehrer und Beamte oder Professoren, Künstler und sogar hohe kirchliche Würdenträger. Verblendeter Idealismus und karriere- bzw. vorteilsorientierter Opportunismus gingen dabei Hand in Hand.

Mord in den eigenen Reihen

Eine Gefahr für Hitlers Machtposition ging also nicht von der Bevölkerung aus, eher schon von den eigenen Reihen. Die SA unter Ernst Röhm zeigte sich über die Verteilung der Macht im Staate mehr als enttäuscht und forderte offen mehr staatliche

Führungspositionen für sich. Röhm wollte vor allem seine SA mit der Reichswehr zu einem „revolutionären Volksheer" unter eigener Führung verschmelzen. Dagegen wehrte sich die Führung der Reichswehr, deren fachliches Können die Nationalsozialisten für ihre Aufrüstungspläne brauchten. Gegen Röhms Pläne waren neben Hitler die führenden Nationalsozialisten. Gemeinsam beschlossen sie die Ausschaltung von Röhm und der SA-Führung. In Bad Wiessee wurde Röhm mit seinen engsten Mitarbeitern am 30. Juni 1934 verhaftet und ohne Prozess durch ein SS-Kommando in München erschossen. Dasselbe Schicksal erfuhren auch alte Gegner Hitlers. Den Mord an insgesamt fast 400 Personen bezeichneten die Nationalsozialisten nachträglich als Staatsnotwehr, die einem Putsch Röhms zuvorgekommen sei. Sie rechtfertigten das Vorgehen durch ein nachträgliches Gesetz und Hitler beanspruchte „des deutschen Volkes oberster Gerichtsherr" zu sein.

Nach Hindenburgs Tod – die unumschränkte Diktatur

Als Reichspräsident Hindenburg am 2. August 1934 starb, machte Hitler sich selbst als „Führer und Reichskanzler" zum Staatsoberhaupt, womit er den Oberbefehl über die Wehrmacht übernahm. Die Reichswehr leistete nun einen persönlichen Eid auf den Führer. Was später für die Kriegsführung und die Widerstandsbewegung so fatale Folgen haben sollte, war ein freiwilliges Angebot der Reichswehrführung. Hitler hatte nun die Ämter des Parteiführers, des Reichskanzlers, des Staatsoberhauptes und des Oberbefehlshabers der Wehrmacht inne. Damit besaß er die unumschränkte Macht in Deutschland.

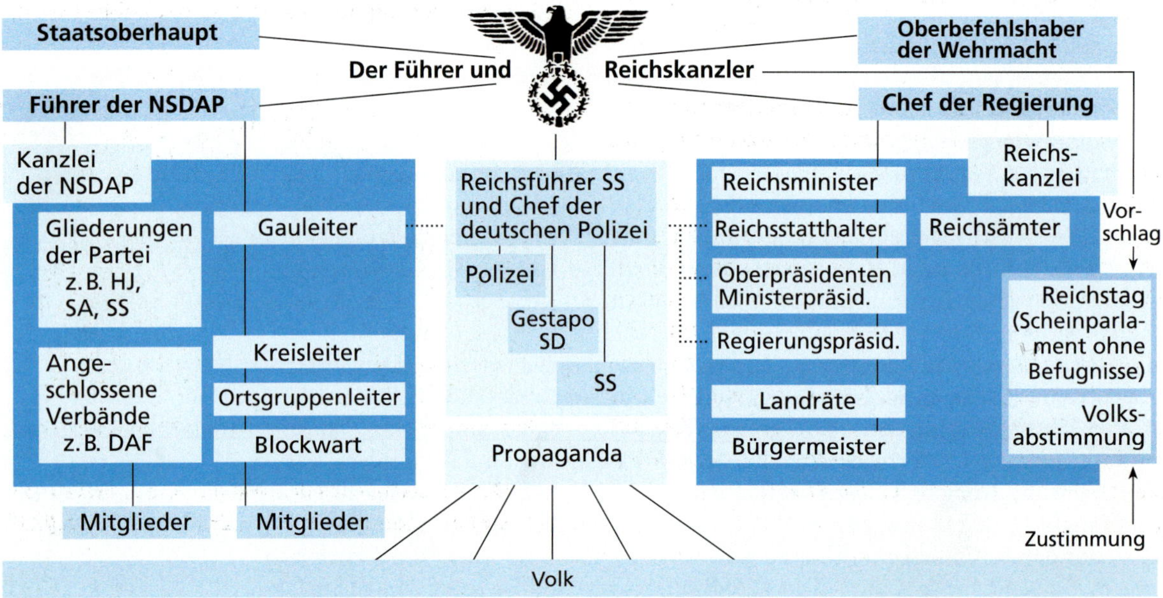

D1 Das Herrschaftssystem der Nationalsozialisten
Die Doppelung von Ämtern führte zwar zu einer oft unübersichtlichen Überschneidung der Aufgaben und Machtbereiche, die Beibehaltung der alten Instanzen wirkte aber beruhigend auf die Bevölkerung – und Hitler hatte als „Führer und Reichskanzler" sowieso absolute Macht über alle Entscheidungen. Dazu kam, dass die Macht der Parteiämter (Gauleiter, Kreisleiter, Ortsgruppenleiter) immer mehr gegenüber den alten Ämtern (Länderregierungen, Landräten, Bürgermeistern) zunahm. Deutlich wird dies vor allem beim Gauleiter. Dieser stand ursprünglich nur an der Spitze der im ganzen Reich regional in Gaue eingeteilten NSDAP. Ab 1934 wurden die Gauleiter von Hitler zu Reichsstatthaltern ernannt und bildeten damit als ständige Vertreter des Führers dessen Aufsichtsorgane über die Landesregierungen.

Q4 „… die Möglichkeit einer ruhigen Entwicklung“?

Aus der Regierungserklärung Hitlers vor der Abstimmung zum „Ermächtigungsgesetz“:

Die Reichsregierung beabsichtigt (…) nicht, die Länder aufzuheben. Wohl aber wird sie diejenigen Maßnahmen treffen, die von nun ab und für immer eine Gleichmäßigkeit der politischen Intentionen im Reich und den Ländern gewährleisten (…) Es würde dem Sinn der nationalen Erhebung widersprechen, (…) wollte die Regierung sich für ihre Maßnahmen von Fall zu Fall die Genehmigung des Reichstages erhandeln oder erbitten. Die Regierung wird dabei nicht von der Absicht getrieben, den Reichstag als solchen aufzuheben, im Gegenteil, sie behält sich auch in Zukunft vor, ihn von Zeit zu Zeit über ihre Maßnahmen zu unterrichten oder aus bestimmten Gründen, wenn zweckmäßig, auch seine Zustimmung einzuholen (…) Sie bietet den Parteien des Reichstags die Möglichkeit einer ruhigen Entwicklung (…) Mögen Sie, meine Herren, nunmehr selbst die Entscheidung treffen über Frieden oder Krieg.

Dokumente der Deutschen Politik und Geschichte von 1848 bis zur Gegenwart. IV. Bd.: Die Zeit der nationalsozialistischen Diktatur 1933–1945, Aufbau und Entwicklung 1933–1938. Berlin u. München o.J., S. 29 ff.

Q5 „Freiheit und Leben kann man uns nehmen …“

Der Abgeordnete Wels begründet die Ablehnung des Ermächtigungsgesetzes durch die SPD:

Freiheit und Leben kann man uns nehmen, die Ehre nicht. Nach den Verfolgungen, die die Sozialdemokratische Partei in der letzten Zeit erfahren hat, wird billigerweise niemand von ihr verlangen oder erwarten können, dass sie für das hier eingebrachte Ermächtigungsgesetz stimmt. Die Wahlen vom 5. März haben den Regierungsparteien die Mehrheit gebracht und damit die Möglichkeit gegeben, streng nach Wortlaut und Sinn der Verfassung zu regieren. Wo diese Möglichkeit besteht, besteht auch die Pflicht.

ebd.

Q6 Das „Gesetz zur Behebung der Not von Volk und Staat“ (Ermächtigungsgesetz), 24. März 1933:

Artikel 1. Reichsgesetze können außer in dem in der Reichsverfassung vorgesehenen Verfahren auch durch die Reichsregierung beschlossen werden. (…)

Artikel 2. Die von der Reichsregierung beschlossenen Reichsgesetze können von der Reichsverfassung abweichen, soweit sie nicht die Einrichtung des Reichstags und des Reichsrats als solche zum Gegenstand haben. Die Rechte des Reichspräsidenten bleiben unberührt.

Artikel 3. Die von der Reichsregierung beschlossenen Reichsgesetze werden vom Reichskanzler ausgefertigt und im Reichsgesetzblatt verkündet. (…)

Artikel 4. Verträge des Reiches mit fremden Staaten, die sich auf Gegenstände der Reichsgesetzgebung beziehen, bedürfen für die Dauer der Geltung dieser Gesetze nicht der Zustimmung der an der Gesetzgebung beteiligten Körperschaften. Die Reichsregierung erlässt die zur Durchführung dieser Verträge erforderlichen Vorschriften.

Artikel 5. Dieses Gesetz tritt mit dem Tage seiner Verkündung in Kraft. Es tritt mit dem 1. April 1937 außer Kraft, es tritt ferner außer Kraft, wenn die gegenwärtige Reichsregierung durch eine andere abgelöst wird.

ebd., S. 40.

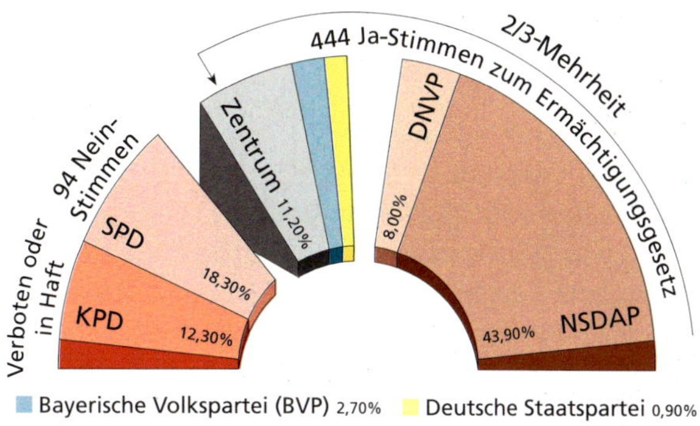

D2 Der Reichstag nach den Wahlen vom 5. März 1933 und die Abstimmung zum „Ermächtigungsgesetz“

Fragen und Anregungen

1. Deute die Karikatur Q1.
2. Erläutere, welche Folgen der Reichstagsbrand für den laufenden Wahlkampf und die Abschaffung der Demokratie hatte (VT, Q2).
3. Erkläre die propagandistische Wirkung des „Tages von Potsdam“ (VT, Q3).
4. Stelle zusammen, welche demokratischen Grundlagen der Weimarer Verfassung durch die Nationalsozialisten zerstört wurden. Ordne jeweils die entsprechenden Ereignisse zu, die dazu führten (VT, D1 und 2, Q4 und 6).
5. Erläutere anhand von D1, wie Staats- und Parteiämter miteinander konkurrierten. Lege dar, wie sich dies auf die Macht der NSDAP auswirkte.
6. Vergleiche Q4 und 5. Welche Haltung zur Weimarer Verfassung wird jeweils deutlich?

Wie nahmen die Menschen das „Neue Deutschland" wahr?

Du hast bereits erfahren, was viele Deutsche von der Machtübernahme der Nationalsozialisten erhofften. Auf den folgenden zwei Seiten kannst du herausfinden, wie Menschen im In- und Ausland die ersten Jahren der Regierung der Nationalsozialisten wahrgenommen haben, wie sie sich dazu äußerten beziehungsweise wie sie darauf reagierten.

Q1 Ernsthafte Depressionen ...

Der amerikanische Journalist William L. Shirer schreibt in seinem Tagebuch:

Berlin, 2. September

Durchlebe ernsthafte Depressionen. Ich vermisse das alte Berlin der Weimarer Republik, die sorgenfreie, emanzipierte, zivilisierte Luft; die stupsnäsigen jungen Frauen mit ihrem Bubikopf und die jungen Männer mit kurzem oder langem Haar – das machte keinen Unterschied –, die die ganze Nacht mit einem zusammensaßen und voller Intelligenz und Hingebung diskutierten. Mich zermürben die dauernden Heil-Hitler-Rufe, das Zusammenklappen der Hacken und die Aufmärsche der SA-Braunhemden oder der schwarzgekleideten SS-Abteilungen in den Straßen (...) Wir haben einige Spaziergänge unternommen, schon zweimal mussten wir in Geschäfte flüchten, um der Alternative auszuweichen, entweder die Standarten vorbeiziehender SA oder SS-Bataillone grüßen zu müssen oder eventuell dafür Schläge zu beziehen, dass man dies nicht tut. (...)

Nürnberg, 4. September 1934

Ich erblickte Hitler zum ersten Mal, als er an unserem Hotel, dem Württemberger Hof, vorbeifuhr in Richtung auf den Deutschen Hof, sein Stammhotel, das für ihn umgebaut worden ist. Unbeholfen hielt er seinen Hut mit der linken Hand fest, während er im offenen Wagen stand und den trunkenen Willkommensjubel der Massen mit dem etwas kraftlosen Nazigruß seines rechten Arms erwiderte. Er war mit einem abgetragen erscheinenden Gabardine-Trenchcoat bekleidet, sein Gesicht zeigte keinen besonderen Ausdruck – ich hatte es viel stärker erwartet –, und ich konnte bei meinem Leben nicht verstehen, welche verborgenen Kräfte er unzweifelhaft in der hysterischen Menge weckte, die ihn so frenetisch begrüßte.

W. L. Shirer, Berliner Tagebuch, Aufzeichnungen 1934–1941. Leipzig/Weimar 1991, S. 21 ff.

Q2 „Er ist der George Washington Deutschlands ..."

Lloyd George (seit 1890 liberaler englischer Unterhausabgeordneter, Premierminister 1916–1922) im „Daily Express" vom 17. September 1936:

Ich bin eben von einem Besuch in Deutschland zurückgekehrt. Ich habe jetzt den berühmten deutschen „Führer" gesehen und auch etliches von dem großen Wechsel, den er herbeigeführt hat. Was immer man von seinen Methoden halten mag – es sind bestimmt nicht die eines parlamentarischen Landes –, es besteht kein Zweifel, dass er einen wunderbaren Wandel im Denken des Volkes herbeigeführt hat.

Zum ersten Mal nach dem Krieg herrscht ein allgemeines Gefühl der Sicherheit. Die Menschen sind fröhlicher. Über das ganze Land verbreitet sich die Stimmung allgemeiner Freude. Es ist ein glückliches Deutschland. Diesen Wandel hat ein Mann vollbracht. Er ist der geborene Menschenführer. (...)

Er ist gegen Kritik immun wie ein König in einem monarchistischen Staat. Er ist noch mehr. Er ist der George Washington Deutschlands, der Mann, der seinem Land die Unabhängigkeit von allen Bedrückern gewann.

Die Aufrichtung einer deutschen Hegemonie in Europa, Ziel und Traum des alten Militarismus vor dem Krieg, liegt nicht einmal am Horizont des Nationalsozialismus. Deutschlands Bereitschaft zu einer Invasion in Russland ist nicht größer als die zu einer militärischen Expedition auf den Mond.

Zit. nach: P. W. Fabry, Mutmaßungen über Hitler. Urteile von Zeitgenossen. Königstein/Ts. 1979, S. 216 f.

Berliner Werftarbeiter „begrüßen" den Oberbefehlshaber der Luftwaffe Hermann Göring Q3
Foto, 1938.

Q4 Mit Mitgliedsbuch und braunem Hemd

Der Sozialist Ernst Niekisch, Widerständler und Schriftsteller, schreibt 1935:

Irgendwelche untergeordneten Organe oder Angestellte zogen plötzlich ihr nationalsozialistisches Mitgliedsbuch, das sie bisher sorgfältig verborgen gehabt hatten, aus der Tasche und trumpften damit auf; zuweilen war es der Portier, der sich überraschend als Vertrauensmann der nationalen Revolution entpuppte und sich über Nacht zum wichtigsten und ersten Mann emporschwang. Das Mitgliedsbuch und das braune Hemd waren Ausweise, durch welche sich die Inhaber befugt hielten, nach den Zügeln zu greifen und die Leitung zu übernehmen. Der Wille der Wähler, der bisher in der Zusammensetzung des Parlaments seinen Ausdruck gefunden hatte, galt nichts mehr, die Persönlichkeiten ihres Vertrauens räumten das Feld. Das Sprachrohr des Volkswillens war nur noch der Mann mit dem Mitgliedsbuch oder mit dem Braunhemd. (…)

E. Niekisch, Das Reich der niederen Dämonen. Hamburg 1953, S. 131 ff.

Q5 „… im Interesse meiner Frau und meines Kindes"

Ein Sozialdemokrat begründet im März 1933 seinen Parteiaustritt:

Gemäß § 9 des Organisationsstatuts erkläre ich hiermit meinen sowie auch meiner Frau Austritt mit sofortiger Wirkung …

Als Behördenangestellter stehe ich vor einem Scheideweg. Einerseits sehe ich, wie sich mit Sicherheit bei meinem Arbeitgeber, dem Reich, die Tendenz durchsetzt, diejenigen Arbeitskräfte, die regierungsfeindlichen Vereinigungen angehören, nicht mehr zu dulden. Auf der anderen Seite steht die Treue zur Partei. Leider sehe ich keine andere Möglichkeit als meinen Austritt. Steht doch die Existenz meiner Familie auf dem Spiele. Sollte dennoch das Los der Arbeitslosigkeit nicht abzuwenden sein, das aus eigener Anschauung sehr hart sein kann, so brauche ich mir nicht vorzuwerfen, nicht alles getan zu haben im Interesse meiner Frau und meines Kindes.

Zit. nach: K. Zentner, Illustrierte Geschichte des Dritten Reiches. München 1965, S. 139.

Q6 Werbung für Färbemittel „Nationalbraun", 1933

Q7 Mainzer Fastnacht, 1934

Der Präsident des Mainzer Karneval-Vereins:

Alles ist heut umgestaltet / Alles ist heut gleichgeschaltet: / Zweckverbände, große, kleine / Turn-, Gesang- und Skatvereine, / Ziegenzucht und Bullenhaltung, / Polizei und Stadtverwaltung. / Alles ist heut solidarisch, / Bis zur Urgroßmutter arisch. / Und seit 52 Wochen / Uni-braun bis auf die Knochen.

Zit. nach: K. Zentner, Illustrierte Geschichte des Widerstandes in Deutschland und Europa 1933–1945. München 1966, S. 102.

Fragen und Anregungen

1. Q3 war als Propagandaaufnahme gedacht, wurde aber zurückgezogen. Finde Gründe dafür. Beachte Haltung, Gestik und Mimik der Arbeiter. Vergleiche mit S. 90, Q6.
2. Vergleiche Q6 mit Q4 und 5. Welche Doppeldeutigkeit kannst du in Q6 erkennen?
3. Formuliere die Kernaussagen von Q1 und 2. Erläutere, welche Motive für die jeweiligen Reaktionen bzw. Haltungen ausschlaggebend waren.
4. Überlege, warum sich gerade im Karneval bestimmte politische Stimmungen der Bevölkerung ausdrücken können (Q7).

Geschichtsdarstellungen entschlüsseln

Ihr wisst, dass Vergangenheit und Geschichte nicht dasselbe sind: Vergangenheit ist ein für allemal vorbei. Um sich aber eine Vorstellung von ihr zu machen, suchen Historikerinnen und Historiker in den unterschiedlichsten Quellen nach ihren Spuren. Sie entlocken ihnen Informationen, untersuchen sie im Zusammenhang des historischen Geschehens und fügen sie zu Darstellungen zusammen, die wir dann als Geschichte bezeichnen. Gleichzeitig unterbreiten sie den Leserinnen und Lesern ihr Urteil über dieses Geschehen. So verhält es sich auch mit der Gleichschaltung im Nationalsozialismus. Eure Aufgabe ist es, eine solche Darstellung für Schüler aus dem Jahr 1943 zu entschlüsseln.

Darüber hinaus findet Ihr Quellen aus der Zeit des Nationalsozialismus sowie Meinungen von Autoren der heutigen Zeit, welche ihr auf ihre Aussagekraft zur Gleichschaltung prüfen sollt. Schließlich schreibt Ihr selbst eine Geschichte über die Darstellung der Gleichschaltung in Geschichtsbüchern. Für die Leserinnen und Leser ist es dabei wichtig zu erfahren, wie ihr die vorliegenden Darstellungen beurteilt.

Q1 Jetzige Diesterweg-Schule Wurzen, Dompfalz 1938

Q2 Ein Wunsch ist in Erfüllung gegangen?

Aus einem Geschichtslehrbuch aus dem Jahre 1943 zur Gleichschaltung:

Aus Zerrissenheit wird Einheit. Ein Reich
Führer – Gefolgschaft – Volksgemeinschaft – Rasse.
Auf diesen erprobten Pfeilern deutsch-germanischer Geschichte erhebt sich der Neubau des Reiches.
Fort mit den Parteien! Das war die erste Aufgabe. Seht diesen Wahlzettel, aus ihm sollen sich die Deutschen noch 1932 eine Partei ihres Vertrauens heraussuchen! Das konnte nur Enttäuschungen geben, bis der Führer sie alle auflöste.
Nun gibt es nur noch eine Partei, die Nationalsozialistische Deutsche Arbeiterpartei. Ihr und ihrem Führer gehört das Vertrauen des deutschen Volkes.
Fort mit den Sonderechten der Länder! Das war die zweite Aufgabe. „Die Entscheidung trifft ein Mann!" Das war der Wille des Führers.
Dem Ermächtigungsgesetz folgte ein vorläufiges Gesetz zur Gleichschaltung der Länder mit dem Reich. Von nun an hörte das Gegeneinanderregieren der Landesregierungen auf. Durch das Reichsstatthaltergesetz wurden als Vertreter der Reichsregierung in den Ländern Reichsstatthalter eingesetzt. Sie wachten darüber, dass die Richtlinien der Reichsregierung auch von den noch bestehenden Landesregierungen beachtet werden, bis endlich, am Jahrestage der Machtübernahme, kurz und klar bestimmt wurde: „Die Volksvertretungen der Länder werden aufgehoben. Die Hoheitsrechte der Länder gehen auf das Reich über. Die Landesregierungen unterstehen der Reichsregierung." Im Gesetz zur Sicherung der Einheit von Partei und Staat legte der Führer fest, dass im nationalsozialistischen Staat nur nach nationalsozialistischen Grundsätzen regiert wird.
Nun liegt alle Macht in der Hand des Führers. Ihm sind alle Behörden des Reiches verantwortlich. „Der Führer aber erkennt als oberste Stelle wieder das gesamte deutsche Volk an, dem zu dienen wir uns alle verpflichtet und verantwortlich fühlen." Darum fragt der Führer bei ganz großen Gelegenheiten in einer Volksabstimmung das ganze Volk. Und das Volk hat ihm immer einstimmiger entgegengerufen: „Ja! Führer, wir folgen dir!"
Nachdem auch die Gemeindeverwaltungen nach den gleichen Grundsätzen eingerichtet wurden, war das Haus des deutschen Volkes erbaut. Sichtbares Zeichen des Neubaues wurde nach dem Reichsflaggengesetz von 1935 die Hakenkreuzflagge. Endlich ist der zweitausendjährige Wunsch des deutschen Volkes nach dem völkischen Einheitsstaat in Erfüllung gegangen.

Volk und Führer. Deutsche Geschichte für Schulen. Herausgegeben von Dietrich Klagges. Ausgabe für Mittelschulen. Klasse 5. Der Weg zum Großdeutschen Reich. Frankfurt am Main 1943, S. 185–187.

Q3 Endet ein Zeitalter der sachlichen Arbeit?

Aus dem Leitartikel der letzten Ausgabe der Sächsischen Schulzeitung, der wöchentlich erscheinenden Verbandszeitschrift der sächsischen Volksschullehrer, vom 15. März 1933:

Die Reichsregierung ist in dem einen Teile fest umrissen: Das wirtschaftliche und das kulturpolitische Programm der Deutschnationalen ist bekannt. Das Programm der Nationalsozialisten aber ist auch im Wahlkampfe nicht näher erläutert worden. Man wird also zunächst die Regierungserklärung im Reichstage abwarten müssen. (...)

Ein Lehrer, der nicht in jedem Augenblick die Verantwortungsfrage für sein Tun und Handeln durch freie Selbstentscheidung zu beantworten weiß, sondern scheu und unsicher einer Fremdentscheidung entgegenwartet, wird keiner Jugend als Führer imponieren. (...)

(Man) kann ebenso gut sagen, dass die eben von uns durchlebte Zeit einen entschieden revolutionären Charakter aufweist, und dass heute nicht abzusehen ist, zu welchen endgültig festen Formen der labile Zustand der Bewegung erstarrt. (...) So sehr wir den Volkswillen respektieren, damit auch das Wahlergebnis, ebenso sehr respektieren wir Verfassung und Gesetz als Grundlagen des staatlichen Lebens. (...) Wir sind und bleiben nun mal Anhänger des absoluten Rechtsgedankens, und wir können uns die Staatsordnung nicht anders vorstellen, als sie Schiller gezeichnet hat (...) Hiermit glauben wir auch angedeutet zu haben, dass wir den Schutz der Beamtenrechte, ‚der Versammlungs- und Vereinsfreiheit und der gesamten Stellung des Berufsbeamtentums durchaus im Sinne der geltenden Rechtsnormen aufgefasst zu sehen wünschen. Es gibt Anzeichen genug, die zu allerhand Besorgnissen Anlass geben können. (...) Es ist (...) nicht weniger bedeutsam, dass durch die erstrebte und bereits weitgehend vollzogene „Gleichschaltung" der Länder eine schulpolitische Situation von unübersehbarer Tragweite entsteht. Wahrscheinlich (...) ist zu erwarten, dass der innere Betrieb der Schule oder was man so gemeinhin den „Geist" der Schule nennt, durch Maßnahmen autoritären Charakters stark beeinflusst werden wird. (...) Zusammenfassend wollen wir heute sagen, dass das Zeitalter der reinen Agitation und Propaganda nunmehr dem Zeitalter der sachlichen Arbeit zu weichen hätte.

Sächsische Schulzeitung Nr. 10, 15. März 1933, S. 253 ff.

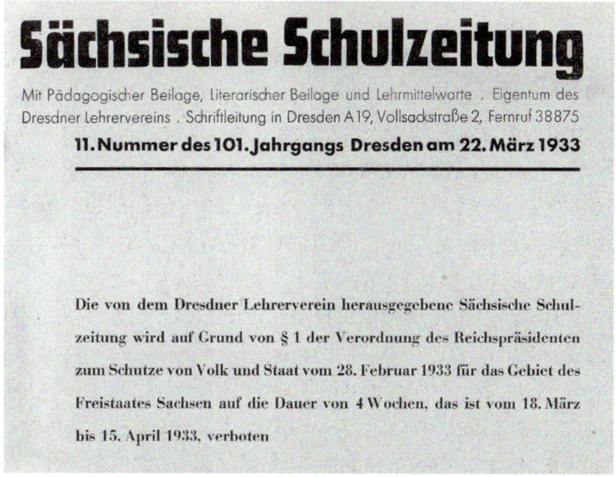

Sächsische Schulzeitung

Mit Pädagogischer Beilage, Literarischer Beilage und Lehrmittelwarte . Eigentum des Dresdner Lehrervereins . Schriftleitung in Dresden A 19, Vollsackstraße 2, Fernruf 38875

11. Nummer des 101. Jahrgangs Dresden am 22. März 1933

Die von dem Dresdner Lehrerverein herausgegebene Sächsische Schulzeitung wird auf Grund von § 1 der Verordnung des Reichspräsidenten zum Schutze von Volk und Staat vom 28. Februar 1933 für das Gebiet des Freistaates Sachsen auf die Dauer von 4 Wochen, das ist vom 18. März bis 15. April 1933, verboten

Q4 Die letzte Ausgabe der Sächsischen Schulzeitung

Das war die Wochenzeitschrift des Sächsischen Lehrervereins, in dem sich Volksschullehrer organisiert hatten.

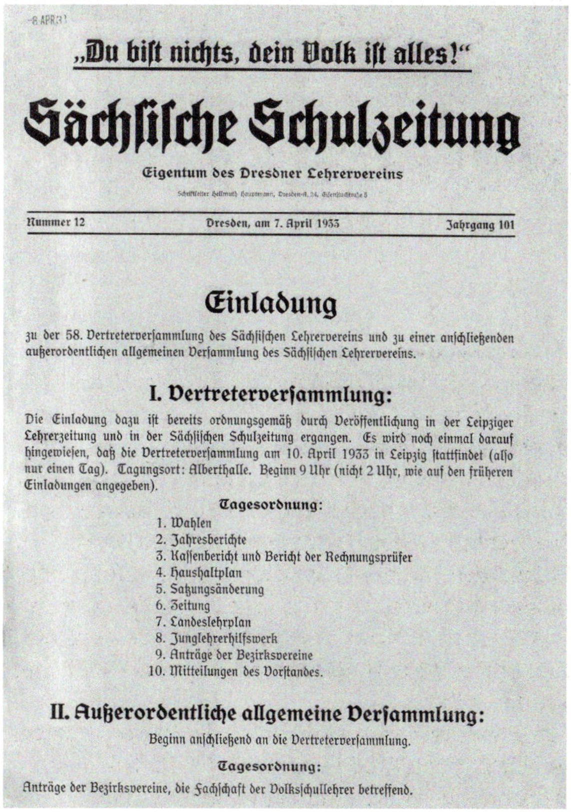

„Du bist nichts, dein Volk ist alles!"

Sächsische Schulzeitung

Eigentum des Dresdner Lehrervereins

Nummer 12 | Dresden, am 7. April 1933 | Jahrgang 101

Einladung

zu der 58. Vertreterversammlung des Sächsischen Lehrervereins und zu einer anschließenden außerordentlichen allgemeinen Versammlung des Sächsischen Lehrervereins.

I. Vertreterversammlung:

Die Einladung dazu ist bereits ordnungsgemäß durch Veröffentlichung in der Leipziger Lehrerzeitung und in der Sächsischen Schulzeitung ergangen. Es wird noch einmal darauf hingewiesen, daß die Vertreterversammlung am 10. April 1933 in Leipzig stattfindet (also nur einen Tag). Tagungsort: Alberthalle. Beginn 9 Uhr (nicht 2 Uhr, wie auf den früheren Einladungen angegeben).

Tagesordnung:

1. Wahlen
2. Jahresberichte
3. Kassenbericht und Bericht der Rechnungsprüfer
4. Haushaltplan
5. Satzungsänderung
6. Zeitung
7. Landeslehrplan
8. Junglehrerhilfswerk
9. Anträge der Bezirksvereine
10. Mitteilungen des Vorstandes.

II. Außerordentliche allgemeine Versammlung:

Beginn anschließend an die Vertreterversammlung.

Tagesordnung:

Anträge der Bezirksvereine, die Fachschaft der Volksschullehrer betreffend.

Q5 Sächsische Schulzeitung vom 7. April 1933

Sie erscheint nun als Wochenzeitung des gleichgeschalteten Nationalsozialistischen Lehrerverbandes unter der Losung: „Du bist nichts, dein Volk ist alles!"

Q6 Die neue sächsische Regierung vor ihrer ersten Kabinettssitzung am 5. Mai 1933
Von links: Justizminister Dr. Thierack; Arbeitsminister Dr. Schmidt; Finanzminister Kamps; Ministerpräsident v. Killinger; Statthalter Mutschmann; Volksbildungsminister Hartnacke; Innenminister Dr. Fritzsch; Chef der Staatskanzlei Dr. Günther; Wirtschaftsminister Lenk; Ministerialrat Wilis .

Q7 Sachsen nach dem Reichstagsbrand

Im Geiste der vom Reichspräsidenten am 28. Februar 1933 erlassenen „Verordnung zum Schutz von Volk und Staat" veröffentlichte der NS-Reichsbeauftragte für Sachsen, Manfred von Killinger, folgende Erlasse:

a) Dresden, den 9. März 1933:

Der Reichsminister des Innern hat mich wegen der Gefährdung der öffentlichen Sicherheit und Ordnung im Lande Sachsen beauftragt, die zur Erhaltung dieser Sicherheit und Ordnung notwendigen Maßnahmen zu treffen. Ich habe dieses Amt übernommen und werde mit allem dem Staate und mir zu Gebote stehenden Mitteln jede Störung der Ruhe, des Verkehrs und der friedlichen Bevölkerung zu verhindern wissen (...)

Ich werde nicht zurückschrecken, alle Personen, die die Ruhe und Ordnung stören oder zur Arbeitseinstellung auffordern, der härtesten Strafe zuzuführen.

b) Dresden, am 10. März 1933:

Heute löse ich mein Versprechen ein, auch in Sachsen in kürzester Zeit dem Willen des Volkes, wie er sich in dem Ergebnis der Reichstagswahl gezeigt hat, Rechnung zu tragen.

Ich habe die Minister Dr. Mansfeld, Dr. Hedrich und Richter ersucht, in die Hand des Herrn Ministerpräsidenten Schieck ihre Ämter zurückzulegen, da die Weiterführung der Amtsgeschäfte durch sie eine Gefahr für die Sicherheit und Ordnung im Lande bot. Ich habe die bisherige Regierung nicht in Zweifel gelassen, dass ich zur Beurlaubung der drei Minister schreiten müsste, wenn der freiwillige Rücktritt verweigert würde.

Daraufhin ist die bisherige sächsische Regierung einschließlich des Herrn Ministerpräsidenten Schieck zurückgetreten.

Für diesen Fall hatte mich der Reichskanzler Adolf Hitler ermächtigt, die Leitung der Regierung Sachsens als Reichskommissar bis zur Wiederherstellung der Ruhe und Ordnung im Lande zu übernehmen (...)

Sächsisches Verwaltungsblatt Nr. 20 vom 10.März 1933, S. 139 ff.

D1 „Das böse Ende: Sachsen gleichgeschaltet"

Der Jurist Christoph Jestaedt schrieb 1998:

Die nationalsozialistische Machtergreifung in Deutschland wurde zu einer Gefahr für die Grundprinzipien des deutschen Staatsrechts. Die Nationalsozialisten wussten weder mit dem demokratischen, noch mit dem republikanischen Prinzip oder gar dem Rechtsstaatsprinzip etwas anzufangen. Vor allem aber auch der Föderalismus war in der pervertierten Sicht der, gemessen an den Traditionen der deutschen Verfassungsgeschichte, recht undeutsch denkenden Wegbereiter, der so genannten Nationalen Revolution eine gefährliche Einrichtung. Auf dem Weg zum Führerstaat, der eine besonders extreme Form des Einheitsstaates darstellte, gab es zwei Etappen. Mit dem „Vorläufigen Gesetz zur Gleichschaltung der Länder mit dem Reich" vom 31. März 1933 wurden diese zwar nicht beseitigt, aber doch bereits weitgehend ihrer Unabhängigkeit und damit des Rechtes, ihre Angelegenheiten im Rahmen der fortgeltenden Weimarer Reichsverfassung selbst zu regeln, beraubt. (...) Der entscheidende Stoß gegen die Länder wurde dann mit dem Gesetz über den Neuaufbau des Reiches vom 30. Januar 1934 geführt. Mit diesem nur wenige Zeilen umfassenden Gesetz blieb von den Ländern (...) nicht mehr als der bloße Name. (...) Doch zunächst musste auch in Sachsen die Machtergreifung vollzogen werden. Die parlamentarisch legitimierte sächsische Regierung Schieck wurde am 8. März 1933 des Amtes enthoben. Neuer Regierungschef wurde der Nationalsozialist Manfred von Killinger, dessen Aufgabe es war, den Übergang in den Führerstaat sicherzustellen. (...) Als 1935 aus dem Gesamtministerium die „Landesregierung Sachsen" unter ihrem Führer Mutschmann wurde, wechselte von Killinger ins Auswärtige Amt.

Drehwald, Suzanne; Jestaedt, Christoph: Sachsen als Verfassungsstaat. [Sonderausgabe der Sächsischen Landeszentrale für politische Bildung] Leipzig: 1998, S. 55 f.

D2 „Barbarische Folgen"

Der Historiker Claus-Christian W. Szejnmann schrieb im Jahr 2000:

Die Wiedereinberufung des Landtags Mitte Mai (1933) war längst eine Farce. Die Hälfte der 22 zugelassenen SPD Abgeordneten befand sich in Schutzhaft. Bei der zweiten Landtagssitzung am 23. Mai war die SPD Fraktion auf sechs Anwesende geschrumpft, weil fünf ihrer Mitglieder inzwischen ins tschechische Exil geflüchtet waren. Umso höher ist es den verbliebenen Sozialdemokraten anzurechnen, dass sie selbst angesichts des nationalsozialistischen Terrors ein wichtiges Symbol demokratischer und antiautoritärer Zivilcourage setzten: Angeführt von ihrem neuen Fraktionsführer (...) stimmten die Sozialdemokraten als einzige Abgeordnete gegen den Entwurf eines sächsischen Ermächtigungsgesetzes, welches die Verfassung von 1920 aufhob und im Prinzip das parlamentarische System liquidierte. Kurz darauf wurde die sächsische SPD verboten. Wenig später lösten sich alle anderen Parteien auf. Inzwischen war auch die Gleichschaltung oder Auflösung von bürgerlichen Vereinen, Organisationen, Feiern, Zeitungen und vieles mehr in vollem Gange. Im November löste Reichspräsident Hindenburg alle Landtage auf. Anfang 1934 wurden dann die Länder gesetzlich liquidiert und die Landesregierungen der Reichsregierung unterstellt. Die nationalsozialistische Diktatur veränderte Sachsen innerhalb kürzester Zeit. Vieles, was über lange Jahre wichtiger Bestandteil des gesellschaftlichen Lebens gewesen war, verschwand praktisch über Nacht.

Szejnmann, Claus-Christian W.: Vom Traum zum Alptraum: Sachsen in der Weimarer Republik. Landeszentrale für politische Bildung 2000, S. 138 f.

Fragen und Anregungen

1. Untersuche den Text Q2 unter folgenden Fragestellungen:
   Welche historischen Ereignisse werden dargestellt?
   Wie werden diese Ereignisse erklärt und gedeutet?
   Wie bewertet der Autor des Textes diese Ereignisse?
   Trage deine Untersuchungsergebnisse in eine Tabelle ein.
2. Der Autor behauptet in Q2: „Endlich ist der zweitausendjährige Wunsch des deutschen Volkes nach dem völkischen Einheitsstaat in Erfüllung gegangen." Prüfe diese Aussage anhand der Quellen Q3-Q7.
3. Die Texte D1 und D2 beschäftigen sich beide mit der Gleichschaltung der Länder am Beispiel Sachsens. Dennoch unterscheiden sie sich voneinander. Vergleiche die beiden Texte und finde heraus, was den beiden Autoren wichtig war, ihren Lesern über die Gleichschaltung mitzuteilen.
4. Jestaedt spricht von „recht undeutsch denkenden Wegbegleitern" des Nationalsozialismus, „gemesssen an den Traditionen der deutschen Verfassungsgeschichte". Setze dich mit diesem Urteil auseinander (D1). Vergleiche Jestaedts Aussagen mit dem Text Szejnmanns (D2).
5. Verfasst einen Lehrbuchtext zum Thema „Gleichschaltung Sachsens". Findet euch in Gruppen zusammen, diskutiert, welche Fragen euch wichtig sind. Vergleicht und diskutiert eure Ergebnisse.

4. „Kanonen statt Butter" – ein Wirtschaftswunder?

1933 Die staatlichen Arbeitsbeschaffungsprogramme beginnen. Die Arbeitslosigkeit sinkt rasch.

1935 Die allgemeine Wehrpflicht wird eingeführt. Alle 18-jährigen Jugendlichen haben ein halbes Jahr Reichsarbeitsdienst (RAD) zu leisten.

1936 Ein Vierjahresplan für die Wirtschaft hat das Ziel der Autarkie und soll Deutschland kriegsfähig machen.

Arbeitsbeschaffungsprogramme

Die Nationalsozialisten hatten besonders seit der Weltwirtschaftskrise dem Volk „Arbeit und Brot“ versprochen. Sie wussten, dass die Bevölkerung ihre Regierung vor allem nach deren wirtschaftlichen Erfolgen beurteilen würde. Vorrangiges Ziel war daher zuerst die Beseitigung der Arbeitslosigkeit. Aber die führenden Nationalsozialisten hatten auch weiterreichende Ziele: Deutschland sollte für ihre Expansionspolitik militärisch aufgerüstet und wirtschaftlich unabhängig (autark) gemacht werden.

Als Sofortprogramme gegen die Arbeitslosigkeit wurden staatliche Großprojekte entwickelt, bei denen statt Maschinen der Masseneinsatz von Menschen möglich war. Dabei profitierten die Nationalsozialisten davon, dass verschiedene Programme bereits in der Weimarer Republik begonnen worden waren. Einen Schwerpunkt der Arbeitsbeschaffungsprogramme bildete so z. B. der Bau von Autobahnen, für den bald über 100 000 Arbeiter beschäftigt waren. Die Autobahnen wurden zwar zu einem großen propagandistischen Erfolg und bis heute behauptet sich die Legende, Hitler habe die Autobahn erfunden, um die Arbeitslosigkeit zu beseitigen. Der Prototyp der Autobahn, die Berliner Avus, wurde allerdings schon 1921 fertig gestellt. Weitere Großprojekte waren die Neugestaltung der Reichshauptstadt Berlin, der Bau des Reichsparteitagsgeländes in Nürnberg oder der Ausbau des Königsplatzes in München. Dazu kamen Wohnungsneubau und Altbaurenovierung und ab 1937 vor allem der Bau von Kasernen und Rüstungsbetrieben.

Im Juni 1935 trat das „Reichsarbeitsdienstgesetz“ in Kraft, das für alle 18-jährigen Jugendlichen ein halbes Jahr Arbeitsdienst vorschrieb. 200 000 bis 300 000 Jungen und Mädchen befanden sich so ständig in den RAD-Lagern. Die jungen Männer arbeiteten z. B. bei der Trockenlegung von Mooren oder im Hochwasserschutz. Die „Arbeitsmaiden“ waren meist als landwirtschaftliche Hilfskräfte oder bei kinderreichen Familien eingesetzt. Bei einer täglichen Entlohnung von 25 Pfennigen entstand dem Staat keine nennenswerte finanzielle Belastung, der Arbeitsmarkt war aber entlastet.

Q1 **„Spatenappell“**
Angehörige des Reichsarbeitsdienstes beim Appell, 1934

Vierjahrespläne als Kriegsvorbereitung

Nach dem 1936 verkündeten ersten Vierjahresplan sollte die deutsche Wirtschaft in vier Jahren „kriegsfähig“ und die Wehrmacht „einsatzfähig“ sein; zum anderen sollte Deutschland durch eine weitgehende Selbstversorgung in den Bereichen Lebensmittel und Rohstoffe vom Ausland unabhängig sein.

Die im „Reichsnährstand“ zentral organisierten Bauern erhielten genaue Anweisungen über Anbau, Preis, Ablieferung und Verkauf. Die Förderung heimischer Rohstoffe stieg. Dabei kamen für besonders schwere Arbeiten, z. B. im Steinbruch, bereits früh KZ-Häftlinge zum Einsatz, die keine nennenswerten Unkosten verursachten.

Obwohl auch die Herstellung synthetischer Stoffe (z. B. Gummi, Treibstoff und Kohle) stieg, blieb Deutschland bei wichtigen Rohstoffen (Erdöl, hochwertigen Eisenerzen, Buntmetallen u. a.) weiterhin auf den Import angewiesen.

Dem gesamtwirtschaftlichen Ziel der Aufrüstung musste sich auch der Konsum der Bevölkerung unterordnen. Die Kaufkraft der Bevölkerung blieb niedrig, da Löhne und Gehälter den Tiefstand nach den Sparmaßnahmen der Regierung Brüning (vgl. S. 78) nicht überstiegen.

Ein Wirtschaftswunder?

Trotz anhaltend niedriger Konsummöglichkeiten und häufiger Knappheit an Versorgungsgütern fühlten sich die meisten Deutschen am Beginn eines Wirtschaftswunders. Die Popularität des Führers stieg weiter. Nur wenigen war es möglich, die Schattenseiten der nationalsozialistischen Wirtschaftspolitik zu erkennen. Die Arbeitslosenzahlen waren zwar rasch gesunken, die Statistiken dazu aber auch geschönt: Die Wiedereinführung der Wehrpflicht trug z. B. ebenso dazu bei wie das Hinausdrängen der Frauen aus dem Arbeitsleben. Jede Frau sollte ihre Erfüllung in der Rolle als Mutter finden (vgl. S. 15).

Zudem wurde die Finanzierung der Aufrüstung immer deutlicher zu einer schweren Belastung. Da die jährlichen Einnahmen des Reiches dafür bei weitem nicht ausreichten, bezahlte Reichsbankpräsident Hjalmar Schacht die Produzenten mit „Wechseln“ (befristete Zahlungsversprechen), die der Staat spätestens nach 5 Jahren einlösen sollte. Als sich die Einlösung der Wechsel verzögerte, trat Schacht zurück. Die Nationalsozialisten nahmen nun immer mehr langfristige Anleihen auf und setzten einen Mehrdruck von Papiergeld durch. Geldentwertung und steigende Staatsverschuldung waren die Folge. Längst hatten die führenden Nationalsozialisten geplant, diese Probleme durch Kriege und Eroberung neuer Wirtschafts- und Rohstoffräume zu lösen.

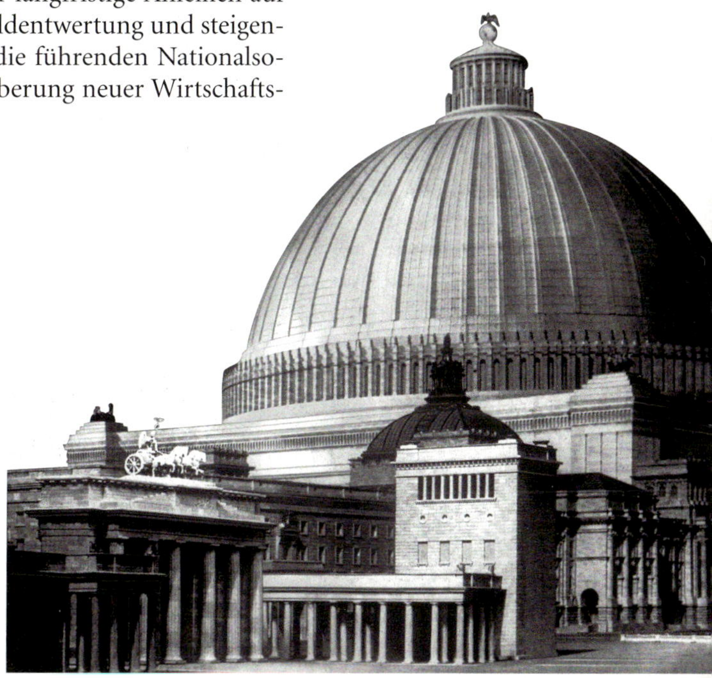

Gigantomanie in der Architektur Q2

Die geplante Kuppelhalle am „Großen Platz“ in Berlin, davor maßstabgetreu nachgebildet das Reichstagsgebäude und das Brandenburger Tor. Die kupferbedeckte Kuppel sollte 230 Meter hoch werden und im Inneren 160 000 bis 180 000 stehende Menschen fassen.

Wahlplakat, November 1933 Q5

Q3 „… der Reichsregierung bei ihrem schweren Werke zu helfen"

Schreiben vom 24. März 1933 von Gustav Krupp von Bohlen und Halbach (1870–1950) an Adolf Hitler:

Sehr geehrter Herr Reichskanzler!

Wir beehren uns davon Kenntnis zu geben, dass das Präsidium des Reichsverbandes der deutschen Industrie am 24. März 1933 unter dem Vorsitz des Herrn Krupp von Bohlen und Halbach zu einer Sitzung zusammentrat, in der zu der politischen Entwicklung Stellung genommen wurde. Das Präsidium vertrat einmütig folgenden Standpunkt:

Durch die Wahlen ist die Grundlage für ein stabiles Regierungsfundament geschaffen und es sind damit die Störungen beseitigt, die sich aus den ständigen politischen Schwankungen der Vergangenheit ergeben und die wirtschaftliche Initiative stark gelähmt haben. Für den notwendigen tatkräftigen Wiederaufbau kommt es darauf an, die Sammlung und Mitwirkung aller aufbauwilligen Kräfte herbeizuführen. Die deutsche Industrie, die sich als einen wichtigen und unentbehrlichen Faktor für den nationalen Aufbau betrachtet, ist bereit, an dieser Aufgabe tatkräftig mitzuwirken, und der Reichsverband der Deutschen Industrie – als die wirtschaftliche Vertretung – wird alles tun, um der Reichsregierung bei ihrem schweren Werke zu helfen.

Zit. nach: E. Czichon, Wer verhalf Hitler zur Macht? Köln 1972, 3. Aufl., S. 83 f.

Q4 „Für mich hat Hitler gesorgt"

Aus einem Bericht im Exil in Prag lebender Sozialdemokraten über die politische Lage in Deutschland 1935:

Besonders bedenklich ist die Tatsache, dass selbst in den Kreisen der Arbeiterschaft das Gift des Nationalsozialismus zu wirken beginnt. Besonders in den Arbeiterkreisen der Rüstungsindustrie. Ich unterhielt mich mit einem jüngeren Angestellten, der früher Funktionär einer sozialistischen Organisation war. Dieser sagte: „Für mich hat Hitler gesorgt, ich habe eine schöne Stelle, guten Lohn und in jedem Jahr vier Wochen Ferien." Als ich ihn darauf aufmerksam machte, dass man den Eindruck bekäme, als ob er Hitleranhänger geworden sei, bestritt er das. Mein Hinweis auf die schweren Folgen eines Krieges imponierten ihm nicht. Er meinte, die anderen rüsten doch auch, warum sollen wir nicht rüsten? Es würde auch Arbeit geschaffen.

Zit. nach: Deutschland-Berichte der Sopade, 2. Jg., 1935. Salzhausen, Frankfurt/a. M. 1980, S. 413 f.

D1 Arbeitslosigkeit, Rüstung, Staatsverschuldung

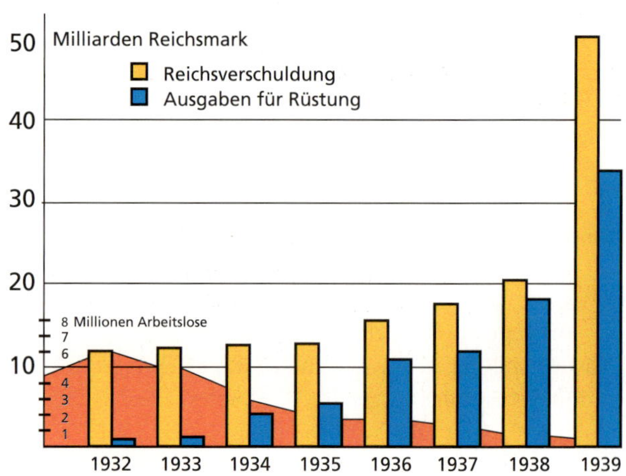

D2 Entwicklung der Tarif-Stundenlöhne (in Pfennig)

	1929	1932	1936	1939
Facharbeiter	101,1	81,6	78,3	79,1
Hilfsarbeiter	79,4	64,4	62,3	62,8
Facharbeiterin	63,4	53,1	51,6	51,5
Hilfsarbeiterin	52,7	43,9	43,4	44,0

D3 Durchschnittlicher Jahresverbrauch in einem Vier-Personen-Haushalt

	1928	1937
Fleisch (kg)	146,5	118,5
Eier (Stück)	472	258
Milch (l)	481	358
Kartoffel (kg)	507,8	530,3
Gemüse (kg)	127,3	117,8
Obst (kg)	96,2	64,9

D4 Die öffentlichen Investitionen in Deutschland

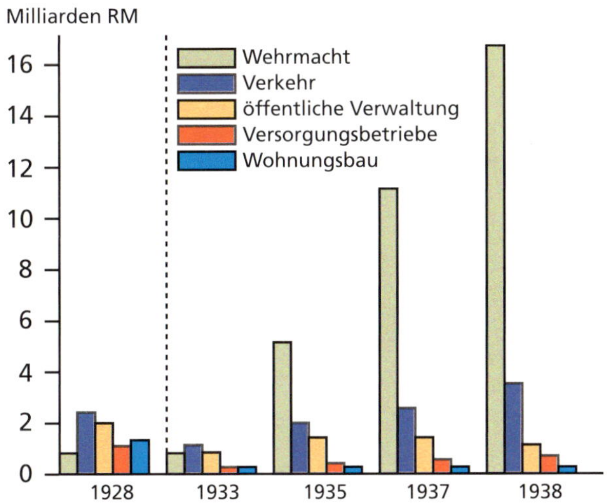

D1–D4 zusammengestellt nach: R. Erbe, Die nationalsozialistische Wirtschaftspolitik 1933–1939 im Licht moderner Theorie. Zürich 1958, S. 36 ff.

Q6 „Hurra, die Butter ist alle"
Fotomontage von John Heartfield, 1935.

Q7 „Schweinefleisch ist für den Spießer da."

Zur Ernährungslage sagte Goebbels 1936:

Und wenn es heute in der Ernährungslage des deutschen Volkes eine Schwierigkeit gibt, dann wird sie bestimmt nicht dadurch überwunden, indem genörgelt wird. (...) Ich bin der Meinung, wenn das Schweinefleisch knapp ist, dann sagen die Parteigenossen: Wir essen kein Schweinefleisch, denn das Schweinefleisch ist für den Spießer da. Ich kann mir heute vorstellen, dass keiner der alten Parteigenossen sich aufregt, weil es keine Eier gibt. Er isst dann eben keine Eier.

Zit. nach: P. Meier-Benneckenstein (Hg.), Dokumente der Deutschen Politik, Bd. IV, Nr. 1.

Fragen und Anregungen

1. Erläutere, welche Motive für die Haltung der Industrievertreter (Q3) und der Arbeiterschaft (Q4) gegenüber der NS-Wirtschaft maßgebend waren.
2. Stelle fest, inwieweit sich die wirtschaftlichen Maßnahmen auf den Lebensstandard der Bevölkerung bzw. die Kriegsrüstung auswirkten (VT, D2–D4).
3. Erkläre den Zusammenhang zwischen Kosten der Aufrüstung sowie Staatsverschuldung (VT, D1, D4).
4. Beschreibe die Entwicklung des Lebensstandards 1928–1939 (D2 und D3).
5. Vergleiche die Aussagen von Q6 und Q7 und erkläre, warum die Veröffentlichung von Q6 verboten war.

5. Volksgemeinschaft und Führerkult

Volksgemeinschaft – eine Hoffnung für viele

Ohne Angst vor Arbeitslosigkeit ein besseres Leben führen zu können, war das eine, was sich die meisten Deutschen vom Nationalsozialismus erhofften; eine andere Hoffnung war, dies in einem Volk ohne große sozialen Unterschiede und Ungerechtigkeiten tun zu können. Die nationalsozialistische Parole der Volksgemeinschaft übte auf fast alle Bevölkerungsgruppen daher eine große Anziehungskraft aus. Arbeiter hofften auf die Abschaffung der Klassenunterschiede, die Mittelschichten und die Bauern wollten vor einem sozialen Abstieg bewahrt werden.

Die Nationalsozialisten versprachen den Deutschen zwar diese Volksgemeinschaft, doch es blieb bei einem Versprechen. Ziel der Nationalsozialisten war nicht die Freiheit und Gleichheit der Deutschen – im Gegenteil: Volksgemeinschaft hieß weitere Gleichschaltung in die privaten und beruflichen Bereiche hinein. Jeder „Volksgenosse“ sollte in vielfältigen nationalsozialistischen Organisationen eingegliedert werden, damit er dort im Sinne des Nationalsozialismus sein Leben und Denken grundlegend ändert.

So entstanden beispielsweise das Nationalsozialistische Kraftfahrer-Korps (NSKK), der Nationalsozialistische Studentenbund oder die Nationalsozialistische Frauenschaft. An die NSDAP angeschlossene und von NSDAP-Funktionären geführte Organisationen waren u. a. der Nationalsozialistische Lehrerbund, der Nationalsozialistische Deutsche Ärztebund, der Nationalsozialistische Rechtswahrerbund, der Reichsnährstand der Bauern, der Nationalsozialistische Bund Deutscher Technik. Die Nationalsozialistische Volkswohlfahrt und das Winterhilfswerk halfen zwar Bedürftigen, dafür sollte jeder aber spenden. Wer dies nicht tat oder nicht der ihn betreffenden Organisation beitrat, wer nicht an deren Veranstaltungen teilnahm, der machte sich verdächtig, Gegner des nationalsozialistischen Staates zu sein. Gemäß der Parole „Du bist nichts, dein Volk ist alles“ sollten durch die Organisationen der Volksgemeinschaft jegliche Individualität und Personalität der einzelnen Menschen aufgehoben und jeder als gleich denkendes und handelndes Wesen im Volke aufgehen. Das Volk aber repräsentierte der Führer, der damit weit über die Masse herausgehoben wurde.

Q1 Das Führerbild, 1938
So sollten sich die Deutschen Hitler als Staatsmann einprägen. Dieses Bild hing in Klassenzimmern, Amtsräumen, Geschäften und auch Wohnzimmern.

Der Kult um den Führer

„Er ist die Wahrheit selbst. Er hat die Gabe, das zu sehen, was den Augen anderer Menschen verborgen bleibt“, sagte Propagandaminister Goebbels. Die Verherrlichung Hitlers wurde planmäßig aufgebaut. Jeder sollte sich dem Glauben an den Führer unterordnen. Um von vornherein jeden Zweifel an der Richtigkeit der Führerbefehle auszuschließen, wurden ihm übermenschliche Eigenschaften zugeschrieben. Der Kult um den Führer machte ihn zum „Ersatzgott“ und den Nationalsozialismus zur „Ersatzreligion“. Der Aufbau des Führerkults geschah aber nicht nur durch organisierte Propaganda der Nationalsozialisten oder durch Druck von oben. Die meisten Deutschen steigerten sich selbst geradezu in eine Hysterie hinein, wenn der Führer irgendwo auftrat oder wenn Staat oder Gemeinden „Führers Geburtstag“ feierten. Die Dynamik des Führerkults entwickelte sich von oben und von unten und erreichte damit das, was die Nationalsozialisten wollten: Der Führer wurde für viele zum Symbol für die Einheit und den Zusammenhalt des deutschen Volkes.

Geflügelte Worte wie „Der Führer wird es schon wissen“ oder „Der Führer wird es schon richtig machen“ zeigen, wie sehr die meisten Deutschen seiner Unfehlbarkeit vertrauten. Dies wird auch dadurch deutlich, dass erkennbares Unrecht oder unbezweifelbares Verbrechen der Nationalsozialisten oft mit der Aussage entschuldigt wurde: „Wenn das der Führer wüsste …“

Reichsparteitag in Nürnberg 1936 Q2

Die Inszenierung: Das Gelände wurde z. B. nachts durch Scheinwerfer wirkungsvoll beleuchtet; Fackel-, Fahnen- und Standartenträger zogen auf; Trommelwirbel und Fanfarenstöße ertönten; uniformierte Parteimitglieder bildeten geschlossene Blocks, andere ein Spalier, durch das der Führer dem Podium zuschritt.

Q3 „Wir haben unseren Führer gesehen!"

Eine Jungmädelführerin berichtet:

„Wir haben unseren Führer gesehen!", erzählten wir immer wieder strahlend und berichteten jedem, der davon hören wollte (…) Von weitem sahen wir seinen Kopf. Alles zuckte in mir, ich konnte kaum etwas sagen, denn zum ersten Mal sah ich unseren Führer, ihn, der Deutschland vor seinem sicheren Untergang errettete (…) Wir alle sahen den Führer an, aber keine von uns konnte seinen Blick ertragen. Er schien unsere innersten Gedanken zu lesen, nickte leicht mit dem Kopf, und ich glaube, jede von uns Mädels hat sich in diesen Sekunden geschworen, dass sie ihm ewig die Treue halten und immer für seine Sache kämpfen wird.

I. Bayer (Hg.), Ehe alles Legende wird. Baden-Baden 1979, S. 64 f.

Q4 „Dem Führer entgegenarbeiten …"

Der Staatssekretär im preußischen Landwirtschaftsministerium sagte am 21. Februar 1934 in Berlin:

Jeder, der Gelegenheit hat, das zu beobachten, weiß, dass der Führer sehr schwer von oben her alles das befehlen kann, was er für bald oder für später zu verwirklichen beabsichtigt. Im Gegenteil, bis jetzt hat jeder an seinem Platz im neuen Deutschland dann am besten gearbeitet, wenn er sozusagen dem Führer entgegenarbeitet. (…) Sehr oft (…) ist es so gewesen, dass schon in den vergangenen Jahren Einzelne immer nur auf Befehle und Anordnungen gewartet haben. (…) Wer aber dem Führer in seiner Linie und zu seinem Ziel richtig entgegenarbeitet, der wird bestimmt wie bisher so auch in Zukunft den schönsten Lohn darin haben, dass er eines Tages plötzlich die legale Bestätigung seiner Arbeit bekommt.

Zit. nach: I. Kershaw, Hitler 1889–1936. Stuttgart 1998, S. 665.

Q5 **Eintopfessen.** Einmal monatlich sollten alle Eintopf essen und das so gesparte Geld dem Winterhilfswerk spenden.

Fragen und Anregungen

1. Erläutere, was die Nationalsozialisten mit ihrer These von der „Volksgemeinschaft" bezweckten. Setze die Bilder Q1, Q2 und 5 dazu in Beziehung. Von welchen Gefühlen sollte der Einzelne jeweils erfasst werden?
2. Vergleiche die Aussage der Jungmädchenführerin (Q3) mit den Beobachtungen von Shirer (S. 96, Q1) und erkläre die Gründe für die Unterschiede.
3. Erläutere die Aufforderung in Q4, jeder sollte „dem Führer entgegenarbeiten".

PROPAGANDA – MITTEL UND METHODEN

Die Propaganda ist allgegenwärtig

Bereits im März 1933 wurde ein „Ministerium für Volksaufklärung und Propaganda" unter Joseph Goebbels eingerichtet. Neben der Gleichschaltung der Presse war es die Hauptaufgabe des Ministeriums, das Volk durch Radio, Film und anderen Medien sowie durch vielfältige Veranstaltungen „bei der Stange zu halten". Sogar die traditionellen christlichen Feiertage sollten in ihrer Bedeutung durch neue Festtage, die mit großem Aufwand gefeiert wurden, verdrängt werden: 30. Januar – Tag der „Machtergreifung"; 20. April – Führers Geburtstag; 1. Mai – Tag der deutschen Arbeit; 21. Juni – Sommersonnenwende; im September – Reichsparteitag; im Oktober – Erntedankfest; 9. November – Gedenktag der „Gefallenen der Bewegung" (Hitler-Putsch 1923). Auf dieser Doppelseite kannst du herausfinden, welche verschiedenen propagandistischen Mittel zur Manipulation (Beeinflussung) der Deutschen eingesetzt wurden, um diese für die Nationalsozialisten zu gewinnen und deren wahre Absichten zu verschleiern.

Q1 Volksempfänger
Seit 1934 wurde dieses preiswerte Radio hergestellt. 1936 besaßen es bereits 30 Millionen Deutsche.

Q2 „Bereitschaft"
Plastik von Arno Breker, 1939.
Solche Werke wurden als „Deutsche Kunst" gefeiert.

„Mutter und Kind" Q3
Die Zeichnung von Werner Scholz wurde als „Entartete Kunst" bezeichnet, 1932.

Q4 Ein Theaterzug auf dem Lande (ohne Datum)

Q5 Ein Kinderfest 1933 in der Wohnsiedlung Berlin-Weißensee

Q6 Stimmen zweier Arbeiter

Ein früherer Sozialdemokrat sprach 1935 mit Arbeitern über die Lage in Deutschland. Einer der Arbeiter sagte: „Sehen Sie: Jetzt im Mai war ich zwölf Tage am Rhein; (...) Von Köln gings mit dem Schiff weiter: Loreley, Binger Mäuseturm – na, Sie werden das ja kennen. Aber nun frage ich Sie: Wer hat uns denn früher so etwas geboten? Wir logierten immer in den besten Hotels: Haben wir uns das früher gedacht?" Der Mann sah zu seinem jungen Kameraden hinüber: „Man muss bei der Wahrheit bleiben; wir haben von dem Umschwung nur profitiert."

Ein anderer Arbeiter erwiderte daraufhin: „Was da heute dem Arbeiter vorgemacht wird und wie er sich dazu verhält, das ist eine Affenschande. Von Ehre weiß der heutige Arbeiter nichts mehr. War das zu Ihrer Zeit auch so? Ich meine, damals hatte der Arbeiter noch seine Ehre. Heute schmeißt er sie für eine Rheinreise weg."

Zit. nach: Geschichte in Quellen V. München 1961, S. 342.

Q7 KdF-Reisen

Die Organisation „Kraft durch Freude" organisierte preisgünstig die Freizeit- und Urlaubsgestaltung.

Wunschkonzert Q8

Filmplakat, 1940. Filme sollten vor allem eine schöne heile Welt zeigen. Die häufige Produktion heiterer Unterhaltungsfilme sollte nach Goebbels dazu dienen, das wirkliche Leben der Deutschen zu „verschönern".

Q9 So und nicht so

Plakat für Verschönerungs-Feldzüge in den Betrieben. Die Verschönerung der Arbeitsstätten wurde planmäßig organisiert. Damit sollte die Leistungsbereitschaft der Arbeiter erhöht und ihre Eingliederung in die Volksgemeinschaft propagiert werden.

Fragen und Anregungen

1. Stelle fest, welche Formen der Propaganda eingesetzt wurden. Welche Bevölkerungsgruppen waren jeweils die Adressaten der verschiedenen Propagandamittel (Q1–9)?
2. Erkläre, warum diese Propagandamittel bei den jeweiligen Bevölkerungsgruppen große Zustimmung fanden (Q1–9). Ziehe dazu auch die Aussage des ersten Arbeiters in Text Q6 heran.
3. Erläutere, warum Filme wie Q8 nicht nur in den ersten Jahren des Nationalsozialismus, sondern besonders auch in der Zeit des Krieges dazu beitrugen, das Volk „bei der Stange zu halten"?
4. Untersuche, inwiefern auch die Kunst ein Mittel sein konnte, in der Bevölkerung Zustimmung für den Nationalsozialismus zu finden (Q2 und 3).
5. Diskutiere die beiden Aussagen in Q6.

6. „Und sie werden nicht mehr frei"

Erziehungsziele

Von Anfang an war es den Nationalsozialisten wichtig, die Jugend zu gewinnen. Schon im Kindergarten und in der Grundschule wurden sie im Sinne der Nationalsozialisten erzogen, damit sie sich später vollkommen mit dem Staat identifizieren. Begriffe wie Vaterland, Ehre, Treue oder Disziplin spielten in allen Unterrichtsfächern eine große Rolle – ebenso wie das Fach Sport und allgemeine körperliche Ertüchtigung. Dazu kam Rassenkunde als schulisches Pflichtfach.
Im Verhalten mussten die Schülerinnen und Schüler vor allem allen Anordnungen der Lehrkräfte gegenüber gehorsam sein. Mit dem gleichen Recht wie Eltern und der Schule wirkte seit 1936 auch die Organisation der Hitlerjugend (HJ) bei der Erziehung der Jugendlichen mit.

Von der Parteijugend zur Staatsjugend

Die HJ, 1926 als nationalsozialistische Jugendorganisation gegründet, war bis Anfang 1933 auf 100 000 Mitglieder angewachsen. Ende 1934 war sie bereits eine Massenorganisation von 3,5 Millionen Jugendlichen, vor allem weil in dieser Zeit alle anderen Jugendorganisationen zwangsweise „gleichgeschaltet", also eingegliedert wurden. Organisationen, die sich verweigerten, wurden – mit Ausnahme der katholischen Gruppen – verboten. Manche Jugendgruppen schlossen sich allerdings auch freiwillig an. Ab 1936 mussten alle deutschen Kinder ab 10 Jahren („Pimpfe") dem „Deutschen Jungvolk" (DJ) bzw. den „Deutschen Jungmädeln" (JM), von 14 Jahren bis 18 Jahren der Hitlerjugend (HJ) bzw. dem „Bund Deutscher Mädel" (BDM) beitreten.
Viele Jugendliche waren in den ersten Jahren mit Eifer und Begeisterung bei der HJ, denn sie bot durch Zeltlager, Geländespiele, Lagerfeuer, Ausflüge und Heimabende oder andere Unternehmungen Abenteuer mit Freunden und Abwechslung vom täglichen Einerlei. Viele Jugendlichen fühlten sich auch durch das Prinzip „Jugend muss durch Jugend geführt werden" (d.h. ein Gruppenführer war kaum älter als die Mitglieder) in ihrem Streben nach Selbstständigkeit angesprochen. Manche ältere Mitglieder dachten sicher aber auch schon an ihre persönlichen Karriere, denn engagierte Mitarbeit in nationaler Gesinnung war einem Weiterkommen an den höheren Schulen oder Universitäten förderlich. Die Jugendorganisationen unterstanden dem Reichsjugendführer Baldur von Schirach.
Der Aufbau der Organisationen folgte von oben nach unten streng nach dem Führerprinzip. Das heißt am Beispiel der HJ: Dem Obergebietsführer waren ca. 750000 Jungen, dem Gebietsführer ca. 150 000, dem Bannführer ca. 3000, dem Unterbannführer ca. 600, dem Gefolgschaftsführer ca. 150, dem Scharführer ca. 50, dem Kameradschaftsführer ca. 15 und schließlich dem Rottenführer 5 Jungen unterstellt. Das Deutsche Jungvolk, die Deutschen Jungmädel und der Bund Deutscher Mädel besaßen eine gleichgeartete Organisationsform.
Die Mädchen wurden in städtischen Haushalten oder bei Arbeiten in der Landwirtschaft vor allem für die Haushaltsführung und ihre Rolle als Mutter vorbereitet. Für die Jungen dagegen ging nach vier Jahren HJ der nationalsozialistische Weg weiter zum RAD, zur NSDAP, dann zur Wehrmacht, zur SA bzw. zur SS oder zu einer der verschiedenen NS-Organisationen. So wie Hitler gesagt hatte: „Und sie werden nicht mehr frei, ihr ganzes Leben und sind glücklich dabei."

D1 Uniformen
Oben: Jungvolk und Jungmädel (ab 10 Jahre). Mitte: Hitlerjugend und Bund Deutscher Mädel (ab 14 Jahre). Unten: Arbeitsdienst (ab 18 Jahre).

Q1 Körperertüchtigung im Bund Deutscher Mädel

Q4 Jungvolk beim Kleinkaliberschießen

Q2 Hitler 1926 über seine Vorstellung von Erziehung:

Der völkische Staat hat (…) seine gesamte Erziehungsarbeit in erster Linie nicht auf das Einpumpen bloßen Wissens einzustellen, sondern auf das Heranzüchten kerngesunder Körperbildung (…) Hier aber wieder an der Spitze die Entwicklung des Charakters, besonders die Förderung der Willens- und Entschlusskraft, verbunden mit der Erziehung zur Verantwortungsfreudigkeit, und erst als Letztes die wissenschaftliche Schulung. (…) Vor allem aber, der junge, gesunde Knabe soll auch Schläge ertragen lernen. (…) Nicht im ehrbaren Spießbürger oder der tugendsamen alten Jungfer sieht [der Staat] sein Menschheitsideal, sondern in der trotzigen Verkörperung männlicher Kraft und in Weibern, die wieder Männer zur Welt zu bringen vermögen.

A. Hitler, Mein Kampf, Bd. 2. S. 452 ff.

Q3 „… die Schikane hatte Methode"

Ein Mann über seine Zeit als „Pimpf" im DJ:

Zwölfjährige Hordenführer (vgl. Rottenführer bei der HJ) brüllten zehnjährige Pimpfe zusammen und jagten sie über die Schulhöfe, Wiesen und Sturzäcker. Die kleinsten Aufsässigkeiten, die harmlosesten Mängel an der Uniform, die geringste Verspätung wurde mit Strafexerzieren geahndet. Aber die Schikane hatte Methode. Uns wurden von Kindesbeinen an Härte und blinder Gehorsam eingedrillt.

H. Focke/U. Rainer, Alltag unterm Hakenkreuz. Hamburg 1979, S. 45.

Q5 „Wir lernen, was feldmarschmäßig ist"

Ein ehemaliger „Pimpf" berichtet über seine Zeit im „Deutschen Jungvolk":

Aus der Stadt heraus und bis zum Wald marschieren wir. Vor dem Wald löst sich die Einheit auf. Wir durchstreifen ihn schleichend, stets darauf bedacht, uns vor einem fiktiven Feind zu verbergen. Kein Wort fällt (…) Kurz vor dem Lagerplatz, der als „vom Feind besetzt" gilt, brechen wir mit Gebrüll zum Sturmangriff aus dem Gebüsch. Natürlich besiegen wir den Feind und schlagen da, wo er gelegen hat, unsere Zelte auf. Später schlafen wir in den Zelten ein. Wir schlafen ruhig: (…) Das Kameradschaftsgefühl gibt Sicherheit.
Am Sonntag das obligate Geländespiel, das Training im unerbittlichen Freund-Feind-Gefühl. Abends kommen wir nach Hause, müde, aber glücklich. Mancher trägt stolz am Kopf eine Beule in die Wohnküche, Mutter ist entsetzt, Vater ist stolz.
Wir hatten unsere eigene Welt. Vater war kein Kamerad, höchstens ein Vorgesetzter ohne Kompetenz. Mutter hatte ohnehin nicht viel zu sagen.

Zit. nach: F. Langour, Anschleichen Tarnen Melden. Ein Pimpf erinnert sich. In: Ein Volk Ein Reich Ein Führer, Bd. 2. Hamburg 1975, S. 406 ff.

Q6 „Der Wagen des Führers"

Originalgetreue Nachbildung von Hitlers Auto als Kinderspielzeug, 1940.

Q7 Rassenlehre in einem Kinderbuch, 1938

Die Kapitelüberschrift im Buch lautet: „Woran erkennt man einen Juden?“ Im Original steht unter dem Bild: „Die Judennase ist an ihrer Spitze gebogen.“

Q8 Androhung der Entlassung

Ein Fähnleinführer des Deutschen Jungvolks schrieb am 15. Juli 1936 an eine Familie in Duisburg:

Da Ihr Sohn Herbert schon längere Zeit es nicht für nötig fand, am Jungvolkdienst teilzunehmen, möchte ich Sie höflichst auf das Reichsjugendgesetz aufmerksam machen, aufgrund dessen Ihr Sohn verpflichtet ist, zum Dienst zu kommen, ebenso wie er zur Schule gehen muss. Falls er noch einmal ohne triftigen Grund fehlt, werde ich sofort (...) beantragen, dass Ihr Sohn aus den Reihen des Jungvolks in der HJ ausgestoßen wird. Was das für das spätere Fortkommen des Jungen bedeutet, kann er selbst noch gar nicht erfassen, darum wende ich mich auch an Sie. Ich bitte Sie nochmals höflichst (...) den Jungen zum Dienst zu schicken, andernfalls muss ich das Nötige einleiten. Heil Hitler!

Zit. nach: Stadtarchiv Duisburg, Duisburg im Nationalsozialismus – Eine Dokumentation zur Ausstellung des Stadtarchivs. DEK 1982/83.

Q9 Rassenlehre im Unterricht

Reichserziehungsminister Rust über rassisches Denken im Unterricht, 1935:

Zweck und Ziel der Vererbungslehre und Rassenkunde im Unterricht muss es sein, vor allem die Folgerungen daraus für alle Fach- und Lebensgebiete zu ziehen und nationalsozialistische Gesinnung zu wecken (...) Bei der Besprechung der europäischen Rassen und insbesondere der Rassenkunde des deutschen Volkes muss das nordisch bestimmte Rassengemisch des heutigen deutschen Volkes gegenüber andersrassigen, fremdvölkischen Gruppen, besonders dem Judentum gegenüber, herausgestellt werden (...) Aus dem Rassegedanken ist weiterhin die Ablehnung der so genannten Demokratie oder anderer Gleichheitsbestrebungen (...) abzuleiten und der Sinn für den Führergedanken zu stärken. Die Weltgeschichte ist als Geschichte der rassisch bestimmten Volkstümer darzustellen (...) Dass vor allem Leibesübungen eine überragende Bedeutung zukommt, versteht sich von selbst. Der nordrassische, schöne und gesunde Körper sowie gestählte Wille sind hier das Zielbild.

Zit. nach: Grundriss der Geschichte, Bd. 2. Stuttgart 1985, S. 163.

Q10 Nicht immer herrschte Kasernenton

Über ihre Schulzeit während des Nationalsozialismus berichtete Helga Breil 1998. Sie war Schülerin an der Helene-Lange-Realschule in Essen:

Eines Tages wurden die Kreuze aus jedem Klassenzimmer herausgeholt. Das übliche Gebet vor dem Unterricht wurde verboten, stattdessen sollten nationalsozialistische Lieder gesungen werden. Erst später wurde mir bewusst, wie viel Mut meine Lehrerinnen bewiesen, die einfach die Anweisungen missachteten und weiterhin das Morgengebet beibehielten. Mir sind nur drei Lehrer in Erinnerung, die mit dem Hitlergruß vor die Klasse traten, bei den anderen blieb es beim „Guten Morgen, meine lieben Kinder“. (...) Im Geschichtsunterricht hatten wir zwar Bücher von der Schule bekommen, meine Lehrerin benutzte sie nie, sie gab sich große Mühe, stellte selbst Texte zusammen und diktierte sie uns.

Interview des Verfassers, 10. 02. 1998.

Fragen und Anregungen

1. Überprüfe, inwieweit sich Hitlers Erziehungsziele in der Praxis der Ausbildung der DJ und der HJ widerspiegelt. (Q1–5 und Q8).
2. Fasse zusammen, wie die nationalsozialistische Rassenlehre in der Schule behandelt werden sollte (Q7 und 9).
3. Überlege, was die Nationalsozialisten mit solchem Kinderspielzeug wie in Q6 dargestellt schon bei Kleinkindern erreichen wollten.
4. Erläutere, wie manche Lehrerinnen und Lehrer versuchten, der nationalsozialistischen Beeinflussung zu entgehen. (Q10).

7. „Viele Kinder für das Reich"

Q1 **Das Ehrenkreuz der Deutschen Mutter**

BDM – „Bald Deutsche Mutter"?

Der Volksmund gab dem BDM (Bund Deutscher Mädel) die Bedeutung „Bald Deutsche Mutter" und traf damit den Nagel auf den Kopf, was die nationalsozialistische Frauenpolitik betraf. Bis zum Beginn des Krieges war für die Nationalsozialisten die Rolle der Frau im Staat und in der Gesellschaft eindeutig bestimmt: Der Frau wurde vorrangig die Aufgabe der fürsorglichen Mutter und der treuen Gattin zugewiesen. „Das Ziel der weiblichen Erziehung hat unverrückbar die kommende Mutter zu sein" – hieß es in „Mein Kampf" und die nationalsozialistische Propaganda und Frauenpolitik richtete sich danach. Massive Werbung und vielfache Verbote sollten die Frauen zum Verzicht auf Berufstätigkeit und Studium bewegen. Und die Nationalsozialisten hatten vielfach mit ihren Kampagnen auch Erfolg. Günstige Ehestandsdarlehen veranlassten ca. 380 000 berufstätige Frauen, aus dem Berufsleben auszuscheiden, um als Hausfrauen und Mütter „artgemäß" zu leben. Zudem erschwerte es die Propaganda gegen die „Doppelverdiener" den verheirateten Frauen, sich im Beruf zu halten. Verheiratete Beamtinnen wurden entlassen, seit 1936 war den Frauen der Beruf der Richterin oder Anwältin verboten. Geduldet waren nur Kindergärtnerinnen und Berufe im Pflegedienst oder der Landwirtschaft. Die Zahl der Studienanfängerinnen an den Hochschulen war auf 10 % aller neu eingeschriebenen Studenten beschränkt.

Mutterkult – Orden für „arisch reine" Kinder

Andererseits wurde die Aufforderung, „dem Führer Kinder zu schenken", durch öffentliche Ehrungen gefördert. Für Mütter mit vier, sechs bzw. acht Kindern gab es Orden, das Ehrenkreuz der deutschen Mutter (Mutterverdienstkreuz) in Bronze, Silber und Gold. Der nationalsozialistische Mutterkult machte aus der Mutter eine Heldin, eine „Quelle der Nation", eine „Wegbereiterin des Sieges". Sie trug die Verantwortung für die „Erhaltung der arischen Rasse". Nicht erwünscht waren allerdings Kinder, die „erbkrank" (wie z. B. Down-Syndrom oder Bluterkrankheit) oder nicht „arisch rein", d. h. nicht von deutschen Eltern waren. Über die „Erbkrankheit" von Kindern entschieden eigens geschaffene Gerichte, die viel Spielraum für willkürliche Auslegungen hatten. Die Gerichte konnten die Zwangssterilisation anordnen, was bis Mitte 1937 in fast 100 000 Fällen geschah.

Trotz des Mutterkults, das Ziel eines zunehmenden Kinderreichtums erreichten die Nationalsozialisten nicht. 1939 entfielen im Durchschnitt auf eine Ehe etwa gleich viele Kinder wie vor 1933. Auch das nationalsozialistische Idealbild der Frau als Mutter entfernte sich je näher der Krieg heranrückte immer mehr von der Wirklichkeit. Um die Industrieproduktion aufrechterhalten zu können, sollten bald auch Frauen in Männerberufen arbeiten. Vor allem während des Krieges wurden immer häufiger Mädchen und Frauen in der Rüstungsindustrie eingesetzt, um die Männer für den Krieg frei zu machen.

Plakat der Nationalsozialistischen Frauenschaft Q2

Q3 Des Volkes Lebensquell

Gemälde von Richard Heymann, 1942.
Ein Lieblingsthema der NS-Kunst war das Familienglück der Frau. Die ländliche Umgebung soll die Harmonie von Natur und Familie zeigen.

Q4 „Frau als Gebärmaschine"

Eine emigrierte Deutsche schrieb 1939 aus Paris:
Jahrelang haben die Nazis sich als Retter der deutschen Familie ausgegeben und Märchen darüber verbreitet, dass andere Ideologien die Familien zerstören. Während in anderen Ländern der Wohlstand der Familien gesichert wird, werden in Hitlers Reich durch die Kriegspolitik die Familien gewaltsam auseinander gerissen und zerstört. Nicht nur die täglichen Sorgen, sondern auch der Zwang und Druck der Wehrwirtschaft belasten und verfolgen die Frauen. (...) Die Ehe ist für die Nazis keine Gemeinschaft zweier Menschen, die das Glück ihrer Familie und ihre Zukunft gestalten und darum gerne Kinder haben wollen. Im Dritten Reich wird die Ehe als Zuchtanstalt und die Frau als Gebärmaschine betrachtet.

Zit. nach: Der deutschen Frauen Leid und Glück. Paris 1939, S. 47.

Q5 Der „ewige Wert unseres Volkes"

Im „Völkischen Beobachter" vom 13. September 1936 schreibt Hitler über die Leistung von Frauen:
Wenn heute eine weibliche Juristin noch so viel leistet und nebenan eine Mutter wohnt mit fünf, sechs, sieben Kindern, die alle gesund und gut erzogen sind, dann möchte ich sagen: Vom Standpunkt des ewigen Wertes unseres Volkes hat die Frau, die Kinder bekommen und erzogen hat und die unserem Volk damit das Leben in die Zukunft wiedergeschenkt hat, mehr geleistet: mehr getan!

Völkischer Beobachter vom 13. 9. 1936.

Q6 Mann sucht Frau

Inserat aus den „Münchener Neuesten Nachrichten":
Zweiundfünfzig Jahre alter, rein arischer Arzt, Teilnehmer an der Schlacht bei Tannenberg, der auf dem Lande zu siedeln beabsichtigt, wünscht sich männlichen Nachwuchs durch eine standesamtliche Heirat mit einer gesunden Arierin, jungfräulich, jung, bescheiden, sparsame Hausfrau, gewöhnt an schwere Arbeit, breithüftig, flache Absätze, keine Ohrringe, möglichst ohne Eigentum.

Zit. nach: W. Hug (Hg.), Geschichtliche Weltkunde. Quellenbuch, Bd. 3, Frankfurt 1983, S. 151.

Q7 Frau sucht Mann

Heiratsannonce aus dem „völkischen Beobachter":
Deutsche Minne, BDM-Mädel, gottgläubig, aus bäuerlicher Sippe, artbewusst, kinderlieb, mit starken Hüften, möchte einem deutschen Jungmann Frohwalterin seines Stammhalters sein (Niedere Absätze – kein Lippenstift.) Nur Neigungsehe mit zackigem Uniformträger.

„Völkischer Beobachter" vom 12. 8. 1934.

Fragen und Anregungen

1. Lege dar, welche Rolle der Frau in Q2–5 zugewiesen wird und setze dich mit dem nationalsozialistischen Frauenbild auseinander.
2. Beschreibe Q3 und finde heraus, inwiefern die dargestellte Rollenverteilung dem nationalsozialistischen Idealbild einer Familie entspricht. Welche Mittel hat der Maler dafür verwendet?
3. Erläutere, wie Q6 und 7 das nationalsozialistischen Frauenbild widerspiegeln. Was sagen die Annoncen über die Wirkung der Politik aus?

8. Volksgemeinschaft – Nicht jeder gehört dazu

April 1933	Die NSDAP organisiert einen Boykott jüdischer Geschäfte.
1935	Die „Nürnberger Rassengesetze" schließen die Juden aus Staat und Gesellschaft aus. Als „Artfremde" werden wie die Juden die Sinti und Roma verfolgt.
1938	Reichspogromnacht: Die SA geht gewaltsam gegen Juden vor.

Schutzhaft und erste Konzentrationslager

Die Reichstagsbrandverordnung von 1933 diente den Nationalsozialisten als Legitimation für die systematische Verfolgung politischer Gegner (vor allem Kommunisten, Sozialdemokraten, Gewerkschafter) und missliebiger Minderheiten, die nach dem Willen der Nationalsozialisten nicht zur Volksgemeinschaft gehörten. Das Spitzelwesen der Geheimen Staatspolizei (Gestapo), aber auch Denunzianten in der Bevölkerung führten dazu, dass viele Deutsche ohne Anklage und Prozess in Schutzhaft genommen wurden. Die Nationalsozialisten begründeten die Schutzhaft als präventive Maßnahme, um die Staatssicherheit nicht zu gefährden.
Bald reichten die Gefängnisse für die vielen Schutzhäftlinge nicht mehr aus. An vielen Orten wurden ab 1933 von der SA Konzentrationslager errichtet, in die die verhafteten Menschen für einige Zeit eingeliefert wurden oder für immer darin verschwanden. Die Existenz der Lager war keineswegs geheim, sie sollten ja auch zur Abschreckung dienen. In den Konzentrationslagern waren die Häftlinge und alle von der Volksgemeinschaft ausgegrenzten Deutschen schutzlos der Willkür der SS, die ab 1934 die Lager übernahm, ausgeliefert.
Welche Bevolkerungsgruppen waren dies, die von den Nationalsozialisten verfolgt, aller Rechte beraubt und in die Konzentrationslager eingeliefert wurden?

Vernichtung der bürgerlichen Existenz der Juden

Von der Volksgemeinschaft ausgeschlossen und verfolgt wurden im nationalsozialistischen Rassenwahn besonders die Juden. Seit dem Ermächtigungsgesetz hatten die Nationalsozialisten freie Hand, die bürgerliche Existenz aller Deutschen jüdischer Herkunft planmäßig zu zerstören. Als Jude galt jeder, der jüdische Eltern oder Großeltern hatte. 1933 lebten in Deutschland etwa 500 000 Juden. Schon am 1. April 1933 begann die Verfolgung der Juden in zahlreichen Städten mit einem Boykott jüdischer Geschäfte. Kurz darauf verordnete ein Gesetz, bis auf wenige Ausnhamen alle jüdischen Beamten und Angestellten aus dem öffentlichen Dienst zu entlassen. Mit den Nürnberger Rassegesetzen von 1935 verloren die jüdischen Mitbürger sämtliche politische Rechte. Jüdischen Ärzten, Apothekern und Anwälten wurde die Berufszulassung entzogen. Jüdische Studenten sahen sich vom Studium ausgeschlossen, bereits Schulkinder wurden in der Schule verhöhnt, isoliert und schließlich in besonderen Judenschulen konzentriert. Mit Juden zu verkehren oder Geschäftsverbindungen zu unterhalten, war verboten.

SA-Leute am 1. April 1933 als Boykottposten vor einem jüdischen Geschäft in Berlin Q1

Q2 „Rassenschande“
Ein Paar wird öffentlich gedemütigt und zur Schau gestellt, Cuxhafen, März 1933.

Als „Rassenschande“ verboten waren bei langen Zuchthausstrafen ebenso Ehen oder außereheliche Beziehungen zwischen Juden und Nichtjuden. Jeder Deutsche musste als Vorbedingung für die Eheschließung oder eine Anstellung im öffentlichen Dienst einen „Ahnenpass“ mit dem Nachweis „arischer“ Abstammung über mindestens drei Generationen beibringen.

Zerstörung, Raub und Mord – sie nannten es „Reichskristallnacht“

In der Nacht vom 9. zum 10. November 1938 organisierten die Nationalsozialisten die bis dahin größte Verfolgung der Juden (Novemberpogrom). In Paris hatte ein 17-jähriger Jude aus Protest gegen die Ausweisung seiner Eltern nach Polen einen deutschen Diplomaten erschossen. Goebbels erklärte diese Tat eines Einzelnen als ein Verbrechen des „internationalen Judentums“. Die SA zerstörte jüdische Gotteshäuser und etwa 7500 jüdische Geschäfte. Auf das Glitzern der zertrümmerten Schaufenster im Feuerschein der brennenden Synagogen bezog sich der von der NSDAP hämisch verwendete Ausdruck „Reichskristallnacht“. Aber es blieb nicht bei Brand und Raub: Tausende von Juden wurden von der SA durch die Straßen geprügelt, etwa Hundert kamen ums Leben. Mehr als 20 000 wurden in den nächsten Tagen in Konzentrationslager eingeliefert. Die NSDAP erklärte das Novemberpogrom als spontane Aktionen des „Volkszorns“.

Neue Schikanen und Verlust des Eigentums

Nach dem Novemberpogrom setzten die Behörden immer neue Schikanen durch. So wurde den Juden verboten, öffentliche Verkehrsmittel zu benutzen, Bücher und Zeitungen zu kaufen, Autos und Motorräder zu besitzen, Haustiere zu halten, Bäder, Theater, Museen, Konzerte und Kinos zu besuchen sowie bestimmte Parkanlagen und den „deutschen Wald“ zu betreten.
Schließlich griffen die Nationalsozialisten auch nach dem Eigentum der Juden. Jüdische Besitzer mussten ihre Geschäfte und Betriebe, schließlich sogar ihren Privatbesitz zu Schleuderpreisen verkaufen oder mit der Enteignung rechnen. „Käufer“ waren „verdiente“ Nationalsozialisten, Geschäftsleute und Unternehmer. Aber auch andere Deutsche konnten zu „Schnäppchenpreisen“ jüdisches Eigentum erwerben. Die Verfolgung der Juden brachte für manche zudem oft berufliche Vorteile, so z. B. für Ärzte oder Anwälte, Beamte und Angestellte in der Verwaltung oder Lehrern und Professoren an den Schulen und Hochschulen: Ihnen eröffneten sich nach der Entlassung der Juden neue Karrieremöglichkeiten.

Emigration als Rettung?

Zwar emigrierten bereits 1933 die ersten Juden aus Furcht vor Unterdrückung aus Deutschland. Die allermeisten aber blieben. Viele fühlten sich seit Generationen als Deutsche und waren zum Teil auch zum christlichen Glauben übergetreten. Sie konnten sich nicht vorstellen, in einem zivilisierten Land wie Deutschland als Deutsche von Deutschen verfolgt zu werden. Die „Nürnberger Rassengesetze“

lösten dann 1935 die erste fluchtartige Auswanderungswelle aus, rund ein Drittel der Juden (ca. 170 000) verließ bis zum Novemberpogrom Deutschland. Danach setzte eine neue Massenflucht ein. Noch einmal gelang es 150 000 Juden, nach Frankreich, der Schweiz, den Niederlanden oder nun besonders auch nach Palästina, England und Amerika zu entkommen. Der Besitz musste zurückgelassen, die Flucht von Verwandten oder Freunden finanziert werden. Verschiedene ausländische Staaten begannen sich zu weigern, weitere Juden aufzunehmen. Vielen Juden ohne Beziehungen zum Ausland oder ohne Geldmittel blieben alle Fluchtwege verschlossen; sie hofften auf ein Ende der Verfolgungen, ohne zu ahnen, welches Schicksal ihnen bevorstand. Während anfangs die NSDAP gegen Bezahlung einer „Reichsfluchtsteuer" die Auswanderung ermöglicht hatte, erließ sie 1941 ein Auswanderungsverbot. Fast 170 000 Juden waren trotz aller Verfolgungen noch im Reich.

Q3 Judenstern
Ab 1941 mussten alle Juden in Deutschland dieses Zeichen tragen.

Ausgegrenzt, verfolgt, ermordet

So wie die Juden mit Gewalt und Terror verfolgt wurden diejenigen, die die Nationalsozialisten „Artfremde" und „Volksschädliche" nannten. Zu ihnen zählten sie die Sinti und Roma. Sie wurden verhaftet und zur Zwangsarbeit in Arbeitslager gebracht. Männer, Frauen und Mädchen mussten sich zwangsweise sterilisieren lassen. Kinder erhielten Schulverbot, Erwachsene Berufsverbote, ihr Vermögen wurde eingezogen. Der Rassismus der Nationalsozialisten führte schließlich für die Sinti und Roma genauso zum Völkermord wie für die Juden (vgl. S. 136–140).
Von der Volksgemeinschaft ausgegrenzt und in Konzentrationslager gebracht wurden auch die Menschen, deren Glaubensrichtung (z. B. Zeugen Jehovas), Gesinnung (z. B. Pazifisten) oder Lebensführung (z. B. Homosexuelle) den Nationalsozialisten nicht passte.
Es genügte aber auch, als Schriftsteller oder Künstler nicht die Anschauungen der Nationalsozialisten zu vertreten. Man erhielt Berufsverbot. Am 10. Mai 1933 verbrannten nationalsozialistische Studenten in vielen Universitätsstädten „undeutsche, volksfremde und jüdische" Bücher öffentlich bei Marschmusik auf Scheiterhaufen. Viele bedeutende Wissenschaftler, Schriftsteller und Künstler flohen aus Deutschland oder wurden von der Regierung „ausgebürgert".
So wie die Nationalsozialisten bestimmten, was als Kunst zu gelten hatte und was als „entartet", so entschieden sie auch über „lebenswertes" und „unwertes Leben". Schon bald nach 1933 verboten sie psychisch kranken, missgebildeten oder geistig behinderten Deutschen zu heiraten und Kinder zu bekommen. Frauen und Männer mit „Erbkrankheiten" wurden zwangssterilisiert. 1939 trat ein Erlass in Kraft, nach dem „unwertes Leben" planmäßig vernichtet werden konnte. In verschiedenen Heil- und Pflegeanstalten wurden über 100 000 Behinderte ermordet. Die Nationalsozialisten nannten diesen Massenmord „Euthanasie-Programm" (griech.: „euthanasia" d. h. schöner Tod). Nach öffentlichen Protesten (vgl. S. 141 f.) stellten sie zwar offiziell die Tötungen ein, die Ermordung von betroffenen Menschen ging aber auf andere Art (Medikamente, Nahrungsmittelentzug) weiter.

Q4 Broschüre von Hans Severus Ziegler, 1939

Wie reagierte die Bevölkerung?

Auch wenn nicht wenige die Diskriminierung von Juden und anderen Bevölkerungsgruppen billigten, reagierte die Bevölkerung auf Terroraktionen der Nationalsozialisten oft mit Betroffenheit und Scham. Vor allem Gewaltverbrechen und Morde lehnten viele ab – aber sie schwiegen, lehnten sich nicht dagegen auf, riskierten keinen öffentlichen Widerstand. Und so konnten die Nationalsozialisten ihr zerstörerisches Werk und ihren zunehmend radikaleren Terror fortsetzen: Die Basis der Nationalsozialisten forderte ein immer schärferes Vorgehen vor allem gegen die Juden und die Regierung erfüllte diesen Druck von unten durch eine Flut neuer diskriminierender Gesetze von oben.

Q5 Hier trägst Du mit …

Aus der „Illustrierten Monatsschrift für deutsches Volkstum“, 1936

Q6 „In Schutzhaft genommen“

Aus internen Berichten von Justiz und Polizei:

- Verschiedene Personen mussten in Schutzhaft genommen werden wegen Beleidigung des Herrn Reichskanzlers. (15.9.1933)
- Der Staatsanwaltschaft überstellt wurde der Landwirt Alexander G. in Bühl, der dringend verdächtig ist, die in seinem Wohnort befindliche Hitler-Linde abgesägt zu haben. (17.3.1934)
- Angezeigt wurde der verh. Kaufmann Hugo L., weil er in der Wirtschaft äußerte: „… jeden Tag wird es schlechter in Deutschland. Alle Steuern sind noch gleich hoch geblieben.“ (1935)

Zit. nach: J. Schadt (Bearb.), Verfolgung und Widerstand unter dem Nationalsozialismus in Baden. Stuttgart 1976, S. 306 f.

Q7 … Vernichtung

Im antisemitischen Wochenblatt „Der Stürmer“ wurde der Brief einer Schülerin veröffentlicht:

Gauleiter Streicher hat uns so viel von den Juden erzählt, dass wir sie ganz gehörig hassen. Wir haben in der Schule einen Aufsatz geschrieben unter dem Titel: „Die Juden sind unser Unglück“ (…) Leider sagen heute noch viele: „Die Juden sind auch Geschöpfe Gottes. Darum müsst Ihr sie auch achten.“ Wir aber sagen: „Ungeziefer sind auch Tiere und trotzdem vernichten wir es.“

Zit. nach: K. Zentner, Illustrierte Geschichte des Dritten Reiches. München 1965, S. 178.

Q8 „Es ist höchste Zeit …“

Ein Deutscher beschwert sich 1936:

Wie ich heute Morgen feststellen musste, waren im Hansabad 3 Juden und zwar 1 Jude und 2 Jüdinnen. Es ist mir unverständlich, dass Juden dort zugelassen sind. Der Wärter sagte, es bestände dort (…) kein Judenverbot. Es ist aber höchste Zeit, dass ein solches Verbot in Kraft tritt, da auch in anderen Städten derartige Verbote für Juden bestehen. Vielleicht lässt sich dieses auch in Bremen durchführen.

Zit. nach: I. Marßolek/R. Ott, Bremen im 3. Reich. Anpassung – Widerstand – Verfolgung. Bremen 1986, S. 175.

Q9 „… habe ich geschwiegen“.

Martin Niemöller, 1938–1945 im KZ, in einer Predigt 1976:

Als die Nazis die Kommunisten holten, habe ich geschwiegen, ich war ja kein Kommunist. Als sie die Sozialdemokraten einsperrten, habe ich geschwiegen, ich war ja kein Sozialdemokrat. Als sie die Gewerkschaftler holten, habe ich geschwiegen, ich war ja kein Gewerkschaftler. Als sie mich holten, gab es keinen mehr, der protestieren konnte.

Zit. nach: Stern, Nr. 26, 1976

Q10 … Selbstmord …

Aus dem Monatsbericht der Gendarmerie-Station Reichenhall, 29. Dezember 1938:

Am 13.12.1938 vergiftete sich die in Bayerisch Gmain wohnhaft gewesene 67-jährige verwitwete Jüdin und Schauspielersgattin Klara Dapper mit Veronal, weil man ihr in der Nacht vom 12./13.12. vor ihre Haustür in Bayerisch Gmain von bis jetzt unbekannten Tätern einen Zettel mit der Aufschrift gehängt hatte: „Alle Juden endlich einmal heraus!“ Die Dapper hatte in Bayerisch Gmain ein Wohnhaus, das ihr Eigentum war. Die Ortschaft (…) ist somit judenfrei.

Zit. nach: Bayern in der NS-Zeit. München 1977, S. 479.

Q14 Pass von Susanne Blumenthal
Der Pass jüdischer Bürger wurde mit einem großen „J" gekennzeichnet. Frauen mussten als weiteren Vornamen Sara annehmen, Männer den Vornamen Israel.

Q11 Brennende Synagoge in Essen
Foto am Tage nach der Reichspogromnacht.

Q12 Brennende Synagogen

Eine Jüdin aus Essen schildert ihre Erlebnisse der Reichspogromnacht:

Ich bin durch grelle Hilferufe und Scheibengeklirr aufgewacht. Ich wohnte mitten in der Stadt Essen. Ringsum waren eine ganze Reihe von jüdischen Geschäften und Wohnungen. (...) Der Lichtschein und der Rauch der brennenden Synagoge war von weitem sichtbar. Vor Schrecken und Furcht habe ich geglaubt nicht atmen zu dürfen und gefürchtet, dass jeden Moment die SA- und SS-Männer in unsere Wohnung kommen, alles zerstören und meine Angehörigen und mich umbringen würden (...). Noch am Nachmittag (des nächsten Tages) sind halbwüchsige Jugendliche mit Karren voll geplünderter, gestohlener Gegenstände in der Stadt Essen gesehen worden.

Zit. nach: B. A. Stern, Chronik Ruhrgebiet. Gütersloh/München 1997, S. 428.

Q13 Konzentrationslager

Ein ehemaliger Häftling berichtet:

Herr Z. besaß ein kleines Geschäft mit drei Angestellten in Deutschland. Er wurde im Juni 1938 (...) ohne wirklichen oder auch nur vorgetäuschten Grund verhaftet (...) Ankunft morgens 6 Uhr 30 in Weimar. Empfang durch die SS mit Beschimpfungen und Schlägen: „Judenhunde, Schufte, nun haben wir euch!" (...) Buchenwald. Furchtbare Zustände im Lager: an manchen Stellen Schmutz und Schlamm bis zu den Knien (...) Dreihundertfünfzig der Neuangekommenen werden im Keller der Baracken untergebracht. Die Strohsäcke lagen in vier Reihen, und je drei Männer mussten sich ein solches Ruhelager teilen (...) verboten auf dem Rücken zu liegen, widrigenfalls Schläge mit dem Knüppel. (...) Lagerordnung: „Die Wache hat den Befehl, ohne Warnung zu schießen, wenn irgendjemand sich nach ihrer Richtung bewegt. Jede Kugel kostet 12 Pfennig, und dies ist gerade die Summe, die ein Jude wert ist, nicht mehr und nicht weniger!" Stundenplan: Aufstehen 3 Uhr 30, sehr schlechte Luft; furchtbarer Geruch: Wasser tropft von den winzigen Kellerfenstern. Antreten in Reih und Glied um 4 Uhr 30. Kaffeeverteilung um 4 Uhr 45 auf dem Platz, wo der Galgen und die Prügelblöcke stehen (...) Diejenigen, die sich krank gemeldet haben, treten heraus, werden abgesondert und vom Kommandanten inspiziert. Er behandelt (sie) sofort mit der Reitpeitsche in Gegenwart der anderen: „Juden haben nicht krank zu werden" (...) Viele setzen ihren Leiden dadurch ein Ende, dass sie einen Fluchtversuch vortäuschen, um erschossen zu werden.

Zit. nach: Dokumente über die Behandlung deutscher Staatsangehöriger. London 1940, S. 11 ff.

Q15 Bücherverbrennung
Holzschnitt des im Exil in Paris lebenden Heinz Kiwitz, 1938. Neben den Namen, die zu lesen sind, wurden unter vielen anderen die Bücher von Ernst Bloch, Bertolt Brecht, Thomas Mann, Stefan Zweig, Erich Kästner, Anna Seghers verbrannt.

Q16 Aus der Tempelhofer Zeitung vom 8. August 1937

Ein bunter Transport durch Tempelhof

Ende der Zigeunerherrlichkeit

Die Behörde greift energisch durch — Beschränkte Freizügigkeit

Schmutzig, von Ungeziefer starrend, schamlos ihre Familienintimitäten vor den Augen aller Welt ausbreitend, unverschämt, aufdringlich, lästig, wurden sie trotzdem von den Behörden geduldet und genossen eine unbeschränkte Freizügigkeit, die ihnen gestattete, bei Nacht und Nebel zu verschwinden und irgendwo anders unterzutauchen. Wir sehen mit Freuden, daß dieser Freiheit jetzt ein Ende gemacht worden ist. Z.

Q17 Deportation von Sinti und Roma.
Foto, 1940.
Der Name Sinti ist wahrscheinlich von ihrer Heimat in der Region Sindh in Nordwestindien abgeleitet. Mit Roma werden Stämme außerhalb des deutschen Sprachraums, vor allem aus Südosteuropa, bezeichnet.

Fragen und Anregungen

1. Stelle zusammen, aus welchen Gründen Menschen zu Opfern des Terrors werden konnten. (VT und Q1–17)
2. Informiere dich über die Rechtsstaatlichkeit der Verhaftungsgründe aus heutiger Sicht. (Q6)
3. Suche nach Gründen, warum die Nationalsozialisten ihren Terror gegen Andersdenkende und Minderheiten ohne größeren Widerstand der Bevölkerung durchführen konnte. (VT, Q1, 2, 4, 5, 7–11, 15 und 16)
4. Erkläre das/die Motiv(e), die zur Beschwerde in Q8 geführt haben könnten. Ziehe dazu auch Q4 auf S. 103 heran.
5. Erläutere, welche(s) Ziel(e) die Methoden hatten, nach denen die Häftlinge von Konzentrationslagern behandelt wurden (Q13).

9. Den Krieg im Visier – die Außenpolitik bis 1937

1933 Das Konkordat (Übereinkunft) mit dem Papst erhöht das Ansehen des Regimes.

1934 Deutschland und Polen unterzeichnen einen Nichtangriffspakt.

1935 Deutschland und England einigen sich über ein Flottenabkommen.

1936 Deutschland marschiert in das entmilitarisierte Rheinland ein. Deutschland gewinnt Italien und Japan als Bündnispartner.

„Der Mann mit den zwei Gesichtern" Q1
Französische Karikatur von 1933.

Deutschland – ein friedlicher Partner?

Die Außenpolitik des nationalsozialistischen Deutschland verfolgte bis 1937 vor allem zwei Ziele: Der Versailler Vertrag sollte revidiert und die alte Macht und Größe Deutschlands wiederhergestellt werden. Das entsprach auch den Erwartungen der allermeisten Deutschen. Die militärische Schwäche zwang die deutsche Außenpolitik zunächst zu wiederholten Friedensbeteuerungen und Vertragsabschlüssen, während andererseits die Aufrüstung vorangetrieben wurde. Die erste Aufsehen erregende Vereinbarung bildete das Konkordat mit dem Vatikan. Darin sicherten die Nationalsozialisten den deutschen Katholiken die freie Ausübung ihres Glaubens und der Kirche ihr Eigentum zu. 1934 wurde überraschend ein Nichtangriffspakt mit Polen geschlossen. Polen hatte sich bemüht, bei den Westmächten Unterstützung gegen Deutschland zu gewinnen, von dem es sich seit 1933 bedroht fühlte. Als die Verhandlungen gescheitert waren, suchte Polen durch diesen Vertrag Sicherheit. Im Januar 1935 fand entsprechend einer Bestimmung des Versailler Vertrags im Saarland eine Abstimmung darüber statt, ob das Land Frankreich angeschlossen, unter Verwaltung des Völkerbundes verbleiben oder wieder zu Deutschland gehören sollte. 90,3 Prozent aller stimmberechtigten Bürger entschieden sich für eine Rückkehr zu Deutschland.

Konfrontation und Vertragsbrüche

Neben diplomatischen Schachzügen setzte das NS-Regime auf offene Konfrontation. 1933 trat Deutschland aus dem Völkerbund aus. Offizieller Anlass dafür war, dass dem Deutschen Reich auf der Genfer Abrüstungskonferenz die militärische Gleichberechtigung versagt wurde. Nun konnte sich Hitlerdeutschland der Kontrolle des Völkerbundes entziehen und die Aufrüstung verstärkt vorantreiben. Dem diente auch die Wiedereinführung der allgemeinen Wehrpflicht im März 1935, womit sich zudem ein lang gehegter Wunsch der Reichswehrführung erfüllte. Deutschland verstieß damit offen gegen die Bestimmungen des Versailler Vertrages, doch die ausländischen Regierungen beließen es bei einem Protest. Im Gegensatz zu Frankreich war England bereit, einige Forderungen nach einer Rücknahme des Versailler Vertrages als berechtigt anzuerkennen. So schlossen England und Deutschland im Juni 1935 ein Flottenabkommen. Darin wurde der deutschen Flotte gegenüber der britischen eine Stärke im Verhältnis von 35 : 100, bei den U-Booten von 50 : 50 zugestanden. In den Augen der deutschen Bevölkerung war Deutschland auf dem Weg, die alte Macht und Größe in Europa wiederzugewinnen.

Die Besetzung des Rheinlandes

Die bisherige Unentschlossenheit und Uneinigkeit der Westmächte verlockte die deutsche Regierung zu einem weiteren Schritt zur Revision des Vertrages von Versailles. Sie kündigte den Vertrag von Locarno (vgl. S. 52) und ließ deutsche Soldaten ins entmilitarisierte Rheinland einmarschieren. Führende Generäle der Wehrmacht hatten vor diesem Schritt gewarnt. Doch wiederum konnte sich der Westen auf keine konkreten Gegenmaßnahmen einigen und Hitler verbuchte die Besetzung des Rheinlandes als seinen persönlichen Erfolg. Mehr und mehr hielt er sich nun in seinen Entscheidungen für unfehlbar.

Neue Bündnispartner

Für weiterreichende Ziele gelang es den Nationalsozialisten 1936, erste Bundesgenossen zu finden: Als in Spanien ein Bürgerkrieg ausbrach, nachdem General Franco gegen eine linke „Volksfront"-Regierung geputscht hatte, intervenierten Italien und Deutschland gemeinsam auf Francos Seite. Kurz darauf vereinbarten beide Staaten in der sog. „Achse Berlin-Rom" eine enge Zusammenarbeit und steckten ihre Interessengebiete ab. Das Mittelmeer sollte in Zukunft als italienisches, Osteuropa als deutsches Einflussgebiet gelten. Mit der expansiven Großmacht Japan einigte sich die deutsche Regierung, gemeinsam gegen die Kommunistische Internationale, deren Zentrum Moskau war, vorzugehen.

Deutschlands Außenpolitik – ein Erfolg?

Zweifellos wurde die Außenpolitik Deutschlands bis 1937 von vielen Zeitgenossen sowohl im Inland als auch im westlichen Ausland als Erfolg gesehen. Allerdings gab es auch warnende Stimmen und diese mehrten sich. Für den größten Teil der deutschen Bevölkerung aber hatte Deutschland an politischer und militärischer Bedeutung und damit an Ansehen in der Welt gewonnen. Der Versailler Vertrag war ohne kriegerische Auseinandersetzungen weitgehend revidiert worden. Dies trug vor allem auch zur Steigerung der Popularität der Person Hitlers bei. Die neu gewonnene Geltung Deutschlands und seines Führers zeigte sich auch bei den Olympischen Spielen 1936 in Berlin. Die ganze Welt schaute auf Deutschland. Ausländische Sportler und Zuschauer schwärmten vom „olympischen Geist" der Spiele. Die Propaganda der Nationalsozialisten hatte es verstanden, der Welt ein Deutschland zu zeigen, in dem der Wohlstand zuzunehmen schien und die Bürger in der Mehrheit zufrieden waren.

Q2 Die zerstörte nordspanische Stadt Guernica, 1936
In Spanien erprobten die Nationalsozialisten erstmals ihre Luftwaffe und demonstrierten damit militärische Stärke. Deutsche Bombardements trugen wesentlich zum Sieg des faschistischen Generals Franco bei.

Q3 Olympisches Silber im Fechten für Helene Mayer
Sie war eine von zwei Sportlern jüdischer Herkunft, die als Alibi in die deutsche Mannschaft aufgenommen wurden, nachdem die USA wegen der antisemitischen Politik des NS-Regimes mit dem Boykott der Spiele gedroht hatte.

Q4 „Wehrmacht ist die wichtigste Einrichtung“

Vier Tage nach seiner Ernennung zum Reichskanzler, am 3. Februar 1933, legte Hitler in einer geheimen Ansprache zum ersten Male vor Reichswehrgeneralen seine außenpolitischen Ziele dar. Ein Teilnehmer notierte:

Nach außen. Kampf gegen Versailles. Gleichberechtigung in Genf; aber zwecklos, wenn Volk nicht auf Wehrwillen eingestellt. Sorge für Bundesgenossen. Wirtschaft! Der Bauer muss gerettet werden! Siedlungspolitik! Künft. Steigerung d. Ausfuhr zwecklos. Aufnahmefähigkeit d. Welt ist begrenzt u. Produktion ist überall übersteigert. Im Siedeln liegt die einzige Mögl., Arbeitslosenheer z. T. wieder einzuspannen. Aber braucht Zeit u. radikale Änderung nicht zu erwarten, da Lebensraum für d(eutsches) Volk zu klein.
(…) Aufbau der Wehrmacht wichtigste Voraussetzung für Erreichung des Ziels: Wiedererringung der pol. Macht. Allg. Wehrpflicht muss wiederkommen (…) Wie soll pol. Macht, wenn sie gewonnen ist, gebraucht werden? Jetzt noch nicht zu sagen. Vielleicht Erkämpfung neuer Export-Mögl., vielleicht – und wohl besser Eroberung neuen Lebensraums im Osten u. dessen rücksichtslose Germanisierung (…) Wehrmacht wichtigste u. sozialistischste Einrichtung d. Staates. (…)
Gefährlichste Zeit ist die des Aufbaus der Wehrmacht. Da wird sich zeigen, ob Frankreich Staatsmänner hat; wenn ja, wird es uns Zeit nicht lassen, sondern über uns herfallen (vermutlich mit Ost-Trabanten).

Zit. nach: Vierteljahrshefte für Zeitgeschichte, 1954, S. 435.

„Friedensrede“ Q7
Amerikanische Karikatur auf die Rede Hitlers vom 17. Mai 1933.

Q5 „Wir möchten in Frieden leben“

Nach der Wiedereinführung der allgemeinen Wehrpflicht beteuerte Hitler am 17. Mai 1935 im Reichstag:

Unser Nationalismus ist ein Prinzip, das als Weltanschauung grundsätzlich allgemein verpflichtet. Indem wir in grenzenloser Liebe und Treue an unserem eigenen Volkstum hängen, respektieren wir die nationalen Rechte auch der anderen Völker aus dieser selben Gesinnung heraus und möchten aus tiefinnerstem Herzen mit ihnen in Frieden und Freundschaft leben. Wir kennen daher nicht den Begriff des „Germanisierens“ (…)

Zit. nach: W. Conze (Hg.), Der Nationalsozialismus 1934–1945. Totaler Führerstaat und nationalsozialistische Eroberungspolitik. Stuttgart 1984, S. 40 f.

Q6 Werden die Deutschen wieder Krieg anfangen?

Lord Arthur J. Balfour, konservativer britischer Staatsmann, 1902–1905 Premierminister, 1916–1919 Außenminister, erklärte im Oktober 1933 in einem Zeitungsinterview:

Werden die Deutschen wieder Krieg anfangen? Ich denke, daran kann es keinen Zweifel geben und (…) ich bin davon fest überzeugt, dass wir eines Tages die Deutschen aufrüsten lassen oder sie sogar selbst bewaffnen müssen. Angesichts der (…) furchtbaren Gefahr im Osten ist ein unbewaffnetes Deutschland wie (…) eine reife Pflaume, die darauf wartet, von den Russen gepflückt zu werden. Eine der großen Gefahren für den Frieden in Europa ist heute der total waffenlose Zustand Deutschlands.

Zit. nach: B. Engelmann, Einig gegen Recht und Freiheit. Deutsches Anti-Geschichtsbuch 2. Teil. Frankfurt a. M. 1977, S. 240.

Fragen und Anregungen

1. Stelle eine Liste der einzelnen Schritte der nationalsozialistischen Außenpolitik bis 1937 zusammen. Untersuche, wodurch die Ergebnisse der Außenpolitik begünstigt wurden und wie im In- und Ausland darauf reagiert wurde (VT, Q2 und 3).
2. Erkundige dich im Internet oder in einem Lexikon, wie der spanische Maler Pablo Picasso den deutschen Luftangriff auf Guernica dargestellt hat.
3. Vergleiche die Aussagen von Q4 und 5 und stelle die Unterschiede gegenüber. Suche Gründe für die unterschiedlichen Aussagen.
4. Erkläre, wie in der französischen und amerikanischen Karikatur die Außenpolitik Hitlers eingeschätzt wird (Q1 und 7.)
5. Erläutere, welche Position der britische Staatsmann Lord Balfour zur zukünftigen Außenpolitik Deutschlands einnimmt und stelle fest, welche Gründe er dafür anführt (Q6).
6. Verfasse in Gruppenarbeit einen Kommentar zur deutschen Außenpolitik aus englischer, französischer und deutscher Sicht.

10. Annexion, Aggression und Kriegsbeginn

März 1938	Mit der Annexion (Einverleibung) Österreichs entsteht das „Großdeutsche Reich".
September 1938	England, Frankreich und Italien ermöglichen auf der Münchener Konferenz Deutschland den Einmarsch in das Sudetenland.
1939	Deutsche Truppen marschieren in der Tschechoslowakei ein. Hitler und Stalin schließen einen Nichtangriffspakt.
1. September 1939	Deutsche Truppen greifen Polen an, der Zweite Weltkrieg beginnt.

Die Annexion Österreichs …

Auch bei den nächsten außenpolitischen Schritten glaubten die Nationalsozialisten sich der Zustimmung der meisten Deutschen sicher sein zu können: Unter Berufung auf das Selbstbestimmungsrecht der Völker sollten die deutschsprachigen Bevölkerungsteile der angrenzenden Staaten in einem Großdeutschen Reich vereint werden.

In Österreich hatten schon seit längerer Zeit nationalistische Parteien (z. B. die Alldeutsche Partei) in der Bevölkerung recht erfolgreich eine Politik verfochten, die ein engeres Zusammengehen mit dem wirtschaftlich starken Deutschland zum Ziele hatte. Trotz des Verbots der Vereinigung durch den Versailler Vertrag griffen die deutschen Nationalsozialisten diese Idee auf und unterstützten 1934 die österreichischen Nationalsozialisten bei dem Versuch, in Österreich durch einen Putsch und den Mord am österreichischen Bundeskanzler Engelbert Dollfuß die Macht zu übernehmen. Dieser Versuch scheiterte. Mussolini ließ Truppen am Brenner aufmarschieren und verhinderte dadurch eine stärkere Unterstützung der Putschisten durch deutsche Truppen. Nach Gründung der „Achse Rom-Berlin" (1936) ging Österreich dieser Schutz verloren. Nun wurden 1938 die deutschen Nationalsozialisten aktiv. Sie drohten mit dem Einmarsch deutscher Truppen. Damit setzten sie die österreichische Regierung so unter Druck, dass diese zuerst der Aufnahme einiger österreichischer Nationalsozialisten in die Regierung und dann der Ernennung des Führers der österreichischen NSDAP, Arthur Seyß-Inquart, zum Bundeskanzler Österreichs zustimmte. Dieser bat in einem mit der deutschen Regierung verabredeten „Hilferuf" um die Entsendung deutscher Truppen zur Sicherung von „Ruhe und Ordnung". Der deutsche Einmarsch geriet zu einem Triumphzug. Viele Österreicher waren aus nationalen Gründen für ein Zusammengehen mit Deutschland, andere erhofften sich einen wirtschaftlichen Aufschwung. Eine Volksabstimmung bestätigte mit 99 Prozent die Vereinigung von Österreich und Deutschland zum „Großdeutschen Reich". Fast unbemerkt blieb, dass gleichzeitig mit dem Jubel Tausende von Juden und politischen Gegnern verhaftet und in Konzentrationslager gebracht wurden.

Q1 Wien begrüßt den Führer
Hitler fährt am 12. März 1938 durch das von deutschen Truppen besetzte Wien.

... und Zerschlagung der Tschechoslowakei

Wenige Monate nach der Annexion Österreichs forderte die deutsche Regierung das Selbstbestimmungsrecht für die in der Tschechoslowakei lebenden Sudetendeutschen. Die tschechoslowakische Regierung ging jedoch auf keinerlei Forderung ein. Als die deutsche Regierung mit Krieg drohte, schaltete sich der englische Premierminister Neville Chamberlain ein, um zwischen Berlin und Prag zu vermitteln. Hitler aber bekräftigte seine Forderungen und drohte weiter mit Krieg. Mussolini gelang es schließlich, diesen zu verhindern und für den 29./30.9.1938 eine Konferenz nach München einzuberufen. Dort beschlossen England, Italien, Frankreich und Deutschland im „Münchner Abkommen", dass die Tschechoslowakei das Sudetenland an Deutschland abtreten musste, der übrigen Tschechoslowakei wurde die staatliche Existenz garantiert. Tschechische Politiker waren nicht eingeladen. Doch bereits im März 1939 ließ die deutsche Regierung Truppen in der Tschechoslowakei einmarschieren. Widerstand wurde nicht geleistet, denn Deutschland hatte angedroht, Prag zu bombardieren. Die Tschechei wurde zum „Reichsprotektorat Böhmen und Mähren", die Slowakei erklärte sich für souverän, unterstellte sich aber dem Schutz des Deutschen Reiches. Dieser Bruch des Münchener Abkommens verdeutlichte England und Frankreich, dass mit Verträgen und Zugeständnissen die Aggression der Nationalsozialisten nicht zu stoppen war. Sie gaben daher die bisherige Appeasement-Politik auf und erklärten Polen ihren Beistand, sollte es zu einem Angriff durch Deutschland kommen.

Der Weg in den Krieg

Geblendet von den bisherigen „Erfolgen" glaubte die deutsche Regierung immer noch, es mit schwachen Staatsmännern zu tun zu haben, deren Demokratien keinen Krieg riskieren würden. Immer offener drängten daher die Nationalsozialisten auf Krieg, um im Osten Land zu erobern. Ihr erstes Ziel war dabei Polen.
Zunächst sollte die seit dem Versailler Vertrag Freie Stadt Danzig wieder an das Deutsche Reich kommen. Zudem sollte Ostpreußen, das von Deutschland seit 1919 durch polnisches Gebiet („polnischer Korridor") getrennt war, durch eine exterritoriale (d.h. der deutschen Hoheit unterliegende) Straßen- und Eisenbahnverbindung mit dem Deutschen Reich verbunden werden. Polen lehnte diese ohnehin nur vorgeschobenen Forderungen ab.
Übergriffe gegenüber Deutschen in Polen nahm die deutsche Regierung zum Anlass, mit militärischem Eingreifen zu drohen. England und Frankreich hätten dann Polen zu Hilfe kommen müssen. Deutschland wollte aber einen Zweifrontenkrieg vermeiden. Deshalb kam im Falle eines deutschen Angriffs auf Polen dem Verhalten der Sowjetunion große Bedeutung zu. Nachdem Bündnisverhandlungen Frankreichs und Englands mit der Sowjetunion gescheitert waren, trat am 23. August ein, womit niemand gerechnet hatte: Die antifaschistische Sowjetunion und das antibolschewistische Deutschland schlossen einen Nichtangriffspakt auf die Dauer von 10 Jahren. In einem geheimen Zusatzprotokoll machten sie Polen sowie die baltischen Staaten zur künftigen gemeinsamen Beute. Deutsche Truppen marschierten am 1. September in Polen ein, sowjetische am 17. September in Ostpolen. Die Nationalsozialisten hatten den Zweiten Weltkrieg begonnen.
Der Einmarsch in Polen löste in der deutschen Bevölkerung Bestürzung und gedrückte Stimmung aus. Von einer Begeisterung wie beim Beginn des Ersten Weltkriegs war nirgendwo etwas zu spüren.

Q2 „Fragt sich, wie lange die Flitterwochen dauern werden?" Karikatur von Cifford K. Berryman, im „Washington Star" vom 9. Oktober 1939.

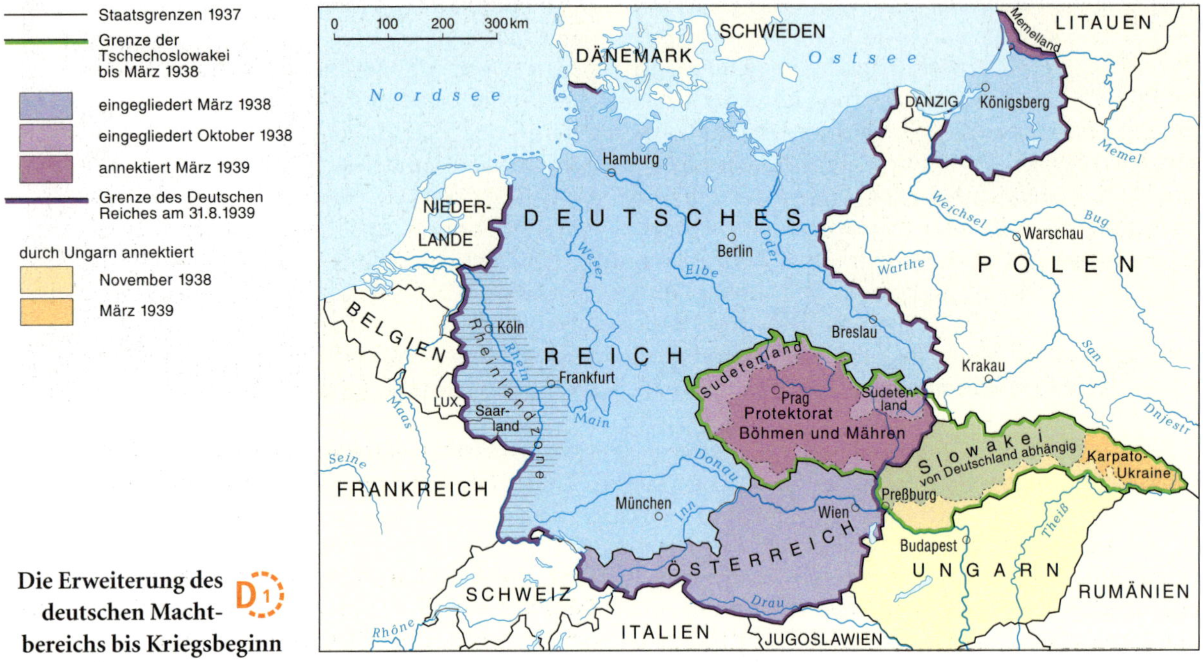

Die Erweiterung des deutschen Machtbereichs bis Kriegsbeginn D1

Q3 „Absolut unmoralisch"

Der britische Botschafter in Berlin, Henderson, schrieb am 16. März 1939 an seinen Außenminister:

Ein Kommentar gegen das Vorgehen Deutschlands in der Tschechoslowakei erscheint überflüssig. Der äußerste Zynismus und die Immoralität des ganzen Vorgehens spottet jeglicher Beschreibung. (...) Es ist schwer zu glauben, dass das Schicksal der Tschechen die übrigen slawischen Stämme nicht bewegen wird, sich untereinander zu verständigen. Wenn auch verwerflich in der Form und unwillkommen als Tatsache, so war die Eingliederung Österreichs und der Sudetendeutschen in das Reich im Prinzip keine unnatürliche Entwicklung, kein unedles Streben für die Deutschen und nicht einmal in einem ethischen Sinne unmoralisch. Beide, die Ostmark und das Sudetengebiet, sind von einer Bevölkerung bewohnt, die völlig deutsch ist und die an die Grenzen Deutschlands anstößt. Ihre Eingliederung in das Reich geschah daher in Übereinstimmung mit dem Recht der Selbstbestimmung. Die Annexion von Böhmen und Mähren liegt auf einer ganz anderen Ebene und kann nicht durch irgendeinen der Gründe gerechtfertigt werden, die einst die Opposition gegen die Eingliederung Österreichs und des Sudetenlandes schwächer machten. Sie widerspricht völlig dem Recht der Selbstbestimmung und ist absolut unmoralisch.

Zit. nach: K. Zentner, Illustrierte Geschichte des Dritten Reiches. München 1965, S. 441 f.

Q4 „Zynismus und Hinterhältigkeit"

Am 16. März1939 meinte Robert Coulondre, der französische Botschafter in Moskau:

„Die Tschechoslowakei (...) besteht nicht mehr (...) Alle Staaten, die Wert auf ihre Unabhängigkeit und Sicherheit legen, müssen unverzüglich (...) Schlussfolgerungen gegenüber dem durch seine Erfolge berauschten Deutschland ziehen, das seine auf rassischen Grundsätzen aufgebauten Forderungen mit einem Imperialismus reinsten Wassers vertauscht hat. Das Vorgehen, dem die Tschechoslowakei soeben zum Opfer gefallen ist, trägt den typischen Stempel hitlerischer Unternehmungen, d. h. Zynismus und Hinterhältigkeit der Planung, Geheimhaltung der Vorbereitung und Brutalität der Ausführung.

Geschichte in Quellen, Bd. 6. München 1970, S. 377.

Appeasement-Politik

(engl.: to appease = beruhigen, beschwichtigen)
Außenpolitik der britischen Regierung Chamberlain, die von der Annahme ausging, man könne durch Zugeständnisse an Hitler mit diesem zu zuverlässigen Vereinbarungen kommen und so den Frieden in Europa aufrechterhalten, zumindest aber genügend Zeit für die eigene Aufrüstung gewinnen.

Q5 **Einmarsch der Deutschen in Prag im März 1939**

Q7 **Die Freie Stadt Danzig feiert am 19. September 1939 die Eingliederung in das „Großdeutsche**

Q6 **Ein Datum von großer historischer Bedeutung**

Der sowjetische Außenminister Molotow äußerte sich am 31. August 1939 zum Hitler-Stalin-Pakt:

Der Entschluss, zwischen der Sowjetunion und Deutschland einen Nichtangriffspakt abzuschließen, wurde gefasst, nachdem die militärischen Verhandlungen mit England und Frankreich infolge der unübersteiglichen Meinungsverschiedenheiten in einen Engpass gerieten. Unter der Berücksichtigung, dass wir auf den Abschluss eines gegenseitigen Beistandspaktes nicht rechnen konnten, mussten wir uns die Frage nach anderen Möglichkeiten stellen, um den Frieden zu garantieren und die Drohung eines Krieges zwischen Deutschland und der Sowjetunion auszuschalten. (...)

Der 23. August, an dem der deutsch-sowjetische Nichtangriffspakt unterzeichnet wurde, muss als ein Datum von großer historischer Bedeutung betrachtet werden. Der Nichtangriffspakt zwischen Sowjet-Russland und Deutschland bedeutet einen Umschwung in der Geschichte Europas und nicht nur Europas allein.

Zit. nach: E. Krautkrämer (Hg.), Internationale Politik im 20. Jahrhundert, Bd. 1. Frankfurt a. M. 1976, S. 157 f.

Q8 **Eine Einladung Stalins an Deutschland**

Der amerikanische Journalist William L. Shirer schrieb am 23. August in Berlin in sein Tagebuch:

Gegen zwei Uhr morgens erhielten wir den Text des russisch-deutschen Pakts. Er geht viel weiter, als irgendjemand träumen konnte. Er stellt in Wirklichkeit eine Allianz dar und entsprechend den getroffenen Festlegungen enthält er die Einladung Stalins, des angeblichen Erzfeinds des Nazismus und jeglicher Aggression, an Deutschland, in Polen einzumarschieren und dort aufzuräumen. Die Anhänger der Bolschewisten sind konsterniert. Verschiedene deutsche Redakteure (...), die noch vorgestern hysterisch über die rote Gefahr geschrieben haben, kommen herein, bestellen Champagner und bezeichnen sich als alte Freunde der Sowjets! Dass Stalin so unverhohlene Machtpolitik betreibt und damit den Nazis in die Hände spielt, überwältigt (...) uns. (...) Wird, nehmen wir an, ein französischer Kommunist, den man sechs Jahre gelehrt hat, den Nazismus über alles zu hassen, nun Moskaus Umarmung von Hitler einfach schlucken?

W. L. Shirer, Berliner Tagebuch. Leipzig/Weimar 1991, S. 191.

Fragen und Anregungen

1. Suche Gründe für Gemeinsamkeiten und Unterschiede der Reaktionen der österreichischen, der tschechischen und der Danziger Bevölkerung auf den Einmarsch deutscher Truppen (Q1, 5 und 7).
2. Erkläre die Ziele, Möglichkeiten und Gefahren der englischen Appeasement-Politik (VT, Worterklärung). Suche Gründe dafür, warum in der Auseinandersetzung mit Diktaturen bis in unsere Zeit eine Appeasement-Politik in Politik und Öffentlichkeit kontrovers diskutiert wird.
3. Untersuche, welche Gründe Henderson und Coulondre für ihr Urteil über die deutsche Besetzung der Tschechoslowakei anführen (Q3 und 4).
4. Setze dich mit Molotows Begründung des Pakts mit Deutschland auseinander (Q6). Beziehe dabei auch die Aussagen von Q2 und 8 mit ein.

11. Eroberung – Ausbeutung – Vernichtung: der Zweite Weltkrieg bis 1943

3. September 1939	England und Frankreich erklären Deutschland den Krieg.
22. Juni 1941	Deutschland greift die Sowjetunion an.
8. Dezember 1941	Die USA treten in den Krieg ein.
31. Januar 1943	Die 6. deutsche Armee kapituliert in Stalingrad.

Deutschland, Italien und annektierte Territorien bei Kriegsbeginn (Karte 1) und im Herbst 1942 (Karte 2)

mit Deutschland verbündete Staaten

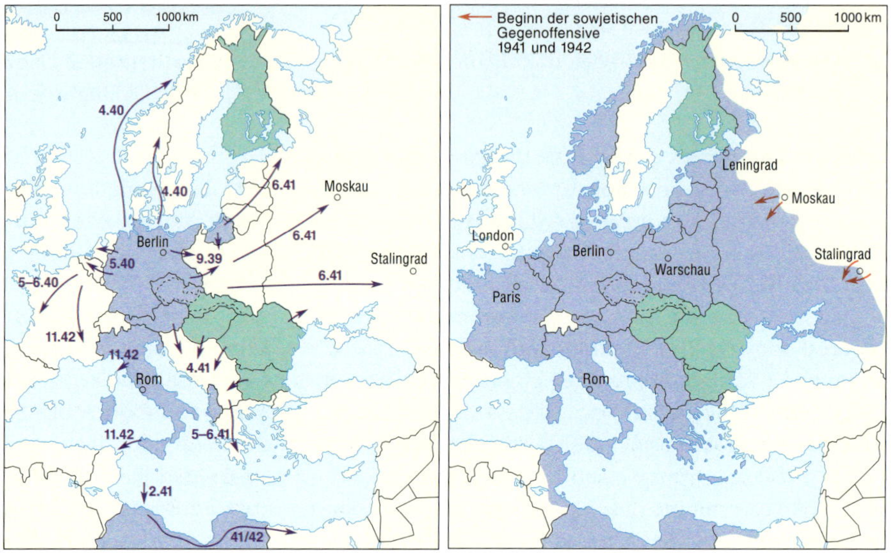

Der Krieg in Europa 1939–1942 D1

(1) Die Phase der deutschen „Blitzkriege".
(2) Die größte Ausdehnung der deutschen und italienischen Mächte im Jahre 1942.

„Blitzkriege" im Osten

Nach dem deutschen Überfall auf Polen erfüllten England und Frankreich zwar ihre Bündnisverpflichtungen und erklärten Deutschland den Krieg, sie griffen aber selbst noch nicht in das Kriegsgeschehen ein. Polen musste allein einen Zweifrontenkrieg gegen Deutschland und die Sowjetunion führen. Innerhalb weniger Wochen überrollten deutsche Panzerverbände das Land, das gemäß dem Hitler-Stalin-Pakt zwischen Deutschland und die Sowjetunion geteilt wurde. Unmittelbar nach den deutschen Wehrmachtstruppen zog die SS in das eroberte Gebiet ein: Sie verschleppte viele Polen zur Zwangsarbeit nach Deutschland, richtete in den Städten jüdische Gettos ein und begann systematisch mit der Ermordung vor allem von Juden, aber auch von Adeligen, Geistlichen, Wissenschaftlern und Technikern. Die gesamte polnische Elite sollte vernichtet werden.

Nach der Eroberung Polens verlagerte sich der Krieg nach Nord- und Westeuropa. Um die Versorgung Deutschlands mit Erz aus Schweden und Nickel aus Finnland zu sichern, besetzten deutsche Truppen Dänemark und unter hohen Verlusten Norwegen. Im Westen war für die „Blitzkriege" gegen Holland, Belgien und Frankreich das Zusammenwirken von Luftlandetruppen und Panzerverbänden von entscheidender Bedeutung. Bei Dünkirchen wurden 225 000 Engländer und 112 000 Franzosen eingeschlossen, konnten sich jedoch über den Kanal nach England retten. Die Niederlage Frankreichs war aber damit besiegelt. Am 14. Juni 1940 marschierten deutsche Truppen in Paris ein.

Der Krieg weitet sich in ganz Europa aus

Englands Widerstandswille blieb jedoch weiterhin ungebrochen. Der deutsche Versuch, den Luftkrieg über England zu gewinnen und durch Bombardierungen die englische Industrie zu schwächen sowie die Bevölkerung zu demoralisieren, schlug fehl. Die geplante Invasion musste verschoben und schließlich ganz aufgegeben werden.
Um nun zumindest Englands Vormacht im Mittelmeer zu brechen und die Nachschubwege für das rumänische Öl zu sichern, besetzten die deutschen Truppen Jugoslawien sowie Griechenland und kamen den italienischen Divisionen in Nordafrika zu Hilfe.
Ohne England besiegt und damit den Rücken frei zu haben, griff Deutschland am 22. Juni 1941 mit etwa 3 Millionen Soldaten die Sowjetunion an. Neben Italien schlossen sich auch Rumänien, Ungarn, die Slowakei und Finnland dem deutschen Angriff an. Ein Sieg über die Sowjetunion sollte für Deutschland die Lieferung von vielfältigen Rohstoffen sichern und vor allem die lange geplante Eroberung von Lebensraum im Osten ermöglichen. Die Kampfkraft der sowjetischen Roten Armee wurde als gering eingeschätzt, ein Blitzkrieg von etwa acht Wochen erwartet.

Der Krieg im Osten: Ausbeutung und Vernichtung

Der Beginn des Krieges schien der deutschen Führung Recht zu geben: Anfang Dezember standen die deutschen Truppen 40 km vor Moskau. Dabei waren in verschiedenen Gebieten des sowjetischen Vielvölkerstaates – etwa den baltischen Staaten oder der Ukraine – die Truppen sogar als Befreier von der Diktatur Stalins begrüßt worden. Dies sollte sich aber rasch ändern: Die Nationalsozialisten führten den Krieg gegen die Sowjetunion nicht um einen Staat zu besiegen, sondern um das eroberte Land auszubeuten und die für sie rassisch minderwertige Bevölkerung zu vernichten. Der Vernichtungskampf im Osten kostete mehr als 20 Millionen Russen das Leben, und dies nicht vor allem an der Front, sondern besonders im von Deutschen eroberten so genannten Hinterland. Hauptverantwortlich für den millionenfachen Mord waren in erster Linie die SS und der deutsche Polizeiapparat. Dass teilweise auch reguläre Wehrmachtstruppen daran beteiligt waren, gilt heute als nachgewiesen, heftig umstritten ist allerdings, in welchem Umfang dies der Fall war. Viele russische Kriegsgefangene wurden unmittelbar nach der Gefangennahme erschossen oder kamen in den Gefangenenlagern ums Leben, insgesamt über 3 Millionen. Juden und kommunistische Funktionäre wurden systematisch von der SS aufgespürt, in Konzentrationslager eingeliefert und ermordet.

Widerstand und Vergeltung

Zu den Opfern zählten auch völlig unschuldige Teile der russischen Bevölkerung, die vom Partisanenkrieg erfasst wurden. Als Vergeltung für Aktionen russischer Partisanen wurden oft alle Menschen eines betroffenen Gebiets ermordet oder als Zwangsarbeiter nach Deutschland bzw. in die Konzentrationslager verschleppt. Terror gegen die Bevölkerung war auch das deutsche Allheilmittel gegen die in fast allen anderen von deutschen Truppen besetzten Ländern entstandenen Widerstandsgruppen. Auch dort kämpften Partisanen hinter der Front mit Sabotageakten, mit passivem Widerstand oder mit Überfällen auf deutsche Dienststellen oder Truppen. Die SS antwortete mit harten Vergeltungsmaßnahmen. Orte

„Die Metamorphose (Verwandlung) der ‚Fritzen'" Q1
Sowjetische Karikatur, 1942.
„Fritzen" war ein russisches Schimpfwort für die Deutschen.

Q2 Hinrichtung der russischen Partisanin Masha Bruskina
Ein Wehrmachtssoldat legt ihr den Strick um den Hals. Foto vom 26. 10. 1941

Q3 Brennende Dörfer in Russland
Ein von deutschen Truppen in Brand gesetztes Dorf und seine flüchtenden Bewohner.

wurden zerstört, Männer, Frauen und Kinder verschleppt oder erschossen. Lidice in der Tschechischen Republik, Kalavryta in Griechenland und Oradour-sur-Glane in Frankreich sind Beispiele dafür.

Die Wende des Krieges

Endgültig zum Weltkrieg wurde der Krieg, als 1941 die USA eintraten. Die Vereinigten Staaten verhielten sich seit langem nicht mehr neutral. Ohne Gegenleistung versorgten sie die Gegner Deutschlands mit Kriegsmaterial. Noch widersetzte sich allerdings die amerikanische Öffentlichkeit einem offenen Kriegseintritt. Dies änderte sich, als Japan ohne Kriegserklärung einen Teil der vor Pearl Harbor (Hawaii) ankernden amerikanischen Flotte angriff und zerstörte. Seit 1932 führten die japaner in Ostasien Krieg und eroberten große Gebiete. Als die USA daraufhin ein Rohstoffembargo über Japan verhängten antwortete dieses mit dem Angriff auf Pearl Harbor. Am 8. Dezember 1941 erklärten die USA und England Japan den Krieg. Am 11. Dezember erfolgte nach dem Dreimächtepakt, den Deutschland 1940 mit Italien und Japan geschlossen hatte, die deutsche Kriegserklärung an die USA.
Neben dem Kriegseintritt der USA gilt die Schlacht um die russische Stadt Stalingrad als Wende des Krieges. Dort wurde die 284 000 Mann starke 6. deutsche Armee von russischen Truppen eingekesselt und musste am 31. Januar 1943 kapitulieren. 160 000 deutsche und rumänische Soldaten waren gefallen, auf 90 000 wartete die russische Gefangenschaft, nur etwa 10 000 sollten diese überleben. Nach einer russischen Großoffensive gingen Deutschland alle Bundesgenossen im Osten verloren.
Es folgte eine Wende an allen Fronten. Im Mai 1943 musste das deutsche Afrikakorps kapitulieren, im Juli landeten die Alliierten auf Sizilien, was den Sturz Mussolinis zur Folge hatte.
Zudem gelang es den Alliierten, eine neue Front über Deutschland aufzubauen – eine Front, die es in bisherigen Kriegen so noch nicht gegeben hatte: Englische und amerikanische Flugzeuge bombardierten Deutschland. Die Front war nun überall.

Q4 „Behandlung der Fremdvölkischen im Osten"

Als „Reichskommissar für die Festigung des deutschen Volkstums" in den eroberten Ostgebieten führte Himmler am 25. Mai 1940 in einer Denkschrift aus:

Für die nichtdeutsche Bevölkerung des Ostens darf es keine höhere Schule geben als die vierklassige Volksschule. Das Ziel dieser Volksschule hat lediglich zu sein: einfaches Rechnen bis höchstens 500, Schreiben des Namens, eine Lehre, dass es ein göttliches Gebot ist, den Deutschen gehorsam zu sein und ehrlich, fleißig und brav zu sein. Lesen halte ich nicht für erforderlich (...) Die Eltern der Kinder guten Blutes werden vor die Wahl gestellt, das Kind herzugeben – sie werden dann wahrscheinlich keine weiteren Kinder mehr erzeugen, so dass die Gefahr, dass dieses Untermenschenvolk des Ostens durch solche Menschen guten Blutes eine für uns gefährliche, da ebenbürtige Führerschicht erhält, erlischt – oder die Eltern verpflichten sich, nach Deutschland zu gehen und dort loyale Staatsbürger zu werden (...) Es erfolgt jährlich (...) bei den 6-10-jährigen eine Siebung aller Kinder des Generalgouvernements nach blutlich Wertvollen und Nichtwertvollen.

Informationen zur politischen Bildung, Bonn. Nr. 143, S. 7.

Q6 „Der Soldat ist im Ostraum nicht nur Kämpfer"

Aus einem deutschen Wehrmachtsbefehl vom 10. Oktober 1941:

Das wesentlichste Ziel des Feldzuges gegen das jüdisch-bolschewistische System ist die völlige Zerschlagung der Machtmittel und die Ausrottung des asiatischen Einflusses im europäischen Kulturkreis. Hierdurch entstehen auch für die Truppe Aufgaben, die über das hergebrachte einseitige Soldatentum hinausgehen. Der Soldat ist im Ostraum nicht nur Kämpfer nach den Regeln der Kriegskunst, sondern auch Träger einer unerbittlichen völkischen Idee. (...) Deshalb muss der Soldat für die Notwendigkeit der harten, aber gerechten Sühne am jüdischen Untermenschentum volles Verständnis haben. (...) Wird im Rücken der Armee Waffengebrauch einzelner Partisanen festgestellt, so ist mit drakonischen Maßnahmen durchzugreifen. Diese sind auch auf die männliche Bevölkerung auszudehnen, die in der Lage wäre, Anschläge zu verhindern oder zu melden (...) Nur so werden wir unserer geschichtlichen Aufgabe gerecht, das deutsche Volk von der asiatisch-jüdischen Gefahr ein für alle Mal zu befreien.

Zit. nach: Der Prozess gegen die Hauptkriegsverbrecher, Bd.35, S. 81 ff.

Q5 „Russenweiber"

Aus einem Bericht über sowjetische Zwangsarbeiter:

Die Deportierten wurden isoliert von der deutschen Bevölkerung untergebracht. Zehn junge Frauen aus der Ukraine wurden 1942 verschleppt und in einer Maschinenfabrik zur Zwangsarbeit verpflichtet. (...) Einige von ihnen waren gerade erst 17 Jahre. (...) Ohne Verpflegung und mit ganz wenig Kleidung trafen sie an ihrem Arbeitsort ein (...). Zusammen mit anderen Zwangsarbeiterinnen waren sie in Baracken neben dem Fabrikgelände untergebracht. Im Ort wurden sie die „Russenweiber" genannt. Die Unterkünfte durften nur zum Zweck der Arbeit verlassen werden. Bis zum Mai 1945 blieben die Frauen in diesen Baracken und gingen tagsüber arbeiten. Dann wurden sie von englischen Truppen befreit. Sie konnten in ihre Heimat zurückkehren.

Zit. nach: R. Arkenau. „Heimatblätter" Beilage zur Oldenburgischen Volkszeitung. 10. Dezember 1994, S. 56 ff.

Q7 „Einige Deutsche waren sehr gut ..."

Aus einem Brief, den die Tochter einer russischen Zwangsarbeiterin 1995 schrieb:

Meine Mutter spricht sehr viel über diese Zeit. Unsere Beziehungen zu Deutschland sind positiv. (...) Das deutsche Volk ist nicht schuldig daran, dass viele Leute leiden mussten. Einzelne Leute haben schwere Schuld, aber solche Leute gibt es in jedem Land. Meine Mutter arbeitete in einer Maschinenfabrik Nr. 15. Einige Deutsche waren sehr gut zu den Mädchen, bedauerten sie und haben mit Bekleidung und Essen geholfen, obschon sie selbst in schlechter Situation waren.

Zit. nach: „Heimatblätter" Beilage zur Oldenburgischen Volkszeitung. 12. August 1995, S. 34.

Q8 Zwangsarbeiterin

Männer und Frauen vor allem aus Polen und der Sowjetunion wurden in Deutschland als „Ostarbeiter" in Rüstungsbetrieben eingesetzt.

Q9 Das zerstörte Coventry
Die südenglische Stadt wurde bei einem deutschen Luftangriff am 14./15. November 1940 fast völlig zerstört.

Q10 „Sie wollen mich töten ..."

Die 19-jährige jugoslawische Partisanin Anka Knezevic schrieb 1944 an ihren Bruder:

Sie schickten mich ins Konzentrationslager, doch das genügte ihnen nicht, sie wollten mich töten. Sie dachten immer, wenn sie mich und viele andere töten, könnten sie unsere Bewegungen und die Auflehnung unterdrücken. Auf diese Weise werden sie nichts anderes erreichen, als die Treue der Zurückbleibenden zu stärken. Wir wissen, dass der Tag kommen wird, an dem unsere Feinde auf der Anklagebank sitzen (...) Mit unseren Knochen und mit unseren Kadavern bauen wir eine neue Welt auf, in der die Menschen als Gleichgestellte leben und alle Rechte haben werden.

Zit. nach: P. Malvezzi/G. Pirelli (Hg.), Letzte Briefe zum Tode Verurteilter aus dem europäischen Widerstand. Zürich 1955, S. 195.

Q11 „... mein letzter Wunsch ..."

Der holländische Arzt und Widerstandskämpfer Hendrik Pieter Hos schrieb 1944 an seinen Vater:

Ich bitte dich, und das ist mein letzter Wunsch, keinen Hass zu nähren, wenn es dir auch manchmal schwer fallen mag, und nachsichtig zu sein. (...) Heute vor vier Jahren hat der Krieg für unser Land angefangen. Wie viel ist seither geschehen! Wie sehr haben wir gelitten. Aber alles geht vorbei. (...) Es ist schade, dass ich den Tag des Friedens nicht miterleben werde (...) Gerade unsere Arbeit fängt ja erst nach dem Krieg an. Den Hass zwischen den Völkern auszulöschen, denn erst, wenn es ihn nicht mehr gibt, kann der wahre Frieden kommen. (...) Sieh zu, dass auch du nach besten Kräften dazu beiträgst. Um die Welt zu verbessern, müssen wir bei uns selbst den Anfang machen.

ebd., S. 381 ff.

Q12 „Küsst ... mein kleines und liebes Töchterchen"

Am 30. Oktober 1942 schrieb der sowjetische Soldat W. Kusnezow aus Stalingrad an seine Angehörigen:

Küsst in meinem Auftrag mein kleines und liebes Töchterchen. Möge sie ihren Vater nicht vergessen, der dafür kämpft, dass ihre Kindheit von faschistischen Schrecken bewahrt bleibe. Bringt dem Töchterchen bei, dass ihr keine Gefahr droht, solange ich und meine Kampfgenossen die Front halten.

Zit. nach: W. Wette/G. R. Ueberschär (Hg.), Stalingrad. Mythos und Wirklichkeit einer Schlacht. Frankfurt/a. M. 1992, S. 104.

Q13 „Ein Verrecken, Verhungern, Erfrieren ..."

Ein deutscher Soldat in Stalingrad schrieb an seinen Vater:

Du bist mein Zeuge, dass ich mich immer gesträubt habe, weil ich Angst vor dem Osten hatte, vor dem Kriege überhaupt. Ich war nie Soldat, immer nur uniformiert. Was habe ich davon? Was haben die anderen davon, die sich nicht gesträubt haben und keine Angst hatten? (...) Der Tod muss immer heroisch sein, begeisternd, mitreißend, für eine große Sache und aus Überzeugung. Und was ist es in Wirklichkeit hier? Ein Verrecken, Verhungern, Erfrieren, nichts weiter wie eine biologische Tatsache, wie Essen und Trinken. Sie fallen wie die Fliegen und keiner kümmert sich darum und begräbt sie. Ohne Arme und Beine und ohne Augen, mit zerrissenen Bäuchen liegen sie überall. Man sollte davon einen Film drehen, um den „schönsten Tod der Welt" unmöglich zu machen. (...)

Zit. nach: Letzte Briefe aus Stalingrad. Gütersloh 1957, S. 20 f.

Q14 „Der Kampf um Stalingrad ist zu Ende"

Aus dem offiziellen Wehrmachtsbericht:

23.1.1943: Die Verteidiger von Stalingrad leisteten während des ganzen gestrigen Tages in heroischem Ringen dem stark überlegenen Feind Widerstand.
30.1.1943: In Stalingrad ist die Lage unverändert. Der Mut der Verteidiger ist ungebrochen.
3.2.1943: Der Kampf um Stalingrad ist zu Ende. Ihrem Fahneneid bis zum letzten Atemzug getreu, ist die 6. Armee unter vorbildlicher Führung des Generalfeldmarschall Paulus der Übermacht des Feindes und der Ungunst der Verhältnisse erlegen.

Zit. nach: C. Hagener, Deutschland unter der Diktatur 1939–1941. Braunschweig 1966, S. 158.

Kontro vers

Das Ende einer Legende?

1995 präsentierte das Hamburger Institut für Sozialforschung erstmals die Ausstellung „Vernichtungskrieg. Verbrechen der Wehrmacht 1941–1945". Daraufhin begann in der Öffentlichkeit eine Auseinandersetzung über die Rolle der Wehrmacht im Zweiten Weltkrieg. Auch Historiker diskutierten das Thema:

Q15 *Der Redakteur und Historiker Karl-Heinz Janßen schrieb in der Wochenzeitung „Die Zeit" vom 17. März 1995:*

Da zerrinnt die Legende von der „sauberen Wehrmacht", die, fern von allen Naziverbrechen, nur tapfer und treu das Vaterland verteidigt hat, und aufgehoben ist der Freispruch für Millionen Soldaten, die nichts gewusst, nichts gesehen, nichts gehört haben wollten. Statt dessen wird die fürchterliche Wahrheit offenbar, die zwar Fachleute und einem zeithistorisch interessierten Leser- und Fernsehpublikum schon länger bekannt war, sich jedoch gegen eine Mauer einverständlichen Schweigens in der deutschen Öffentlichkeit nie durchsetzen konnte. (...) Hier wird der Begriff „Holocaust" in die Kriegsgeschichte eingeführt. In der Regel denken die Menschen dabei an Auschwitz und andere Vernichtungslager. Aber die Einsatzgruppen der SS, die Polizeibataillone, die baltischen und ukrainischen Hilfstrupps und eben auch Einheiten der Wehrmacht betreiben bereits im Sommer und Herbst 1941, noch ehe die Krematorien in Auschwitz rauchten, massiven Judenmord.

Zit. nach: H. Prantl (Hg.). Wehrmachtsverbrechen. Eine deutsche Kontroverse. Hamburg 1997. S 29f.

Q16 *Der Historiker Hans-Adolf Jakobsen äußerte sich 1997 so:*

Was die Millionen deutscher Soldaten während des Russlandfeldzugs de facto erlebt, gewusst bzw. mitgewirkt haben, soweit es die zahllosen Verbrechen anbetrifft, die von deutschen und im Namen Deutschlandes verübt worden sind, lässt sich heute kaum noch mit Gewissheit sagen. Fraglos waren jedoch Teile der deutschen Wehmacht (vornehmlich des Heeres) weitaus mehr an NS-Verbrechen direkt oder indirekt beteiligt, als es von Memoirenschreibern und in Aussagen von Veteranen nach 1945 zugegeben worden ist – ganz zu schweigen von den Tätern.

Es gab darüber hinaus viele Mitwisser und solche, die die Mordtaten stillschweigend zur Kenntnis genommen haben, ohne einzuschreiten oder zu versuchen, das Schlimmste zu verhüten. In diesem Zusammenhang aber von der Wehrmacht als Ganzem zu sprechen, dürfte eine kaum zulässige Verallgemeinerung sein. Die in jüngster Zeit häufig recht apodiktisch formulierten Pauschalurteile sind weder quellenkritisch hinreichend belegt, noch den Realitäten des totalen Krieges angemessen, zumal bei diesen die mannigfachen Zeugnisse von Humanitas, soldatischer „verdammter Pflichterfüllung" und militärischer Opposition gegen das NS-Unrechtssystem nur unzureichend berücksichtigt werden.

Zit. nach H. G. Thiele, H. G.: Die Wehrmachtsausstellung. Dokumentation einer Kontroverse. Bundeszentrale für politische Bildung, Bonn 1997, S. 48.

Fragen und Anregungen

1. Ergänze die Zeittafel anhand der Karte D1 sowie des Verfassertextes mit den wichtigsten militärischen Aktionen. Beachte auch Q3, 7 und 9.
2. Erläutere, von welchen Motiven und Zielen sich die Nationalsozialisten bei ihrem Umgang mit den Bewohnern der eroberten Ostgebiete leiten ließen. Überlege, warum sie diese als „Fremdvölkische" bezeichnen (Q4).
3. Stelle fest, welche Gründe in Q6 für die Aufgaben, „die über das hergebrachte einseitige Soldatentum hinausgehen", genannt werden. Untersuche anhand des VT sowie Q2, 3, 10, welche Folgen der Befehl auf die Kriegsführung hatte.
4. Vergleiche die Aussagen der zum Tode verurteilten Widerstandskämpfer und lege die Gemeinsamkeiten und Unterschiede dar (Q10 und 11).
5. Überlege, warum die Aussagen über die Behandlung von Zwangsarbeitern so unterschiedlich sind. Beachte auch den Zeitpunkt des Briefes (Q5, 7).
6. Vergleiche Q12, 13 und 14. Stelle fest, welche Absichten die offizielle Berichterstattung über den Kampf um Stalingrad verfolgte (Q14).
7. Vergleiche die Aussagen von Q15 und 16. Diskutiere, inwiefern die Rolle der Wehrmacht mit dem Holocaust in Zusammenhang gebracht werden kann. ➜ **Kontrovers**

12. Shoa – Völkermord an den Juden

1941	Die systematische Deportation und Ermordung von Juden aus Deutschland und den besetzten Gebieten beginnt.
20. Januar 1942	Auf einer Konferenz in Berlin-Wannsee wird besprochen, wie alle europäischen Juden vernichtet werden sollen.
1941/42	Im besetzten Polen werden Vernichtungslager errichtet.
1939–1945	In den Vernichtungslagern des Ostens werden fast 6 Millionen Juden sowie mindestens 90 000 Sinti und Roma ermordet.

Menschenjagd in Europa

Holocaust und Shoa sind die Begriffe für das Verbrechen, das Deutsche an dem jüdischen Volk begangen haben. Seit 1933 wurden in Deutschland Juden schikaniert, verfolgt, enteignet, in Konzentrationslager gebracht und kamen dort vielfach ums Leben (vgl. S. 117–122). Mit Beginn des Krieges planten die Nationalsozialisten die systematische Vernichtung aller Juden in Europa. Deutsche Sonderkommandos deportierten alle jüdischen Frauen und Männer und Kinder, derer sie in Deutschland und den jeweils besetzten Ländern habhaft werden konnten. In Viehwaggons wurden sie zuerst in Gettos der eroberten Ostgebiete gebracht, die aber bald nicht mehr aufnahmefähig waren. Nun beschloss die SS-Führung Massenerschießungen. Eines dieser Massaker verübte die SS in Babi-Yar, einer Schlucht am Stadtrand von Kiew: An zwei Tagen erschossen SS-Sonderkommandos 33 771 jüdische Menschen. Doch auch in solchen Massenerschießungen sah die SS-Führung keine sie zufriedenstellende Tötungsmethode, angesichts der Millionen Juden, die aus ganz Europa zusammengetrieben wurden.

Völkermord

Ende 1942 hatte der von deutschen Beatzungstruppen beherrschte Raum seine größte Ausdehnung erreicht: Von Norwegen bis Nordafrika, von der Atlantikküste bis zum Kaspischen Meer wurde nun planmäßig nach Juden gefahndet. Auf der „Wannsee-Konferenz“ in Berlin beschlossen führende Nationalsozialisten – wie sie es nannten – die „Endlösung der Judenfrage“, d.h. den Völkermord an den Juden.

Dafür wurden vor allem in Polen Vernichtungslager mit Gaskammern und Verbrennungsöfen für die Leichen errichtet. Dorthin brachte man die Juden, zusammengepfercht in Güterwaggons. Schon die Fahrt überlebten viele nicht. SS-Ärzte führten nach der Ankunft eine „Selektion“ durch, bei der sie entschieden, wer sofort ermordet oder wessen Arbeitskraft im Lager auf Zeit ausgenutzt werden sollte. Mit technischer Perfektion wurden die Menschen in Gaskammern getötet und in Krematorien verbrannt. Die meisten Opfer waren ahnungslos und gingen ohne Gegenwehr in den Tod. Die Arbeitsfähigen wurden von Großunternehmen als billige Arbeitskräfte eingesetzt, wobei

Q1 Deportation einer jüdischen Familie, 1943

Ankunft ungarischer Juden Q2 in Auschwitz, 1944
SS-Männer wählten Arbeitsfähige aus. Alle anderen – Schwache, Kranke, Alte und kleine Kinder – wurden sofort ins Gas geschickt. Das eigentliche Massenvernichtungslager von Auschwitz war in Birkenau. Hier wurden täglich mehrere Tausend Menschen vergast und anschließend verbrannt.

die Arbeit oft so schwer war, dass Beamte von einer „Vernichtung durch Arbeit" sprachen. Mit anderen Häftlingen machten Ärzte tödliche „wissenschaftliche Experimente". Insgesamt kamen in den Vernichtungslagern fast 6 Millionen Juden ums Leben, ca. 60 % aller Juden in Europa. Allein in Auschwitz wurden über eine Million Menschen ermordet. Dasselbe Schicksal erlitten mindestens 90 000 Sinti und Roma. Jeder Versuch von Widerstand wurde von der SS unterdrückt. So schlugen deutsche Truppen im April 1943 den Aufstand der Juden im Warschauer Getto nieder, zerstörten das jüdische Wohnviertel und töteten über 56 000 Juden.

Von allem nichts gewusst?

All diese Verbrechen versuchten die Nationalsozialisten vor der Öffentlichkeit streng geheim zu halten. Denn sie wussten, dass bei den meisten Deutschen der durchaus oft vorhandene Antisemitismus nicht so weit ging, derartige Verbrechen zu billigen. Daher hat die Mehrheit der deutschen Bevölkerung von der Judenvernichtung in diesem Ausmaß wohl nichts Genaueres gewusst oder sie schenkte vereinzelten Berichten keinen Glauben. Furchtbares geahnt haben aber manche: Fronturlauber erzählten oder Juden verschwanden aus der Nachbarschaft. Angesichts der Deportationszüge aber schauten die meisten Deutschen weg und wollten mit den Vorgängen nichts zu tun haben. Einige haben in Einzelfällen unter Lebensgefahr Juden geholfen und sie z. B. vor der Gestapo versteckt. Wirkungsvollen Protest und Widerstand leistete aber niemand. Andererseits waren Tausende von Deutschen direkt beteiligt, waren willige Helfer: als Ingenieure oder Konstrukteure, als Buchhalter, Lieferanten oder Wachpersonal – am Schreibtisch, bei den Transporten, in den Lagern. Sie alle beriefen sich später auf „Befehl und Gehorsam".

Holocaust/Shoa

Das griechische Wort „holocauston" bezeichnete ursprünglich ein Brandopfer von Tieren. Seit Ende der 1970er Jahre wurde damit die Vernichtung der europäischen Juden durch Gas und Feuer während der nationalsozialistischen Herrschaft bezeichnet. Immer öfter wird für dieses Verbrechen auch der Begriff Shoa verwendet. Das hebräische Wort bedeutet „plötzlicher Untergang, Verderben".

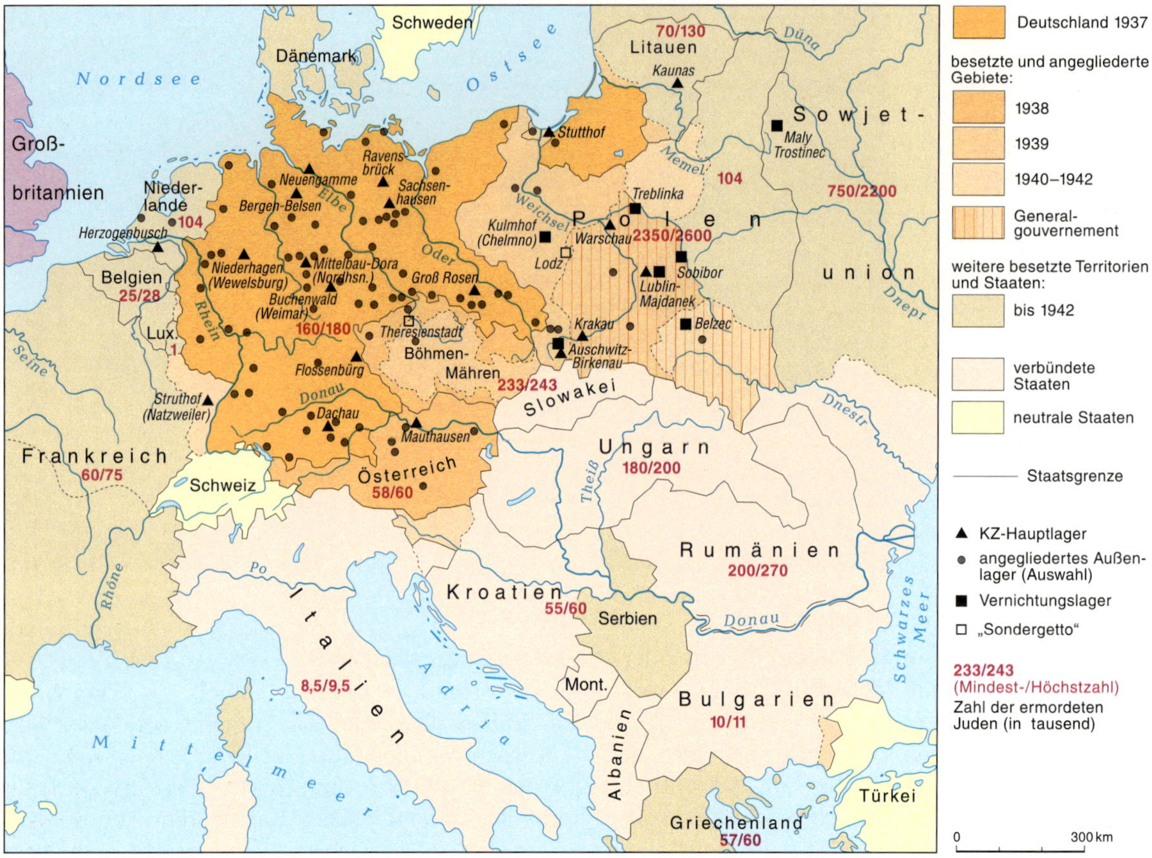

D1 Konzentrationslager und die Herkunftsländer der ermordeten Juden

Q3 „Ruhmesblatt unserer Geschichte"?

In einer Rede vor SS-Führern erklärte Heinrich Himmler, der Reichsführer der SS, am 4. Oktober 1943 in Posen:

Ich will hier vor Ihnen in aller Öffentlichkeit auch ein ganz schweres Kapitel erwähnen. Unter uns soll es einmal ganz offen ausgesprochen sein und trotzdem werden wir in der Öffentlichkeit nie darüber reden (...) Ich meine jetzt die Judenevakuierung, die Ausrottung des jüdischen Volkes. Es gehört zu den Dingen, die man leicht ausspricht – „Das jüdische Volk wird ausgerottet", sagt ein jeder Parteigenosse, „ganz klar, steht in unserem Programm, Ausschaltung der Juden, Ausrottung, machen wir." Und dann kommen sie alle an, die braven 80 Millionen Deutschen, und jeder hat seinen anständigen Juden. Es ist ja klar, die anderen sind Schweine, aber dieser eine ist ein prima Jude. Von allen, die so reden, hat keiner zugesehen, keiner hat es durchgestanden. Von euch werden die meisten wissen, was es heißt, wenn 100 Leichen beisammenliegen, wenn 500 daliegen oder (...) 1000 (...) Dies durchgehalten zu haben und dabei - abgesehen von Ausnahmen menschlicher Schwächen – anständig geblieben zu sein, das hat uns hart gemacht. Dies ist ein niemals geschriebenes und niemals zu schreibendes Ruhmesblatt unserer Geschichte.

Zit. nach: Internationaler Militärgerichtshof, Bd.XXIX, S. 145.

Q4 Das Massaker von Babi-Yar

Aus der Vernehmung einer Überlebenden am 9. Februar 1967:

Als wir uns dem Sammelplatz näherten, erblickten wir die Umzingelung aus deutschen Soldaten und Offizieren. Mit diesen befanden sich auch Polizisten dort. (...) Man führte uns zu einem Vorsprung über der Schlucht und begann, uns mit Maschinenpistolen zu erschießen. Die vorn Stehenden fielen in die Schlucht, und als die Reihe an mich kam, stürzte ich mich lebendig in die Schlucht. Es kam mir so vor, als ob ich in die Ewigkeit fliegen würde. Ich fiel auf menschliche Leichen, die sich dort in blutiger Masse befanden. Von diesen Opfern erklang Stöhnen, viele Menschen bewegten sich noch, sie waren nur verwundet. Hier gingen auch Deutsche und Polizisten umher, die die noch Lebenden erschossen oder totschlugen. Dieses Schicksal erwartete auch mich. Irgendeiner von den Polizisten oder Deutschen drehte mich mit dem Fuß um, so dass ich mit dem Gesicht nach oben lag, er trat mir auf die Hand und auf die Brust, danach gingen sie weiter und schossen irgendwo weiter hinten. Danach begannen sie, die Leichen von oben mit Erde und Sand zuzuschütten. Ich bekam keine Luft mehr, befreite mich mit einer Hand von der Erde und kroch zum Rand der Schlucht. In der Nacht kroch ich aus der Schlucht heraus.

Zit. nach: P. Longerich (Hg.), Die Ermordung der europäischen Juden. Eine umfassende Dokumentation des Holocaust 1941–1945. München/Zürich 1989, S. 124 ff.

Q5 „Und alles, weil sie Juden sind!"

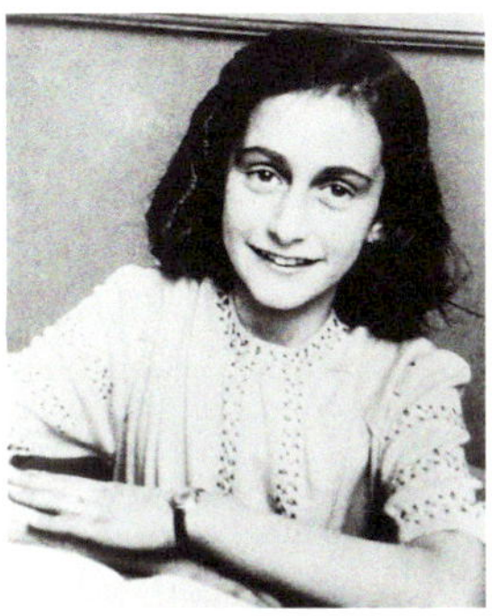

Das jüdische Mädchen Anne Frank (1929–1945), aus Frankfurt a. M. und ihre Familie wurden 1944 in ihrem Versteck in einem Amsterdamer Hinterhaus entdeckt und in verschiedene Konzentrationslager gebracht. Sie, ihre Mutter und ihre Schwester starben dort; nur der Vater überlebte. Er veröffentlichte das Tagebuch seiner Tochter. Sie schrieb:

19. November 1942

Abend für Abend rasen die grauen und grünen Militärautos durch die Straßen. Die „Grünen" (das ist die deutsche SS) und die „Schwarzen" (die holländische Nazi-Polizei) suchen nach Juden. Wo sie einen finden, nehmen sie die ganze Familie mit. Sie schellen an jeder Tür und ist es vergeblich, gehen sie ein Haus weiter. Manchmal sind sie auch mit namentlichen Listen unterwegs und holen dann systematisch die „Gezeichneten". Niemand kann diesem Schicksal entrinnen, wenn er nicht rechtzeitig untertaucht (...) Es ist wie eine Sklavenjagd in früherer Zeit. Ich sehe es oft im Geiste vor mir: Reihen guter unschuldiger Menschen mit weinenden Kindern, kommandiert von ein paar furchtbaren Kerlen, geschlagen und gepeinigt und vorwärts getrieben, bis sie beinahe umsinken. Niemand ist ausgenommen. Die Alten, Babys, schwangere Frauen, Kranke, Sieche – alles, alles muss mit in diesen Todesreigen! (...) Mir ist so bange, wenn ich an alle denke, mit denen ich mich so eng verbunden fühlte, die nun ausgeliefert sind an die grausamsten Henker, die die Geschichte kennt. Und alles, weil sie Juden sind!

Das Tagebuch der Anne Frank. Frankfurt/M 1980, 53. Auflage, S. 46 f.

LITERATURTIPP

Das Leben versteckter Juden

Wie es war, wer ihnen half, welche Ängste und welche Hoffnungen sie hatten, kannst du in dem Tagebuch lesen.

Tagebuch der Anne Frank, Frankfurt/M 2001

Q6 „Selektion"

Ein Dortmunder über die Einlieferung in Auschwitz:

Je weiter die Fahrt, (...) desto sicherer ist das Ziel: Auschwitz. Ein Arbeitslager? Was wissen wir darüber? Alles und nichts. (...) Und da steht die Schlange der 5000. Schon willenlos. Eine Herde schaut und schaut. Wir wissen nicht, was mit uns geschieht. Das letzte, was wir an Kleidung und Lebensmitteln besaßen, bleibt zurück. Zur Verfügung der SS. Gut genährte Sträflinge räumen schon die Waggons aus. Kreaturen der SS versorgen sich mit Zigaretten, Armbanduhren, Gold, Trauringen. Wir 5000 schließen auf. Wir sind in einem Waschraum. Ist das alles wahr? Ist das möglich? Um uns herum der Stacheldraht, elektrisch geladen: Verbrecher, ja, zu Verbrechern wurden wir gestempelt, weil wir Juden sind. (...) Dann stehen wir vor dem SS-Mann. „Alter?" „37" – „Gesund?" – „Ja." Kurzer forschender Blick, eine Handbewegung nach rechts. „Alter?" – „52" – „Gesund?" – „Kriegsverletzung am Arm." Der Daumen des SS-Mannes nach links deutend. Und so weiter. Der Sohn wird von dem Vater gerissen, Bruder von Bruder. „Kann mein Vater mit mir gehen?" – „Nein", sadistisch blickt der SS-Mann. Und weiter pflügt er sich durch den Haufen. Dann Abmarsch in die Blocks.

Zit. nach: Widerstand und Verfolgung in Dortmund 1933–1945. Hg. v. Stadtarchiv Dortmund 1981, S. 298 f.

Q7 Verbrennungsöfen in Auschwitz

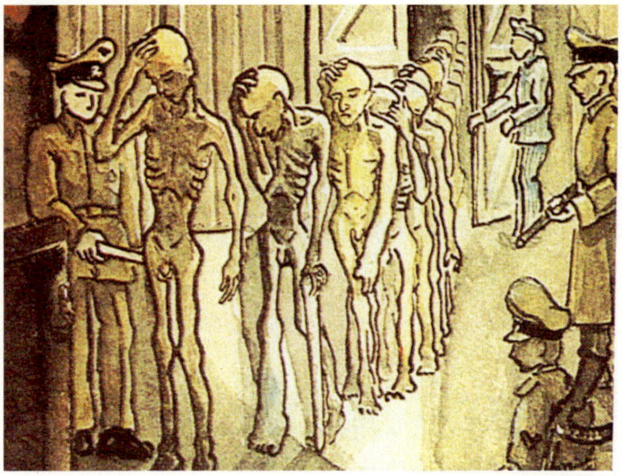

Q8 Letzter Gang. Aquarell eines Häftlings Juden auf dem Weg in die Gaskammern.

Q10 Zwangsarbeiter, Zeichnung eines Häftlings des Lagers Sachsenhausen. Großkonzerne liehen sich von der SS Häftlinge als billige Arbeitskräfte aus.

Q9 Todesfabrik Auschwitz

Rudolf Höß, der 1947 hingerichtete ehemalige Lagerkommandant von Auschwitz, beschrieb den Gastod:

Die zur Vernichtung bestimmten Juden wurden möglichst ruhig – Männer und Frauen getrennt – zu den Krematorien geführt. Im Auskleideraum wurde ihnen (...) gesagt, dass sie hier nun zum Baden und zur Entlausung kämen, dass sie ihre Kleider ordentlich zusammenlegen sollten und vor allem den Platz zu merken hätten, damit sie nach der Entlausung ihre Sachen schnell wieder finden könnten (...) Nach der Entkleidung gingen die Juden in die Gaskammer, die mit Brausen und Wasserleitungsrohren versehen, völlig den Eindruck eines Baderaumes machte. Zuerst kamen die Frauen mit den Kindern hinein, hernach die Männer (...) Die Tür wurde schnell zugeschraubt und das Gas sofort durch die (...) Decke der Gaskammer in einen Luftschacht bis zum Boden geworfen. Dies bewirkte die sofortige Entwicklung des Gases. Durch das Beobachtungsloch in der Tür konnte man sehen, dass die im Einwurfschacht am nächsten Stehenden sofort tot umfielen. Man kann sagen, dass ungefähr ein Drittel sofort tot war. Die anderen fingen an zu taumeln, zu schreien und nach Luft zu ringen. Das Schreien ging aber bald in ein Röcheln über und in wenigen Minuten lagen sie alle. Nach mindestens 20 Minuten regte sich keiner mehr (...) Eine halbe Stunde nach Einwurf des Gases wurde die Tür geöffnet und die Entlüftungsanlage eingeschaltet (...) Den Leichen wurden nun (...) die Goldzähne entfernt und den Frauen die Haare abgeschnitten. Hiernach (wurden sie) durch den Aufzug nach oben gebracht vor die inzwischen angeheizten Öfen. Je nach Körperbeschaffenheit wurden bis zu drei Leichen in eine Ofenkammer gebracht. Auch die Dauer der Verbrennung war durch die Körperbeschaffenheit bedingt. Es dauerte im Durchschnitt 20 Minuten (...) Die Asche fiel (...) durch die Roste und wurde laufend entfernt und zerstampft. Das Aschenmehl wurde mittels Lastwagen nach der Weichsel gefahren und dort schaufelweise in die Strömung geworfen, wo es sofort abtrieb und sich auflöste.

Geschichte in Quellen, Bd. 6. München 1970, S. 521 f.

Fragen und Anregungen

1. Stelle die geografische Lage der Vernichtungslager fest. Welche Schlussfolgerungen lassen sich daraus ziehen (D1)?
2. Erläutere, was Himmler unter dem „Ruhmesblatt der Geschichte" versteht (Q3).
3. Stelle fest, was die Vernehmung der Überlebenden des Massakers von Babi-Yar über die Täter aussagt (Q4).
4. Überlege dir, warum die meisten Opfer meist ohne Gegenwehr in den Tod gingen (VT, Q4, 6, 8 und 9).
5. Bundespräsident von Weizsäcker sagte 40 Jahre nach dem Ende des Zweiten Weltkrieges in seiner Rede zum 8. Mai 1945: „Die Jungen sind nicht verantwortlich für das, was damals geschah. Aber sie sind verantwortlich für das, was in der Geschichte daraus wird." Wie verstehst du diese Sätze?

13. Nicht alle Deutschen machten mit

1937/38	Aus Protest gegen Hitlers aggressive Außenpolitik planen konservative Politiker und Offiziere einen gewaltsamen Sturz der Regierung.
1942/1943	Mitglieder der „Roten Kapelle" werden hingerichtet.
1943	Mitglieder der Widerstandsgruppe „Weiße Rose" werden hingerichtet.
1944	Am 20. Juli scheitert ein vorwiegend von Militärangehörigen geplantes Attentat.

Widerstand – ein hohes Risiko in einer Diktatur

In Deutschland stieß zwar der Nationalsozialismus von Beginn an bei einem Teil der Bevölkerung auf Ablehnung, zu einem Widerstand gegen die nationalsozialistische Politik aber entschlossen sich nur wenige. Aber es gab Widerstand – und dies in den verschiedensten Formen. Männer und Frauen verweigerten den obligaten Hitler-Gruß, umgingen staatliche Anordnungen, protestierten gegen NS-Maßnahmen, gaben Zwangsarbeitern Lebensmittel, versteckten Juden und politisch Verfolgte. Andere verteilten Flugblätter, versuchten durch Sabotage dem Regime zu schaden und planten oder unternahmen ein Attentat auf Hitler. Ob sich ihr Widerstand in der einfachen Form des Verweigerns zeigte oder ob sie das NS-Regime gewaltsam beseitigen wollten – sie alle gingen mit ihrer Haltung und mit ihren Aktionen ein hohes Risiko ein, von den staatlichen Sicherheitsorganen gefasst zu werden. Zudem war die Mehrheit der Bevölkerung gegen Widerstand und es fand sich leicht ein Denunziant, der sich mit seinen Informationen bei der Gestapo oder der SS in ein gutes Licht bringen wollte. Oft genügte schon eine Anzeige bei der Polizei, um jemanden in Schutzhaft, in ein KZ oder vor den Volksgerichtshof zu bringen. Der 1934 eingerichtete Volksgerichtshof entwickelte sich durch seine massenhaften Todesurteile zu einem Instrument, um Regimegegner einzuschüchtern oder zu liquidieren.

Wer leistet Widerstand?

Am Widerstand waren alle sozialen Schichten und politischen Richtungen beteiligt. In den Anfangsjahren des NS-Regimes leisteten vor allem kommunistische Gruppen, z. B. die um den Hamburger Bernhard Bästlein, Widerstand. Andere Widerstandsgruppen waren sehr unterschiedlich zusammengesetzt. So hatten sich in der nach Harro Schulze-Boysen und Arvid Harnack benannten Gruppe Ministeriumsmitarbeiter, Wehrmachtsangestellte, Künstler, Arbeiter, Sozialdemokraten, Christen und Kommunisten zusammengefunden. Diese Gruppe gehörte auch zu den von der Gestapo unter dem Namen „Rote Kapelle" zusammengefassten Widerstandsgruppen, die dem sowjetischen Nachrichtendienst die deutschen Angriffspläne übermittelten. Konservative bürgerliche Widerstandskämpfer um den ehemaligen Leipziger Oberbürgermeister Carl Goerdeler standen mit Generaloberst Ludwig Beck und anderen Wehrmachtsoffizieren in Verbindung. Sie sahen 1937/38 in der Sudetenkrise eine große Kriegsgefahr und planten daher einen Sturz der Regierung. Der Ausgang des Münchner Abkommens (vgl. S. 127) ließ ihr Vorhaben scheitern. Auch mehrere geplante Pistolen- oder Bombenattentate durch Wehrmachtsoffiziere (z. B. Henning von Tresckow) scheiterten an unglücklichen Zufällen. Ab 1940 trafen sich auf dem Gut von Helmuth James Graf von Moltke im niederschlesischen Kreisau regelmäßig Vertreter des zivilen Widerstands. Dieser „Kreisauer Kreis" diskutierte Konzepte für ein politisch, wirtschaftlich und sozial neu gestaltetes Deutschland.
Widerstand gab es auch in den beiden christlichen Kirchen. Katholische Priester wie der Bischof von Münster, Clemens von Galen, traten z. B. öffentlich gegen die

Q1 Flugblatt

Tötung geistig und körperlich Behinderter ein. Viele Pfarrer verbrachten Jahre im Konzentrationslager oder kamen dort ums Leben. Papst Pius XI. klagte 1937 in der Enzyklika (päpstliches Rundschreiben) „Mit brennender Sorge“ vor der Weltöffentlichkeit den Nationalsozialismus an, einen Vernichtungskampf gegen die Kirche und den katholischen Glauben zu führen. Die evangelische Kirche war gespalten: Pfarrer und Gläubige, die sich für das nationalsozialistische Deutschland aussprachen, nannten sich „Deutsche Christen“. Dagegen formierte sich 1934 die „Bekennende Kirche“, zu deren führenden Vertretern Pfarrer Martin Niemöller und Dietrich Bonhoeffer gehörten. Sie verurteilte den Nationalsozialismus öffentlich als unchristlich. Außerhalb der großen gesellschaftlichen Gruppen leisteten Einzeltäter, Studenten und Jugendliche Widerstand. So hielt der Schreiner Georg Elser Hitler schon 1938 für einen Kriegstreiber und wollte ihn am 8. November 1939 durch ein Bombenattentat beseitigen. In München scharten die Geschwister Sophie und Hans Scholl Studenten und Professoren in der Gruppe „Weiße Rose“ um sich und riefen in Flugblättern zum Widerstand auf.

Der 20. Juli 1944

Das Attentat vom 20. Juli 1944 wurde von dem Widerstandskreis um Ludwig Beck und Carl Goerdeler organisiert. Mit der Durchführung beauftragt wurde Oberst Graf Stauffenberg, der zu den wenigen zählte, die im letzten Kriegsjahr unmittelbaren Zutritt zu Hitler hatten. Bei einer Besprechung in der „Wolfschanze“, dem Führerhauptquartier in Ostpreußen, gelang es Stauffenberg, eine Aktentasche mit einer Zeitzünderbombe in der Nähe Hitlers abzustellen und den Raum wieder zu verlassen. Kurz danach detonierte der Sprengsatz, vier Offiziere starben, Hitler überlebte verletzt. Graf Stauffenberg und seine Gruppe wurden verhaftet und erschossen. Neben 180 bis 200 unmittelbar beteiligten Politikern und Offizieren wurden bis Kriegsende noch zwischen 4000 und 5000 mittelbar Beteiligte und willkürlich Verhaftete vom Volksgerichtshof zum Tode verurteilt.

Widerstandskämpfer Q2
Oben: Oberst Klaus Schenk Graf vonStauffenberg (militärischer Widerstand), Sophie Scholl (Widerstandsgruppe „Weiße Rose“), Liselotte Herrmann (kommunistischer Widerstand); unten: Julius Leber (Sozialdemokrat, gehörte zum Kreisauer Kreis), Dietrich Bonhoeffer (evangelischer Theologe), Clemens August Graf von Galen (katholischer Bischof). Bis auf Bischof Galen wurden alle hingerichtet.

Die „Kittelbachpiraten“ von Gladbeck, 1937 Q4
Solche Jugendcliquen verweigerten sich der HJ.

Q3 „… zunächst einmal Prügel“

Aus einem Schreiben des Reichsführers der SS Heinrich Himmler an den Leiter der Gestapo Reinhard Heydrich vom Januar 1942 zu Maßnahmen gegen die „Swing-Jugend“, die durch lässige Haltung und Kleidung sowie ihre Vorliebe für Jazz und Swing auffiel:

Der Reichsführer-SS
Tgb.Nr.AR/383/6
Bf/V.

Führer-Hauptquartier
26. Jan. 1942

Lieber H e y d r i c h !

Anliegend übersende ich Ihnen einen Bericht, den mir der Reichsjugendführer Axmann über die "Swing-Jugend" in Hamburg zugesandt hat.

Ich weiß, daß die Geheime Staatspolizei schon einmal eingegriffen hat. Meines Erachtens muß jetzt aber das ganze Übel radikal ausgerottet werden. Ich bin dagegen, daß wir hier nur halbe Maßnahmen treffen.

Alle Rädelsführer, und zwar die Rädelsführer männlicher und weiblicher Art, unter den Lehrern diejenigen, die feindlich eingestellt sind und die Swing-Jugend unterstützen, sind in ein Konzentrationslager einzuweisen. Dort muß die Jugend zunächst einmal Prügel bekommen und dann in schärfster Form exerziert und zur Arbeit angehalten werden. Irgendein Arbeitslager oder Jugendlager halte ich bei diesen Burschen und diesen nichtsnutzigen Mädchen für verfehlt. Die Mädchen sind zur Arbeit im Leben und im Sommer zur Landarbeit anzuhalten.

Der Aufenthalt im Konzentrationslager für diese Jugend muß ein längerer, 2 - 3 Jahre sein. Es muß klar sein, daß sie nie wieder studieren dürfen. Bei den Eltern ist nachzuforschen, wie weit sie das unterstützt haben. Haben sie es unterstützt sind sie ebenfalls in ein KL. zu verbringen und das Vermögen ist einzuziehen.

Nur, wenn wir brutal durchgreifen, werden wir ein gefährliches Umsichgreifen dieser anglophylen Tendenz in einer Zeit, in der Deutschland um seine Existenz kämpft, vermeiden können.

Ich bitte um weitere Berichte. Diese Aktion bitte ich im Einvernehmen mit dem Gauleiter und dem Höheren SS- und Polizeiführer durchzuführen.

H e i l   H i t l e r !
I h r
HH

Q5 „Aufruf an alle Deutschen“

Aus einem Flugblatt der „Weißen Rose“ von 1942:

Der Krieg geht seinem sicheren Ende entgegen (…) Die Rüstung Amerikas hat ihren Höhepunkt noch nicht erreicht, aber heute schon übertrifft sie alles in der Geschichte Dagewesene. Mit mathematischer Sicherheit führt Hitler das deutsche Volk in den Abgrund (…) Seine und seiner Helfer Schuld hat jedes Maß unendlich überschritten. Was aber tut das deutsche Volk? Es sieht nicht und hört nicht. Blindlings folgt es seinen Verführern ins Verderben (…) Deutsche! Wollt ihr mit dem gleichen Maß gemessen werden wie eure Verführer? Sollen wir auf ewig das von aller Welt gehasste und ausgestoßene Volk sein? Nein! Darum trennt euch von dem nationalsozialistischen Untermenschentum. Beweist durch eure Tat, dass ihr anders denkt! (…) Zerreißt den Mantel der Gleichgültigkeit, den ihr um euer Herz gelegt. Entscheidet euch, ehe es zu spät ist.

Zit. nach: W. Hofer. Der Nationalsozialismus. Dokumente 1933–1945. Frankfurt/a. M. 1947, S. 327f.

Q6 „… allgemein verurteilt“

Aus einem Behördenbericht nach dem Attentat vom 20. Juli 1944:

Der Anschlag auf den Führer wurde allgemein verurteilt und man hört immer wieder, dass, falls der Anschlag geglückt wäre, nur wieder ein 1918 geschaffen worden wäre. Wenn der größte Teil der Bevölkerung froh wäre, wenn der Krieg so bald als möglich beendet würde, so sind doch nur wenige darunter, die sich 1918 herbeiwünschen und die den Kommunismus wollen.

Zit. nach: Bayern in der NS-Zeit. München 1977, S. 185.

Kontro vers

Sind Deserteure Feiglinge?

Q7 *Im Zweiten Weltkrieg desertierten etwa 40 000 deutsche Soldaten, etwa 14 500 Deserteure wurden hingerichtet. Erst im Mai 1998 beschloss der Bundestag alle nationalsozialistischen Unrechtsurteile aufzuheben – so auch die für verurteilte Deserteure. Diesem Beschluss waren erbitterte und lange Debatten vorangegangen. Einige der dabei immer wieder vorgebrachten Argumente wurden auch schon geäußert, als 1989 das Denkmal in Ulm errichtet wurde:*

- Ich war selbst Frontsoldat, dreimal verwundet. Ich weiß, wie wir die Deserteure eingestuft haben. Nämlich ganz unten (…). Wo auch das Denkmal aufgestellt wird – ich mache einen weiten Bogen darum.
- Wer desertiert – sei es in Friedenszeiten oder in einem so genannten Ernstfall, ist tatsächlich feige, und das zwar nicht gegenüber dem System, dem er dienen soll, sondern gegenüber seinen Schicksalsgenossen.
- Jeder Deserteur, ungeachtet seiner unmittelbaren Motive, hat dem Hitler-Regime geschadet und damit Widerstand geleistet (…).
- Der Deserteur sollte uns als Ermahnung dienen gegen das Mitläufertum, den Militarismus und für das Grundrecht auf Kriegsdienstverweigerung.

Zit. nach: M. Messerschmidt, W. Wette (Hg.), Was damals Recht war. NS-Militär- und Strafjustiz im Vernichtungskrieg, Essen 1996, S. 99 f.

Q8 Denkmal für einen Deserteur in Ulm
Es hat die Inschrift: „Hier lebte ein Mann, der sich geweigert hat, auf seine Mitmenschen zu schießen. Ehre seinem Andenken."

Q9 Der Fall Emmy Z.

Aus einer Urteilsverkündung:

Im Namen des Deutschen Volkes

In der Strafsache gegen die Zeitungsausträgerin Emmy Z. geborene W. aus Berlin-Gatow, geboren am (…), zurzeit in dieser Sache in gerichtlicher Untersuchungshaft, wegen Wehrkraftzersetzung hat der Volksgerichtshof, 6. Senat, aufgrund der Hauptverhandlung vom 19. November 1943 für Recht erkannt:

Die Angeklagte Z. hat es in den Jahren 1940 bis 1942 in Berlin als Anhängerin der Vereinigung internationaler Bibelforscher unternommen, drei Wehrpflichtige, die ebenfalls dieser Vereinigung angehören, durch Gewährung von Unterschlupf und Verpflegung der Erfüllung der Wehrpflicht zu entziehen.

Sie wird deshalb wegen Wehrkraftzersetzung in Verbindung mit landesverräterischer Begünstigung des Feindes zum Tode und zu lebenslangem Ehrverlust verurteilt.

Die Angeklagte trägt die Kosten des Verfahrens.

Zit. nach: „Im Namen des Volkes". o. J., S. 238.

Fragen und Anregungen

1. Suche in deiner Stadt oder Region, in welcher Form (Gedenkstätte, Straßenname, Schulname usw.) Widerstandskämpfern gedacht wird. Erkundige dich über die Art des Widerstands.
2. Überlege dir Gründe dafür, warum der Widerstand vielfach als ein „Widerstand ohne Volk" bezeichnet wird (VT).
3. Erarbeite ein Referat über die Motive und Ziele von Menschen die Widerstand leisteten (VT, Q1–5, 7–9). Entnimm weitere Informationen dem Internet (z. B. www.gdw-berlin.de).
4. Erläutere die Textstelle in Q6, durch ein geglücktes Attentat, wäre „nur wieder ein 1918 geschaffen worden".
5. Erkläre, warum man heute die deutschen Widerstandskämpfer als „das andere Deutschland" bezeichnet. Erörtere, ob und inwiefern der Widerstand vergeblich oder sinnvoll war.
6. Sind Deserteure Feiglinge? Diskutiere die in „Kontrovers" vorgebrachten Argumente.

14. Das Ende des Zweiten Weltkriegs

1943	Goebbels ruft zum „totalen Krieg“ auf.
6. Juni 1944	Die alliierte Invasion in der Normandie beginnt.
8. Mai 1945	Die deutsche Wehrmacht kapituliert bedingungslos.
6. bzw. 9. August1945	In Japan werden über Hiroshima und Nagasaki zwei amerikanische Atombomben abgeworfen. Japan kapituliert am 2. September.

„Totaler Krieg“

Wenige Tage nach der Niederlage der deutschen Truppen in Stalingrad forderten die Amerikaner, Engländer, Russen und ihre Verbündeten (die Alliierten) die bedingungslose Kapitulation Deutschlands. Goebbels rief daraufhin die Deutschen am 18. Februar 1943 zum „totalen Krieg“ auf. Dies bedeutete, dass nun das gesamte Leben auf den Krieg ausgerichtet werden sollte. Waren des täglichen Bedarfs und Lebensmittel wurden immer mehr rationiert und konnten nur mit Bezugsscheinen gekauft werden. Die Arbeitszeit wurde in vielen Betrieben auf 10 bis 12 Stunden in der Sechs-Tage-Woche erhöht. Frauen arbeiteten bereits seit Jahren in Fabriken und Rüstungsbetrieben, 1941 waren es 14,2 Millionen. Nun zogen die Nationalsozialisten auch Mädchen z. B. zu Schanzarbeiten für die Verteidigung heran. An den höheren Schulen wurde das Abitur vorverlegt, um die Schüler an Flugabwehrkanonen (Flak) oder an der Front einsetzen zu können. Immer mehr „Fremdarbeiter“, d. h. zwangsverpflichtete ausländische Arbeiter und Kriegsgefangene arbeiteten nun in deutschen Fabriken und in der Landwirtschaft. Die Zahl stieg in die Millionen.

Q1 Zuhörer bei Goebbels‘ Rede am 18. 2. 1943 im Berliner Sportpalast

Propaganda, Terror und sterbende Städte

Die Stimmung in der Bevölkerung wurde von Monat zu Monat schlechter. Die Nationalsozialisten antworteten darauf mit Propaganda über angebliche neue Wunderwaffen wie Raketen, Düsenkampfflugzeuge u. a. und mit Terror.

Neue Verordnungen wurden erlassen, z. B. gegen die Zersetzung der Wehrkraft und gegen das Abhören ausländischer Sender. SS-Standgerichte fällten Todesurteile durch Erschießen oder Erhängen der Soldaten, die sich von der Truppe entfernten, aber auch gegen Bürgermeister und Politiker, die ihre Stadt nicht verteidigen wollten, um sie vor der Zerstörung zu bewahren. Viele, die sich weigerten, Brücken zu sprengen oder andere Befehle der „verbrannten Erde“ durchzuführen, wurden an Ort und Stelle hingerichtet.

Zudem lebte die deutsche Bevölkerung vor allem in den größeren Städten in ständiger Angst vor den amerikanischen und englischen Luftangriffen. Deren Ziel waren zwar auch kriegswichtige Anlagen wie Industriegebiete, Brücken oder Bahnhöfe, um die deutsche Rüstungsproduktion und den Nachschub zu verhindern, aber immer häufiger eben auch deutsche Städte. Damit sollte die deutsche Bevölkerung demoralisiert und Widerstand gegen den Krieg angefacht werden. Die meisten deutschen Städte und deren Kulturgüter sanken in Schutt und Asche. Die 1942 begonnenen und sich bis 1945 stetig steigernden Luftangriffe der

Q2 Dresden nach dem Bombenangriff vom 13./14. Februar 1945
Leichen werden gesammelt und verbrannt.

Q1 Das Kriegsende 1944/45
Nach der Landung der Amerikaner und Engländer in der Normandie am 6. Juni 1944 war die deutsche Niederlage nur mehr eine Frage der Zeit.

Alliierten forderten über 500 000 Todesopfer. Allein in dem von Ostflüchtlingen überfüllten Dresden starben am 13. und 14. Februar 1945 schätzungsweise mehr als 50 000 Menschen bei einem militärisch sinnlosen Bombenangriff.
Ihre Ziele erreichen die alliierten Bombardierungen nur bedingt. Zwar wurde das Verkehrsnetz und die Treibstoffversorgung erheblich betroffen, weniger dagegen die Rüstungsindustrie. Sie war in unterirdische Räume und ländliche Gebiete verlegt worden. Auch die Demoralisierung der Bevölkerung ließ sich nicht bis zum Widerstand gegen das Regime steigern, denn trotz Bombardierungen, schlechter Ernährungslage, Arbeit bis zur Erschöpfung, ständig wachsendem Terror – die meisten Deutschen hatten Angst vor der Niederlage.

Die totale Niederlage

Nach der Landung der Alliierten in Sizilien am 10. Juli 1943 und der in der Normandie beginnenden Invasion der Westfront am 6. Juni 1944 glaubten nur noch wenige Deutsche an den „Endsieg". Nationalsozialistische Fanatiker zwangen Jugendliche mit 16 Jahren und Männer bis 60 Jahre als Volkssturm zu den Waffen. Nichts aber konnte verhindern, dass die Alliierten immer tiefer ins Reichsgebiet vordrangen. Im Osten versuchten sich 1944/45 Millionen Deutsche vor der Rache der siegreichen Roten Armee in den Westen zu retten.
Sowjetische Truppen eroberten im April 1945 Berlin. Hitler beging am 30. April Selbstmord und am 8. Mai kapitulierte die deutsche Wehrmacht bedingungslos.

Kriegsende im fernen Osten

Um den Krieg in Japan zu beenden, setzte die amerikanische Führung die schrecklichste Waffe ein, die ihr seit kurzem zur Verfügung stand: Am 6. und 9. August 1945 explodierten zwei Atombomben über Hiroshima und Nagasaki. Weit über 100 000 Menschen waren sofort tot, Tausende starben in den folgenden Jahrzehnten an den Folgeerscheinungen. Hiroshima und Nagasaki wurden fast völlig zerstört.
Am 2. September kapitulierte Japan bedingungslos. Am Ende des Krieges stand neben dem Grauen aber auch die Hoffnung: „Nie wieder Krieg!" wurde zur Forderung eines Großteils der Menschheit.

Q3 Überlebende des Atombombenabwurfs auf Hiroshima
Tausende von ihnen starben später an der Strahlenkrankheit oder brachten missgebildete Kinder zur Welt.

„Wunderwaffe Volkssturm“ Q4

Letzter aussichtsloser Widerstand: Ein verwundeter Soldat zeigt dem „Volkssturm“ den Einsatz von Panzerfaust und Gewehr. In den Volkssturm befahl Hitler alle Sechzehn- bis Sechzigjährigen, die bisher noch nicht am Krieg teilnahmen. Ihre Ausbildung war völlig unzureichend, ihre Bewaffnung äußerst dürftig, der militärische Wert insgesamt sinnlos.

Q5 „Wollt ihr den totalen Krieg?“

Am 18. Februar 1943 stellte Goebbels im Berliner Sportpalast etwa 10 000 ausgesuchten Zuhörern eine Reihe von Fragen, die das Publikum mit „Ja“ und „Sieg Heil“ beantwortete:

Die Engländer behaupten, das deutsche Volk wehrt sich gegen die totalen Kriegsmaßnahmen der Regierung. Es will nicht den totalen Krieg, sondern die Kapitulation.

Ich frage euch: Wollt ihr den totalen Krieg? Wollt ihr ihn, wenn nötig totaler und radikaler, als wir ihn uns heute überhaupt vorstellen können? (…)

Die Engländer behaupten, das deutsche Volk hat sein Vertrauen zum Führer verloren.

Ich frage euch: Ist das Vertrauen zum Führer heute größer, gläubiger und unerschütterlicher denn je? Ist eure Bereitschaft, ihm auf allen seinen Wegen zu folgen und alles zu tun, was nötig ist, um den Krieg zum siegreichen Ende zu führen, eine absolute und uneingeschränkte? (…) Ich frage euch: (…) Wollt ihr, (…) dass die Regierung dafür sorgt, dass die deutsche Frau ihre ganze Kraft der Kriegsführung zur Verfügung stellt und (…), wo es nur möglich ist, einspringt, um Männer für die Front frei zu machen (…)?

Ich frage euch (…): Billigt ihr (…) die radikalsten Maßnahmen gegen einen kleinen Kreis von Drückebergern (…), die mitten im Krieg Frieden spielen (…)? Seid ihr damit einverstanden, dass, wer sich am Krieg vergeht, den Kopf verliert?

Zit. nach: W. Hofer, Der Nationalsozialismus, Dokumente 1933–1945. Frankfurt/a. M. 1957, S. 25 ff.

Q6 Verbrannte Erde

Führer-Befehl vom 19. März 1945:

Alle militärischen, Verkehrs-, Nachrichten-, Industrie- und Versorgungsanlagen sowie Sachwerte innerhalb des Reichsgebietes, die sich der Feind für die Fortsetzung des Kampfes irgendwie sofort oder in absehbarer Zeit nutzbar machen kann, sind zu zerstören.

Zit. nach: Geschichte in Quellen, Bd. VI. München 1970, S. 542 f.

Q7 „… besser, die Dinge selbst zu zerstören“

In einem Brief vom 29. März 1945 erinnerte sich Speer an folgende Aussagen Hitlers:

Wenn der Krieg verloren geht, wird auch das Volk verloren sein. Dieses Schicksal ist unabwendbar. Es sei nicht notwendig, auf die Grundlagen, die das Volk zu seinem primitivsten Weiterleben braucht, Rücksicht zu nehmen. Im Gegenteil sei es besser, selbst die Dinge zu zerstören. Denn das Volk hätte sich als das schwächere erwiesen, und dem stärkeren Ostvolk gehöre dann ausschließlich die Zukunft. Was nach dem Kampf übrig bleibe, seien ohnehin nur die Minderwertigen, denn die Guten seien gefallen.

Zit. nach: Geschichte in Quellen, Bd. 6. München 1970, S. 542 f.

Q8 Die Engländer kommen

Der Lehrer Franz Josef H., damals 3 Jahre und 7 Monate alt und in einer norddeutschen Kleinstadt wohnend, erinnert sich an die letzten Kriegstage:

Gegen Abend endlich – nicht ein einziger Schuss war gefallen – trauten wir uns in den Ort zurück. Weiße Betttücher hingen aus vielen Fenstern (…) Ein englischer Soldat begleitete mit einem Akkordeon den Gesang seiner Kameraden. Welch ein Empfang! Zigaretten gab's für die Erwachsenen, Schokolade für die Kinder. Es dauerte nicht lange, bis wir Kinder uns mit den netten, stets zu Späßen aufgelegten englischen Soldaten angefreundet hatten. Erstes – grundständiges – Englisch bahnte sich an: „Hallo, boys and girls! – Have you Schockolät? – Yes, no! – Sing ‚Die Fahne hoch'!“ Köstlich amüsierten sich die Kerle, wenn sie uns dazu bringen konnten, Nazilieder aus dem Kindergarten zu singen – gegen Schokolade natürlich.

Zit. nach: Bewahren und verändern. Jahresbericht 1984/85 des Erasmus-Grasser-Gymnsiums München, S. 23 ff.

Q9 Kriegsgefangenschaft
Ein amerikanischer Soldat führt drei deutsche Kriegsgefangene ab. Insgesamt gerieten 11 Millionen Deutsche in Gefangenschaft. Ein großer Teil, vor allem in sowjetischer Gefangenschaft überlebte nicht.

Q10 Die Amerikaner kommen

Der Lehrer Ludwig B., damals 6 Jahre und 8 Monate alt, aus Freyung im Bayerischen Wald, erinnert sich:

Überall sollten die Amis im Vormarsch sein, mit Panzern und Jeeps (...) Und so zogen wir aus, mein älterer Freund und ich, um ihn zu sehen, den Einmarsch (...) Wir hatten schon oft Flieger gesehen, auch so nahe, dass wir ihre Abzeichen erkennen konnten (...) Doch dieser eine hielt auf uns zu. Wir erkannten es zuerst staunend, dann fassungslos: Wir waren sein Ziel. Und schon krachte es, tacktacktack. Ackererde spritzte auf. Kein Zweifel, die Maschinengewehrgarben galten uns beiden – Kindern. Der Tiefflieger drehte ab, wendete, kam wieder auf uns zu – und wir begannen zu rennen. Vergessen waren die oftmaligen Ratschläge meines Vaters: „Mulde suchen, hinlegen, zusammenrollen, toten Mann machen. Ein Tiefflieger sucht Bewegliches." Wir erreichten den Rand eines Wäldchens, stürmten hinein, hinter uns krachte es wieder. Tacktacktack. Dann war alles vorbei, der Flieger verschwand, kehrte nicht wieder (...) Einmarsch und Widerstand wollten wir nicht mehr sehen.

Die Amis sahen wir dennoch – wenig später: lachend, lässig, Kaugummi zwischen den Zähnen, Zigarette im Mundwinkel, Kinder freundlich über die Haare streichend, meiner Schwester, dem Baby, Schokolade schenkend. Wir wussten – sie konnten auch schießen. Und auch auf Kinder.

ebd.

Q11 Die Russen kommen ...

Der Lehrer Otfried P., damals 11 Jahre und 6 Wochen alt, aus Schlesisch-Ostrau, erinnert sich:

Es kann etwa 9 Uhr gewesen sein, längst hatte sich alles angstvoll in der Küche der Kellerwohnung zusammengedrängt, zerbrachen Kolbenhiebe die Eingangstüre, und mit entsicherter MP im Arm, den Finger am Abzug, brachen die Rotarmisten herein: „Germanzi?" (Deutsche?) – Kaum bemerkbares Nicken von Männern, alten Männern, Frauen; (...) „Dawai tschassi!" (Her mit den Uhren!) – Uhren jeglicher Art wurden abgerissen und wechselten in Sekundenschnelle gewaltsam den Besitzer. Angst würgte in mir hoch – doch unabhängig davon funktionierte mein Denken: Erst vor Jahresfrist hatte mir mein Vater eine Armbanduhr geschenkt, ich trug sie natürlich an der linken Hand, sollte sie nun auf immer verschwinden? (...) Bibbernd verschränkte ich meine Hände hinter dem Rücken, niemand bemerkte dies, sachte das Band gelöst und dann die Uhr ins Hosenbein rutschen lassen – und dort blieb sie viele Tage lang.

Am nächsten Vormittag tauchten die ersten, gezielt nach unserer Mutter suchenden Soldaten auf; während sie auf den Boden gepresst unter einem altertümlichen Diwan lag, wurde meine jüngste, noch nicht fünfjährige Schwester, durch von uns verabreichte einfache Prügel zunächst zum Heulen, dann zum Schweigen gebracht.

ebd.

Fragen und Anregungen

1. Untersuche, mit welchen sprachlichen und inhaltlichen Mitteln Goebbels die Zustimmung seiner Zuhörer gewinnen wollte (Q5).
2. Untersuche anhand von Q4, 6 und 7 Hitlers Einstellung zu Menschen und zu Sachwerten.
3. Beschreibe anhand von D1 und Q9 das Ende des Zweiten Weltkriegs.
4. Erarbeite aus den Texten Q8, 10 und 11, von welchen Gefühlen und Problemen die jeweiligen Personen beherrscht waren.

15. Das Zeitalter der Weltkriege

Q1 Englische Tanks
Die Alliierten setzten im Ersten Weltkrieg bereits 1500 Tanks ein, die Deutschen verfügten nur über 20.

Q2 Startversuch der Fernrakete „V2" auf der Versuchsstation Peenemünde im Oktober 1942
In beiden Weltkriegen wird Wissenschaft und Technik genutzt, um effektive Waffensysteme zu entwickeln.

Eine neue Art von Krieg verändert die Welt

„In ganz Europa gehen die Lichter aus. Wir werden es nicht mehr erleben, dass sie wieder angezündet werden", sagte der britische Außenminister Edward Grey am 3. August 1914. Am nächsten Tag begann ein Krieg, den man später den Ersten Weltkrieg nennen sollte. Es war nicht irgendein Krieg, wie vor ihm schon viele geführt worden waren. Dieser Krieg leitete einen Zeitabschnitt ein, der gekennzeichnet war durch Jahrzehnte währende Instabilität und Kriegsgefahr. Er machte den Aufstieg Hitlers und den Zweiten Weltkrieg ebenso möglich wie die Oktoberrevolution und die in ihren Nachwirkungen entstandenen kommunistischen Diktaturen. Letztendlich führten diese Entwicklungen zu einer völlig neuen Weltordnung. Deswegen betrachten Historiker seit einiger Zeit die Jahre zwischen dem Beginn des Ersten und dem Ende des Zweiten Weltkrieges im Zusammenhang und sprechen von einem „Zeitalter der Weltkriege". Doch was war das grundlegend Neue, das mit dem Ersten Weltkrieg erstmals seinen Ausdruck fand?

Gigantische Kriegsziele

An den Kriegszielen, die einzelne Politiker und vor allem Generäle des Deutschen Kaiserreichs vor 1914 verfolgten, lässt sich eine Gigantomanie feststellen, die bisherigen Kriegen nicht innewohnte. Wurden Kriege bislang geführt, um andere Mächte, andere Staaten zu besiegen oder sich bestimmte umstrittene Territorien einzuverleiben, so kamen jetzt viel weiterführende Ziele hinzu. Deutsche Machtpolitiker und die Generalität träumten davon, ein Imperium zu errichten, dem sowohl im Westen als vor allem auch im Osten riesige Rohstofflagerstätten und Anbaugebiete eingegliedert werden sollten. Hinzu kam das Ziel, ein Kolonialreich zu errichten, das von der Ost- bis zur Westküste Afrikas reichen sollte. Die Verwirklichung dieser Absichten hätte nicht nur eine völlige Veränderung des macht- und wirtschaft-

politischen Gleichgewichts in Europa bedeutet, sondern Deutschlands Griff nach Weltmacht. Und zumindest an der deutschen Ostfront schienen die Kriegsziele vorübergehend greifbar nahe zu sein, als das deutsche Heer unter General Paul von Hindenburg immer weiter nach Russland, bis zum Kaukasus vorstieß.
Diese Kriegsziele erlebten im nationalsozialistischen Deutschland eine Neuauflage: In einer geheimen Rede vor Generälen formulierte Hitler bereits 1933 das eigentliche Ziel seiner Machtpolitik: „Eroberung neuen Lebensraums im Osten und dessen rücksichtslose Germanisierung". Der Einmarsch der deutschen Wehrmacht in West- und Osteuropa ließen außerdem keinerlei Zweifel daran, dass das NS-Regime beabsichtigte, ganz Europa zu unterjochen und Weltmachtpolitik zu betreiben (vgl. Kapitel „Nationalsozialismus und Zweiter Weltkrieg").

Vom Krieg in den Köpfen zum Vernichtungskrieg

Schon frühzeitig ging die Vorbereitung auf einen Krieg mit einer nationalistisch übersteigerten Propaganda einher. Kaiser Wilhelm II. sprach 1912 davon, dass es in einem künftigen Krieg darum gehen würde, die „übermütig gewordenen Slawen" abzuwehren, es gehe um die Existenz des Vaterlandes. General Ludendorff hielt es für notwendig, „germanische Ostkrieger" auszubilden, die die „slawische Flut" aufhalten sollten. Damit wurde lange vor Hitler deutlich, dass der Krieg im Osten zu einem „Rassekampf" stilisiert wurde.
Nach dem Ersten Weltkrieg spielte zudem der Revanchegedanke eine entscheidende Rolle bei der Vorbereitung auf einen erneuten Waffengang. Der Friedensvertrag von Versailles, der das Deutsche Reich um mehr als zehn Prozent verkleinerte und ihm hohe Reparationszahlungen auferlegte, beendete zwar die Kriegshandlungen. Doch für die Deutschen war mit dieser „Schmach von Versailles" das letzte Wort nicht gesprochen (vgl. S. 51–53). Der „Krieg in den Köpfen" ging weiter. Nicht wenige riefen nach Vergeltung und viele waren überzeugt, dass es zu einem weiteren Weltkrieg kommen werde. Dies alles führte schließlich zur menschenverachtenden nationalsozialistischen Macht- und Rassepolitik, die im Zweiten Weltkrieg mündete. Im Namen einer Weltanschauung wurden Millionen von Menschen in Osteuropa zu „Untermenschen" erklärt und massenhaft ermordet, vor allem Juden, Kommunisten, Sinti und Roma. Deshalb wird auch von einem Rasse- und Vernichtungskrieg gesprochen (vgl. Kapitel „Nationalsozialismus und Zweiter Weltkrieg").

Technisierung und Gewalterfahrung

Ganz entscheidend geprägt wurden beide Weltkriege durch einen beispiellosen Einsatz neuer Technik. Nie zuvor hatten Millionen Männer eine so brutale Gewalt erfahren müssen. Im Durchschnitt starben 1914–1918 pro Tag 6000 Mann, das war jeder sechste von 60 Millionen Soldaten. Dass Millionen Soldaten an weit entfernte Fronten gelangten, wurde zunächst durch die Eisenbahn ermöglicht. Doch bereits während des Ersten Weltkriegs führte der Anstieg der Autoproduktion zu ersten mobilen Truppenverbänden. Das Kampfgeschehen an der Front bestimmten wiederum hoch technisiserte Waffen wie Handgranaten, Flammenwerfer und Maschinengewehre, die bis zu 600 Kugeln pro Minute feuerten. Die meisten Soldaten kamen im Maschinengewehrfeuer um oder durch Granaten, die von weit entfernten gegnerischen Artilleriegeschützen abgefeuert wurden. Am 22. April 1915 setzten die Deutschen erstmals eine Massenvernichtungswaffe ein: Gas. U-Boote, Kampfflugzeuge und Tanks – die Vorläufer der Panzer – wurden ebenfalls im Ersten Weltkrieg erprobt und seither zu effektiven und gefürchteten Waffensystemen weiterentwickelt, die dann im Zweiten Weltkrieg ihre zerstörerische Wirkung entfalteten.

Globalisierung des Krieges

Schon die Bezeichnung Erster Weltkrieg weist darauf hin, dass es sich hierbei um den ersten globalisierten Krieg handelte. Auch wenn es in früherer Geschichte Kriege gab, die über das Ausmaß lokaler Konflikte hinausgingen – zum Beispiel

Napoleons Eroberungskriege –, so nahmen die Weltkriege des 20. Jahrhunderts doch ganz andere Dimensionen an. Im Ersten Weltkrieg kämpften über 60 Millionen Soldaten aus fünf Kontinenten gegeneinander. Bereits in den ersten Kriegstagen beschloss England, alle deutschen Kolonien anzugreifen. Damit wurde der Krieg nach Afrika und Asien getragen. Sowohl in der französischen als auch der englischen Armee kämpften Männer aus den Kolonien bzw. den Commonwealth-Staaten. Auf englischer Seite waren es 2 800 000 Soldaten, auf französischer Seite 449 000. Sie wurden nicht nur in den Kolonialgebieten eingesetzt, sondern teilweise auch auf den europäischen Schlachtfeldern.
Ein zweiter Grund für die Ausweitung des Krieges war der Kriegseintritt außereuropäischer Mächte. So griff das mit England verbündete Japan deutsche Besitzungen in China und im pazifischen Raum an. Das Osmanische Reich trat auf Seiten der Mittelmächte in die Kämpfe ein. Damit griff der Krieg auf den nordafrikanischen und arabischen Raum bis zum Gebiet des heutigen Irak über. Schließlich war mit dem Kriegseintritt der USA 1917 auch der amerikanische Kontinent betroffen.

Der totale Krieg

Der Erste Weltkrieg war auch der erste große totale Krieg. Hatten sich früher in der Regel die Kämpfe zwischen den Krieg führenden Armeen auf Schlachtfeldern fernab der bewohnten Gebiete abgespielt, so verwischten sich nun zunehmend Front und Hinterland. Die neuen Waffen mit ihren großen Reichweiten zerstörten nun Städte und Dörfer, so dass auch Zivilisten unter den unmittelbaren Auswirkungen des Krieges zu leiden hatten. Bis dahin unvorstellbare Ausmaße nahm dies später im Zweiten Weltkrieg an, als unzählige Bomben Europa in Schutt und Asche legten. Der nationalsozialistische Vernichtungskrieg richtete sich zudem auch ganz gezielt gegen Zivilisten.
Kennzeichnend war außerdem, dass die ganze Gesellschaft in den Krieg einbezogen wurde. In beiden Kriegen wurde die gesamte Wirtschaft in den Dienst des Krieges gestellt. Als immer mehr Männer an die Fronten geschickt wurden, übernahmen die Frauen deren Arbeit, vor allem in der Rüstungsindustrie. Am Ende des Zweiten Weltkrieges musste auch ein Teil von ihnen zur Wehrmacht, nämlich als Flakhelferinnen.

Q3 Deutsche Frauen im Kriegseinsatz
Nachrichtenhelferinnen werden für ihre Arbeit in einer Fernsprechzentrale der Wehrmacht ausgebildet. Foto, 1943.

Q4 Britische Frauen im Kriegseinsatz
Frauen verstärken als motorisierte Miliz die alliierten Streitkräfte. Foto, 1942.

Kontro vers

1914–1945 – Ein zweiter Dreißigjähriger Krieg?

Einige Historiker sind der Meinung, dass die beiden Weltkriege untrennbar zusammengehören und sprechen deswegen von einem zweiten „Dreißigjährigen Krieg". Doch diese Meinung ist auch umstritten.

D1 *Der Bielefelder Historiker Hans-Ulrich Wehler schrieb dazu:*

Hitler (...) ist wie der Kern seiner Bewegung durch den Ersten Weltkrieg zutiefst geprägt worden. (...) Hitler hielt an der fixen Idee seines Judenhasses genauso fest, wie der Antisemitismus die „alten Kämpfer" seiner Partei integrierte. Den seit 1916 erneut aufsteigenden militanten Antisemitismus hatten sie geteilt und später in „dem Juden" den Sündenbock für die Niederlage dingfest gemacht. Dadurch wurde der überkommene völkisch-rassistische Antisemitismus der Vorkriegszeit fatal gesteigert bis hin zum Wunschziel, (...) „die Juden" als die Schuldigen an der Kriegsniederlage zu „beseitigen" (...). Mochte die Führerdiktatur auch im Judengenozid und Slawenmord in eine Dimension des Vernichtungskriegs vordringen, die eine schlichte Gleichsetzung mit dem Ersten Weltkrieg ausschließt, ist doch schwerlich zu bestreiten, dass die Erfahrungen des Ersten Weltkriegs und der Niederlage in vielfacher Hinsicht die Motorik, die Planung, die Durchführung des Zweiten Weltkriegs bei Hitler und seiner Machtelite bestimmt haben. Um ihn zu gewinnen, musste er freilich (...) noch rücksichtsloser, zerstörerischer, mörderischer als der von 1914 bis 1918 geführt werden. Dieser Vernichtungsfanatismus verleiht dem Zweiten Weltkrieg seine einzigartigen Züge. Aber ebenso unstreitig ist, dass die Erfahrung, der Verlauf und der Ausgang des ersten totalen Krieges den zweiten in hohem Maße vorgeprägt haben. Es ist dieser Zusammenhang, der die innere Einheit des zweiten Dreißigjährigen Krieges konstituiert.

H.-U. Wehler, Der zweite Dreißigjährige Krieg. In: SPIEGEL special 1/2004, S. 143.

D2 *Der Freiburger Militärhistoriker Gerhard Schreiber vertritt folgende Meinung:*

Endete 1945 ein zweiter Dreißigjähriger Krieg? Zuweilen wird die Frage bejaht. Die Weltkriege und die Zwischenkriegszeit stellen sich aus solcher Sicht als ein Ganzes dar, und der Ausklang des „Großen Krieges" hätte demnach in sich geschlossen, was gut zwanzig Jahre später begann. Eine These, die im geschichtlichen Rückblick durchaus zu faszinieren vermag. Nur ist die behauptete ursächliche Vorbestimmtheit ahistorisch. (...) Den Regierungen des geschlagenen, aber nicht substanziell geschwächten Deutschen Reiches lag (...) bis 1933 vorrangig an der weitestgehenden Außerkraftsetzung des Versailler Friedensvertrages vom 28. Juni 1919. (...) Andererseits steht fest, dass nach 1918 keine Regierung einen neuen Weltbrand herbeizuführen beabsichtigte. Um ihn zu verwirklichen, bedurfte es des fatalen 30. Januar 1933, an dem reaktionäre Kräfte Adolf Hitler mit seinen Wahnideen in Deutschland an die Macht brachten. (...) Manches von dem, was der „Führer" diesbezüglich sagte, mutet vertraut an. In Wahrheit ging es ihm jedoch um eine rassistische Neuordnung des Kontinents (...). 6850000 Juden, Sinti, Roma und deutsche „Defektmenschen" fielen jenen Anmaßungen zum Opfer. Derartiges sprengte den Rahmen, in dem Kulturvölker ihre Kriegsziele herkömmlicherweise absteckten, und schließt es definitiv aus, den Zweiten Weltkrieg als Hinterlassenschaft des „Großen Krieges" einzuordnen.

G. Schreiber, Der Zweite Weltkrieg. Göttingen 2004, S. 7 f.

Russische Frauen und Kinder in den Trümmern ihres Dorfes, das deutsche Truppen zerstörten Q5

Q6 Senegalesische Soldaten im französischen Saint-Ulrich. Foto 1917.

Q7 „Schwarze Männer"

In einem Brief nach Hause schreibt Arthur M. am 19. Oktober 1914:

Denn es ist eine Masse Inder, Bevölkerung vom Senegal usw., wie die „schwarzen Männer" alle heißen, auf dem Kampfplatz eingetroffen – England soll sich schämen, in uns(er) Europa solche Teufel zu engagieren. Na, wir werden ihnen ihr schwarzes Fell schon klopfen, dass ihnen die Freude an weißen Skalps schon vergeht – wir haben schon eine Masse Gefangene von dem Gesindel.

Zit. nach: „Tagsüber kracht es ringsum". In: SPIEGEL special 1/2004, S. 66.

Q8 Eine ganze Welt hat uns nicht besiegen können

Aus einer Predigt, die ein katholischer Pfarrer in Regensburg anlässlich der Heimkehr deutscher Soldaten nach Kriegsende hielt:

Freilich, nicht so sind unsere Krieger heimgekehrt, wie wir es gewünscht, gehofft, gebetet hatten. Wie oft haben die Kinder von St. Leonhard hier gesungen: „Lass sie als Sieger wiederkehren!" Wir träumten von einem herrlichen Einzug der wiederkehrenden Truppen, herrlicher als jener von 1871. Und nun lesen wir, wie sie wiederkommen gesenkten Hauptes, unendliches Weh im Herzen; wie dieses Weh ihnen das Herz zusammenkrampft beim Anblick der inneren Not des geliebten Vaterlandes. Und doch, Geliebte, seien wir nicht ungerecht im Schmerz, nicht ungerecht gegen alle jene, die treu bis zum letzten Augenblick ihre Pflicht erfüllt haben! Sie kehren nicht wieder als Sieger, aber auch nicht als Besiegte. Nein, eine ganze Welt hat uns nicht besiegen können. Diesen Triumph haben unsere Feinde nicht erlebt, dass sie unsere Front durchbrechen, unsere Heere hätten zerschmettern können, trotz all ihrer Übermacht. Dafür dürfen wir heute den Dank an unseren Gott nicht vergessen. (...)
Sehet, was hat unser ganzes Volk, was haben unsere Soldaten Übermenschliches geleistet vier Jahre lang! Unzählige, unerhörte Siege, unzählige, unerhörte Anstrengungen und Entbehrungen zu Hause und draußen! Aber dann brach mit einem Male, von unzähligen Feinden von außen und innen zu Tode gehetzt, die Nervenkraft des ganzen Volkes zusammen. Und es kam auch der Augenblick, wo es zu seinen Bedrängern von außen und innen gleichsam sagte: „Tut mit mir, was ihr wollt, ich kann nicht mehr!" (...) Und wenn unsere Feinde auf all unser Flehen um Mitleid nicht hören wollen, wenn sie übermütig das todwunde Volk noch weiter peinigen von innen und außen – wahrhaftig, Geliebte, dann muss der Augenblick kommen, wo unser Herrgott im Himmel, der das Todeszucken des letzten zertretenen Würmleins auf Erden sieht, mit uns Mitleid hat, weil wir nirgends mehr Mitleid finden.

Zit. nach: B. Ulrich, B. Ziemann (Hg.), Krieg im Frieden. Die umkämpfte Erinnerung an den Ersten Weltkrieg. Quellen und Dokumente. Frankfurt a. M. 1997, S. 50.

Q9 Sehnsucht nach Frieden

Der Soldat Franz Töns schrieb im Herbst 1914 in einem Feldpostbrief über eine so genannte „wilde Waffenruhe":

Die 13ner aus Münster sind an einigen Stellen 15 Meter vom Feinde entfernt, bei Tage sind die französischen Offiziere nicht da, dann wird nicht geschossen, die Feldwebel setzen sich auf beiden Seiten auf den Schützengraben und unterhalten sich miteinander. Die Mannschaften wechseln gegenseitig Kognak und Zigaretten aus.

Zit. nach: Der Krieg gegen den Krieg. In: SPIEGEL special 1/2004, S. 44.

Q10 Deutsch-britische Verbrüderung
Weihnachten 1914 kam es an vielen Frontabschnitten zur Waffenruhe, die die Soldaten eigenmächtig organisiert hatten.

Q11 Feindbilder und der Krieg

In einem Fernsehgespräch äußerte sich der Schriftsteller Heinrich Böll 1981:

Ich glaube, Kriege werden immer mit Worten vorbereitet, mit Propaganda. Es fängt immer damit an, dass man (…) „Untermenschen" schafft. Juden, Russen, Polen, Slawen. Und dieses Feindbild des jeweiligen „Untermenschen" können sie nur auf dem Gefühl der eigenen Überlegenheit aufbauen, propagandistisch verwurzeln, psychologisch vorbereiten. Also, die Arroganz auf der einen Seite, und „der, der unter mir steht" auf der anderen Seite. (…)
Ich war 15 Jahre alt, als die Nazis kamen und ich bin natürlich gegen meinen Willen oder ohne es zu wissen beeinflusst worden. Ich erinnere mich des Feindbildes, das man von Frankreich zeichnete, das war das Feindbild der Dekadenz, eine absterbende, völlig in mieser Sexualität versinkende (…) Nation. Ich habe es nicht geglaubt, habe es auch nicht bestätigt gefunden.

H. Böll, L. Kopelew, Warum haben wir aufeinander geschossen? Bornheim-Merten 1981, S. 66.

Q12 „Der Hass kam im Krieg"

Im gleichen Fernsehgespräch sagte der nach dem Krieg in Deutschland lebende russische Schriftsteller Lew Kopelew:

Wir wurden internationalistisch erzogen. (…) Der Hass auf die Deutschen kam tatsächlich (…) erst im Kriege. Geschossen hat man zunächst, weil man angegriffen wurde. (…) Und da wurden schon unsere Kinder von diesem Hass angesteckt. Ich weiß noch, wie ich einen Brief aus Moskau bekam, von meiner ersten Frau, als dieser berühmte Marsch der deutschen Kriegsgefangenen durch Moskau, im Sommer 1944, stattfand. Mein fünfjähriges Töchterlein, das das betrachtete, sagte: „Mama, die sind ja Menschen." Das war für das Kind etwas Erstaunliches, die Deutschen sind Menschen und keine wilden Tiere, wie sie damals immer vorgestellt wurden. Ja, dieser Hass kam. Die Grausamkeiten am Ende des Krieges sind zum Teil auch von diesem Hass, nicht nur von den ganz gemeinen Instinkten beeinflusst worden. Von diesem Hass, der im Krieg entstand.

Ebd., S. 87 ff.

Fragen und Anregungen

1. Arbeite heraus, wodurch sich die beiden Weltkriege von den vorangegangenen Kriegen unterschieden (VT, Q1–7).
2. Setze dich mit der These auseinander, die Zeit zwischen 1914 und 1945 sei ein zweiter Dreißigjähriger Krieg gewesen.
3. Welche Auffassungen vertreten die beiden Historiker in D1 und D2? → **Kontrovers**
4. Arbeite anhand von Q8 heraus, wie die sog. Dolchstoßlegende zum Ausdruck kommt.
5. Erarbeite anhand von Q9–12, welche Rolle Feindbilder in den Weltkriegen spielten.

154

Einen Begriffskatalog erstellen

Eine Möglichkeit, sein Wissen zu überprüfen, ist das Erstellen eines Begriffskatalogs. Du kannst es hier gleich ausprobieren. Eine mit prominenten Persönlichkeiten aus allen Bereichen des öffentlichen Lebens besetzte Jury bestimmte im Jahr 1999 einhundert das vergangene 20. Jahrhundert prägende Begriffe. Darunter befinden sich auch viele Begriffe, die die Zeit des Nationalsozialismus in besonderer Weise charakterisieren. Daraus kannst du einen eigenen Begriffskatalog zusammenstellen.

Gehe dabei folgendermaßen vor:

- Liste all die Wörter, die im Zusammenhang mit dem Nationalsozialismus stehen, in einem alphabetischen Begriffskatalog auf.
- Erkläre die gefundenen Wörter mit eigenen Worten und notiere das Ergebnis.
- Schlage die Wörter im Schulbuch nach, vergleiche die Schulbuchaussagen mit den eigenen Erklärungen.
- Suche diese Wörter in einem Lexikon oder im Internet und vergleiche die dortigen Aussagen mit deinen Erklärungen.
- Begriffe wie „Schreibtischtäter", „Säuberung" und „Verdrängung" wirst du im Schulbuch nicht finden. Erläutere, warum diese Begriffe dennoch im Zusammenhang mit dem Nationalsozialismus stehen.
- Suche Erklärungen dafür, warum gerade aus der Zeit des Nationalsozialismus vergleichsweise viele Begriffe (20%) ausgewählt wurden.
- Ordne die Bilder jeweils einem der ausgewählten Wörter zu und erläutere den Sachverhalt.

Die 100 Wörter des 20. Jahrhunderts sind (in alphabetischer Reihenfolge):

Aids, Antibiotikum, Apartheid, Atombombe, Autobahn, Automatisierung, Beat, Beton, Bikini, Blockwart, Bolschewismus, Camping, Comics, Computer, Demokratisierung, Demonstration, Demoskopie, Deportation, Design, Doping, Dritte Welt, Drogen, Eiserner Vorhang, Emanzipation, Energiekrise, Entsorgung, Faschismus, Fernsehen, Film, Fließband, Flugzeug, Freizeit, Führer, Friedensbewegung, Fundamentalismus, Gen, Globalisierung, Holocaust, Image, Inflation, Information, Jeans, Jugendstil, Kalter Krieg, Kaugummi, Klimakatastrophe, Kommunikation, Konzentrationslager, Kreditkarte, Kugelschreiber, Luftkrieg, Mafia, Manipulation, Massenmedien, Molotow-Cocktail, Mondlandung, Oktoberrevolution, Panzer, Perestroika, Pille, Planwirtschaft, Pop, Psychoanalyse, Radar, Radio, Reißverschluss, Relativitätstheorie, Rock 'n' Roll, Satellit, Säuberung, Schauprozess, Schreibtischtäter, Schwarzarbeit, Schwarzer Freitag, schwul, Selbstverwirklichung, Sex, Soziale Marktwirtschaft, Single, Sport, Sputnik, Star, Stau, Sterbehilfe, Stress, Terrorismus, U-Boot, Umweltschutz, Urknall, Verdrängung, Vitamin, Völkerbund, Völkermord, Volkswagen, Währungsreform, Weltkrieg, Wende, Werbung, Wiedervereinigung, Wolkenkratzer.

Zit. nach: 100 Wörter des Jahrhunderts. Frankfurt am Main 1999, Bibliographisches Institut & F. A. Brockhaus AG, 2004.

1917 finden in Russland zwei Revolutionen statt.
- 2. März: Zar Nikolaus II. dankt ab (Februarrevolution).
- 6./7. November: Die Bolschewisten übernehmen in einem Staatsstreich die Macht (Oktoberrevolution).

1922 – Mussolini errichtet in Italien eine faschistische Diktatur.

1922 – Die Union der Sozialistischen Sowjetrepubliken (UdSSR) wird gegründet.

1924 – Stalin wird Partei- und Staatschef in der UdSSR. Er formt die kommunistische Diktatur aus, der Millionen von Menschen Zum Opfer fallen.

24.10.1929 – „Schwarzer Freitag" Mit dem Sturz der Aktienkurse an der New Yorker Börse beginnt die Weltwirtschaftskrise.

1936 – Die Olympischen Spiele finden in Berlin und Garmisch-Partenkirchen statt.

1920 ... **1930**

9.11.1918 – Novemberrevolution in Deutschland. Der Kaiser dankt ab, die Republik wird ausgerufen.

1919 – Die Weimarer Verfassung tritt in Kraft.
- Frauen erhalten das Wahlrecht
- Die deutsche Regierung nimmt den Versailler Vertrag an.

1923 – Die Weimarer Republik übersteht das Krisenjahr:
- Besetzung des Ruhrgebiets
- Inflation
- Hitlerputsch

1929–1932 – Vor dem Hintergrund der Wirtschaftskrise spitzen sich die gesellschaftlichen Konflikte zu. Die NSDAP wird zur Massenbewegung.

1933 – Hitler wird am 30.1. zum Reichskanzler ernannt.
- Mit der „Reichsbrandverordnung" und dem „Ermächtigungsgesetz" beginnt die Errichtung der nationalsozialistischen Diktatur.
- Gewerkschaften werden aufgelöst, Parteien verboten, politische Gegner verfolgt.
- Jüdische Geschäfte werden boykottiert.

1935 – Mit den „Nürnberger Rassegesetzen" werden Juden systematisch ausgegrenzt.

9.11.1938 – In der Reichspogromnacht geht die SA gewaltsam gegen Juden vor.

März 1938 – Deutschland annektiert Österreich.

September 1938 – Nach der Münchener Konferenz wird das Sudetenland annektiert.

1939 Deutsche Truppen marschieren in der Tschechoslowakei ein.

ZEITTAFEL

GESCHICHTE GESCHEHEN

Antisemitismus – Appeasement-Politik – Bolschewismus – Containment – Diktatur – Domino-Theorie – Entspannungspolitik – Faschismus – Gleichgewicht des Schreckens – Hallstein-Doktrin – Holocaust/Shoa – Isolationismus – Julianischer und Gregorianischer Kalender – Kalter Krieg – Kollektive Friedenssicherung

1939 – Hitler und Stalin schließen einen Nichtangriffspakt.

1.9.1939 – Mit dem deutschen Überfall auf Polen beginnt der 2. Weltkrieg. Er endet 1945.

1945 – Die UNO wird gegründet.

1947 – Der Kalte Krieg zwischen Ost und West beginnt. Er endet erst mit dem Zusammenbruch des Ostblocks Ende der 1980er Jahre.

6. August 1945 – Über Hiroshima wird die erste Atombombe gezündet.

1962 – Kuba-Krise

1973 – Ende des Vietnamkrieges

1975 – Unterzeichnung der KSZE-Schlussakte in Helsinki

1940 — 1950 — 2000

1939–1945 – In Vernichtungslagern werden fast 6 Millionen Juden sowie eine halbe Million Sinti und Roma ermordet.

8. Mai 1945 – Deutschland kapituliert bedingungslos.

1949 – Die beiden deutschen Staaten werden gegründet.

1950er Jahre – Wirtschaftsaufschwung in der Bundesrepublik

17. Juni 1953 – in der DDR wird ein Volksaufstand niedergeschlagen.

13. August 1961 – Die Berliner Mauer wird gebaut.

Ende der 1960er Jahre – Mit der 68er Bewegung entwickelt sich in der Bundesrepublik ein neue politische und gesellschaftliche Kultur.

1972 – Der Grundlagenvertrag zwischen der Bundesrepublik und der DDR wird unterzeichnet.

Herbst 1989 – Friedliche Revolution in der DDR

3. Oktober 1990 – Wiedervereinigung der beiden deutschen Staaten

– Lebensraumtheorie – Nationalsozialismus – NATO-Doppelbeschluss – New Deal – Ost-West-Konflikt – Parlamentarisches System – Pazifismus – Populismus

– Propaganda – Rassismus – Räterepublik – Reparationen – Sowjetsystem – Staatssicherheit/Stasi – Stalinismus – Totaler Krieg – Vereinte Nationen – Vietnam-Trauma

In den einzelnen Kapiteln dieses Buches werden wie schon in den Bänden 1 bis 4 von „Geschichte und Geschehen" Methoden vorgestellt, die dir helfen, in Geschichte selbstständig und erfolgreich zu arbeiten. Die Arbeitsschritte für alle diese Methoden sind hier noch einmal zusammengestellt, z. T. auch zusammengefasst, damit du jederzeit nachschlagen und dir Rat holen kannst.
Zum besseren Überblick findest du im ersten Teil dieses Glossars Methoden zur Untersuchung von Text-, Bild und Sachquellen. Im zweiten Teil sind Methoden aufgeführt, mit denen du verschiedenen Darstellungen von Geschichte auswerten kannst.

Textquellen auswerten

Texte, die die Menschen im Lauf der Geschichte hinterlassen haben, sind wichtige Quellen, aus denen du viel über die Vergangenheit erfahren kannst. Es gibt viele verschiedene Arten von Textquellen und jede hat ihre Besonderheiten, z. B. Erinnerungen, Reden, Briefe, Tagebücher, Urkunden usw. Neben den methodischen Arbeitsschritten, die bei jedem Schriftstück angewandt werden müssen, gibt es auch solche, die nur für bestimmte Textquellen von Bedeutung sind. Deswegen solltest du zuerst immer feststellen, um welche Art von Textquelle es sich handelt, bevor du an die Auswertung gehst.

Inhalt und Aussage einer Textquelle auswerten

(Band 1, S. 78/79)

Ganz gleich, um welche Textart es sich handelt, die folgenden Arbeitsschritte musst du bei jeder Auswertung anwenden.
Lies den Text genau und stelle fest, zu welchen Sachverhalten er Aussagen macht.

1. Kläre alle dir unbekannten und unverständlichen Wörter und Wendungen. Benutze dafür ein Wörterbuch oder frage deine Lehrerin/deinen Lehrer.
2. Unterteile den Text in Sinnabschnitte, die jeweils einen einzelnen Gedanken ausdrücken. Gib jedem Abschnitt eine kurze Überschrift.
3. Fasse mit eigenen Worten zusammen, was im Text mitgeteilt wird.
4. Stelle fest, wer den Text verfasst hat, an wen der Autor oder die Autorin sich damit wandte und mit welchem Ziel der Text geschrieben wurde.
5. Kläre, mit welchem zeitlichen Abstand vom historischen Ereignis das Schriftstück entstand und woher der Verfasser oder die Verfasserin die Kenntnisse darüber hatte. Schätze ein, wie glaubwürdig die Aussagen sind.
6. Suche im Text nach Hinweisen darüber, welche Stellung der Autor oder die Autorin zu dem dargestellten Sachverhalt bezogen hat bzw. ob einseitige persönliche Wertungen sichtbar werden.
7. Ordne die Aussagen der Textquelle in dein bisheriges Wissen ein und stelle fest, welche Fragen der Text aufwirft. Informiere dich in anderen Darstellungen über diese offenen Fragen.

Öffentliche Aufrufe interpretieren

(Band 2, S. 194/195)

Eine besondere Form der Schriftlichen Quelle sind öffentliche Aufrufe. Um sie zu interpretieren musst du zunächst Inhalt und Aussage wie bei jeder anderen Textquelle auswerten. Zusätzlich ist es notwendig Antworten auf folgende Fragen zu suchen:

1. Welche Absichten verfolgt der Verfasser/die Verfasserin mit dem Aufruf? Will er/sie etwas rechtfertigen, zu Taten aufrufen, jemanden Tadeln oder loben, Ängste schüren, Hoffnungen wecken usw.?
2. Welche Gedanken und Gefühle könnten die Aussagen bei einem Anhänger ausgelöst haben?

3. Wogegen würde ein Gegner wohl protestiert haben?
4. Welche Stellung beziehst du zu dem Aufruf? Was erscheint dir als zweifelhaft oder übertrieben? Womit kannst du dich einverstanden erklären, was lehnst du ab?

Tagebücher als Quelle nutzen

(Band 4, S. 152/153)

Tagebücher ermöglichen besondere Einblicke in die Geschichte. Da sie in den meisten Fällen etwas sehr Persönliches und nicht für die Öffentlichkeit bestimmt sind, geben sie Gefühle, Stimmungen, subjektive Meinungen des Verfassers oder der Verfasserin wieder.
Auch bei dieser Art von Textquellen müssen zuerst Inhalt und Aussage ausgewertet werden (Arbeitsschritte 1–7). Für Tagebuchtexte sind zusätzlich die folgenden Arbeitsschritte von Bedeutung:

1. Kläre ob das Tagebuch echt ist und wann die Eintragungen verfasst wurden?
2. Finde heraus, welche gesellschaftliche und politische Stellung der Verfasser oder die Verfasserin hatte.
3. Welche weiteren Zeugnisse für das Geschilderte gibt es?
4. Wie beurteilen andere Zeitgenossen die beschriebenen Ereignisse?
5. Wie beurteilen Historiker die Eintragungen? Stimmen sie überein oder wo und warum weichen ihre Urteile voneinander ab?
6. Ordne – wie bei anderen Textquellen – die Aussagen des Tagebuchs in dein bisheriges Wissen ein und stelle fest, welche Fragen der Text aufwirft. Informiere dich in anderen Darstellungen über diese offenen Fragen.

Textquellen vergleichen

(Band 2, S. 34/35)

Beim Vergleich verschiedener Textquellen zum gleichen Thema lernst du verschiedene Sichtweisen (Perspektiven) auf einen historischen Sachverhalt kennen und kannst dir am Ende eine eigene Meinung bilden. Bevor du Texte miteinander vergleichen kannst, musst du jeden einzelnen für sich untersuchen. Gehe dabei so vor, wie in den vorangegangenen Abschnitten beschrieben. Für den eigentlichen Vergleich gehe folgendermaßen vor:

1. Arbeite heraus, was das gemeinsame Thema ist bzw. die gemeinsamen Themen sind.
2. Stelle die wichtigsten Informationen, die du den verschiedenen Texten entnommen hast einander gegenüber.
3. Halte fest, welche Gemeinsamkeiten, aber auch welche Unterschiede du zwischen den Aussagen erkennst.
4. Ordne die verschiedenen Aussagen in dein bisheriges Wissen ein und suche bei Bedarf nach zusätzlichen Informationen.
5. Formuliere deine Meinung zum jeweiligen Thema.

Texte ideologiekritisch untersuchen

(Band 5, S. 90/91)

Unter den Textquellen gibt es solche, die sich von anderen durch ihren ausgeprägten ideologischen Gehalt unterscheiden. Sie werden so stark von bestimmten Vorstellungen, Denkweisen und Interessen geprägt, dass sie die Wirklichkeit durch bewusste Vereinfachungen, Verschweigen oder Verdrehungen der Tatsachen verfälscht darstellen. Dies zu erkennen und die verfälschende Sichtweise der Wirklichkeit offen zu legen, dient die ideologiekritische Auswertung von Texten. Dabei helfen die folgenden Arbeitsschritte:

1. Stelle fest, welche Textaussagen ausschließlich Wertungen darstellen und überlege, was damit beim Leser erreicht werden soll.
2. Untersuche, welche Aussagen als Tatsachen bewertet werden können, die jeder Adressat anerkennen kann.
3. Stelle fest, welche Textstellen reine Behauptungen sind.
4. Lege dar, welche Schlussfolgerungen der Autor aus den jeweiligen Behauptungen zieht.
5. Erläutere, inwieweit die Schlussfolgerungen vom Leser nachvollzogen werden können oder nicht.
6. Erkläre, welche Interessen und Absichten der Autor mit seinen Schlussfolgerungen verfolgt.
7. Überlege, welche Wirkung er beim Leser mit seinen Aussagen erreichen will.
8. Formuliere in einigen wenigen Sätzen die ideologische Kernaussage des Textes.
9. Setze dich mit diesen Kernaussagen kritisch auseinander.

Lieder als historische Quelle auswerten
(Band 4, S. 44/45)

Lieder sind eine besondere Form historischer Quellen. Zum einen sind sie eine Textquelle, denn der Liedtext spricht genau so zu uns wie andere Texte. Zum anderen bringt auch die Melodie viel über die Zeit oder das Ereignis, in der sie entstand zum Ausdruck.

1. Fasse die zentrale Aussage jeder Strophe zusammen.
2. Ordne die Informationen in den historischen Zusammenhang ein.
3. Stelle fest, wer das Lied getextet und komponiert hat.
4. Überlege, welchen Standpunkt der Textdichter zu den besungenen Ereignissen hatte.
5. Charakterisiere die Sprache des Liedtextes.
6. Überlege, wer das Lied gesungen haben mag und welche politische Einstellung man mit dem Singen des Liedes zeigen wollte.
7. Hör dir das Lied an und ermittle die Wirkung des Liedes. Benenne die Merkmale, die die Stimmung des Liedes beschreiben.. Beantworte dabei solche Fragen wie: Ist das Lied eher traurig, schwungvoll, vergnügt, düster usw.?
8. Achte darauf, ob die Stimmung des Liedes von der ersten bis zur letzten Strophe gleich bleibt oder sich ändert.
9. Lege dar, wie Text und Melodie zusammenpassen. Charakterisiere die musikalischen Mittel, die dazu dienen sollen, die Aussage des Textes zu unterstreichen.

Bilder zum Sprechen bringen
(Band 1, S. 66/67; Band 2, S. 112/113)

Bilder liefern wertvolle Informationen über historische Ereignisse, Sachverhalte oder Personen. Du kannst auch Hinweise darüber erhalten, wie die Schöpfer der Bilder gedacht und was sie mit ihren Werken beabsichtigt haben. Wie bei den Textquellen gibt es auch bei Bildquellen ganz unterschiedliche Arten (zeitgenössische Darstellungen Historienmalerei, Porträts usw.), die auch durch spezielle Arbeitsschritte erschlossen werden können. Einige Arbeitsschritte gelten allerdings für jede Bildinterpretation.

1. Erfasse das Bild als Ganzes: Welches Thema, welches Ereignis, welcher Gegenstand usw. ist dargestellt? Welche Wirkung hat das Bild auf dich?
2. Beschreibe die Einzelheiten des Bildes, z. B.: Welche Personen, Tiere, Gegenstände usw. sind zu sehen? Was machen die dargestellten Figuren gerade? Wie sind die Personen dargestellt (Kleidung, Körperhaltung, Gesichtsausdruck, Gesten usw.)?
3. Untersuche den Bildaufbau: Was steht im Mittelpunkt? Gibt es besonders wichtige Szenen? Welche Verbindungen gibt es zwischen den dargestellten Personen?
4. Finde heraus, welche Gestaltungsmittel der Künstler oder die Künstlerin eingesetzt hat: Welche Perspektive wurde gewählt? Welche Originalgröße hat das Bild? Wie sind Größenverhältnisse auf dem Bild genutzt? Welche Farben wurden verwendet? Welche Bildelemente sind symbolisch gemeint?

5. Untersuche die Entstehungsgeschichte des Bildes: Wer hat das Bild gemalt? Wann und zu welcher Gelegenheit ist es entstanden? Für wen wurde das Bild gemalt? Wer hat es in Auftrag gegeben? Wo wurde bzw. wird es ausgestellt? Bei der Beantwortung dieser Fragen können dir in vielen Fällen die Bildunterschrift oder ein Ausstellungskatalog weiterhelfen.
6. Deute die Aussage des Bildes: Was sollte damit erreicht werden? Was erzählt es dir über die dargestellten historischen Sachverhalte?

Herrscherbilder interpretieren

(Band 3, S. 88/89)

Eine besondere Form der Bildquellen stellen Herrscherbilder dar. In der Regel entstanden sie im Auftrag des Herrschers selbst und geben so einen Einblick in deren Vorstellung von Herrschaftsausübung.
Du kannst die Arbeitsschritte 1–5 verwenden, die oben aufgelistet sind. Achte zusätzlich auf folgende Besonderheiten:

1. Achte vor allem auf Körperhaltung und Blickrichtung der dargestellten Person sowie auf die Blickrichtung des Betrachters.
2. Arbeite die im Bild verwendeten Symbole und Zeichen der Herrschaft heraus.
3. Stelle Informationen über den dargestellten Herrscher zusammen.
4. Formuliere zusammenfassend die Wirkung, die das Bild auf die Mitmenschen des Herrschers (Zeitgenossen) erzielen sollte und mit welchen Mitteln dies erreicht werden sollte.
5. Vergleiche mit deinen eigenen Eindrücken und erkläre Übereinstimmungen sowie Unterschiede.

Symbole erschließen

(Band 2, S. 68/69)

Symbole sind bildhafte Zeichen, die sich auf vielen Bildern oder an Bauwerken aus unterschiedlichen Zeiten befinden sowie z. B. bei Karikaturen verwendet werden. Um deren Aussagekraft zu erschließen, musst du ihre Bedeutung entschlüsseln. Dabei kannst du folgendermaßen vorgehen:

1. Beschreibe, welche Personen, Tiere, Gegenstände, Fabelwesen, Fantasiegestalten oder Zeichen dargestellt sind.
2. Finde heraus, welche dieser Elemente eine symbolische Bedeutung haben.
3. Lege eine Liste mit den für die entsprechende Zeit und für das Thema gebräuchlichen Symbolen an. Trage in diese Liste ein, was die einzelnen Symbole jeweils bedeuten. Beachte: Symbole können in unterschiedlichen Zeiten oder Zusammenhängen Verschiedenes bedeuten. Wenn du nicht darauf kommst, schlage unter dem entsprechenden Stichwort in Lexika oder speziellen Nachschlagewerken für Symbole nach.
4. Formuliere welche Gesamtaussage sich durch die Verwendung von verschiedenen Bildelementen und Symbolen ergibt.

Historienbilder untersuchen

(Band 4, S. 100/101)

Historienbilder sind eine besondere Art von Bildern. Sie stellen Ereignisse und Situationen aus der Geschichte dar. Der Künstler oder die Künstlerin wussten oft gar nicht, wie sich die dargestellten Ereignisse genau abgespielt hatten. Sie wollten auch gar nicht wirklichkeitsgetreu malen, sondern ihre Sicht auf die Vergangenheit darstellen. So erfährt man meist wenig über die dargestellte Vergangenheit, sondern viel mehr über die Zeit, in der das Bild entstand, welches Bild von der Geschichte und der eigenen Zeit, welche Ideen und Wunschvorstellungen Künstler und Auftraggeber hatten.
Zunächst solltest du dir das Bild genau anschauen und die Arbeitsschritte 1–3 (Ein Bild zum Sprechen bringen) erledigen. Danach musst du den folgenden Arbeitsschritten nachgehen:

1. Der Künstler/die Künstlerin und das Thema: Aus welchem Grund hat der Künstler/die Künstlerin

gerade dieses Thema gewählt? Hat er/sie einen Auftrag für das Werk erhalten und wie lautet dieser? Wie groß ist der zeitliche Abstand zwischen dem dargestellten Ereignis und der Entstehungszeit des Werkes? Was konnte der Künstler/die Künstlerin über das historische Ereignis tatsächlich wissen? Was wurde hinzuerfunden, was bewusst beiseite gelassen oder verändert?
2. Die Art der Darstellung: Welche Personen stehen als historisch Handelnde im Mittelpunkt? Wie sind diese Personen dargestellt? Wie wird das historische Ereignis insgesamt gewertet und gedeutet?
3. Vergangenheit und Gegenwart: Welche Verknüpfung des historischen Ereignisses und der Gegenwart legt das Bild nahe? Welche Botschaft oder Lehre für die Gegenwart und Zukunft soll der Betrachter dem Bild entnehmen.

Fotografien als historische Quelle auswerten
(Band 5, S. 26/27)

Fotos gelten im Allgemeinen als objektive historische Bildquelle, geben sie doch scheinbar die Wirklichkeit zum Zeitpunkt des Auslösens der Kamera wieder. Doch Fotografien sind genauso kritisch auszuwerten wie jede andere historische Quelle. Bereits die Wahl des Motivs, des Bildausschnitts und die Perspektive beeinflussen den Betrachter. Vor allem aber die Möglichkeiten der Bildbearbeitung können ein Foto als objektive Quelle entwerten. Vieles, was du bereits aus der Bildinterpretation kennst, ist auch auf die Interpretation von Fotos übertragbar:
1. Wer hat das Foto gemacht? Wer hat den Auftrag gegeben?
2. Ist es ein Pressefoto, eine Amateuraufnahme oder ein bestelltes Foto?
3. Wer und was ist abgebildet?
4. Wo und wann wurde es aufgenommen?
5. Was kam absichtlich und was unabsichtlich ins Bild? Gibt es Hinweise auf eine Bearbeitung des Bildes?
6. Welche Perspektive und welchen Ausschnitt hat der Fotograf gewählt?
7. Welchen Zweck soll das Foto erfüllen. Welche Aussage entnimmst du ihm?

Ein Spottbild interpretieren
(Band 3, Seite 56/57)

Im Mittelpunkt von Spottbildern standen oft Personen oder Erscheinungen, die lächerlich gemacht werden sollten. Die im Bild verwendeten Übertreibungen und Anspielungen müssen wir heute entschlüsseln.
Bevor du ein Spottbild interpretieren kannst, beschreibe zunächst die Einzelheiten des Bildes (Arbeitsschritte 1+2, Ein Bild zum Sprechen bringen) und stelle dann Zusammenhänge zwischen den Bildelementen her (Arbeitsschritte 3–7, Ein Bild zum Sprechen bringen). Nun untersuche die Besonderheiten des Spottbildes:
1. Spottbilder auf Flugschriften wurden oft mit Begleittexten versehen. Welche Aussagen kannst du aus entsprechenden Beschriftungen ablesen? In welchem Zusammenhang stehen Bild und Text?
2. Um die Aussage des Spottbildes zu entschlüsseln, brauchst du weitere Informationen: Wann wurde es hergestellt? Wer ist der Künstler? Manches erfährst du aus der Bildlegende.
3. Kläre, auf welche Situation oder welches Ereignis sich das Spottbild bezieht.
4. Wie beurteilt der Künstler die Ereignisse? Wie urteilt er über Personen? Vergleiche dazu das Spottbild mit anderen zeitgenössischen Bildern oder Texten oder mit Darstellungen aus heutiger Zeit.
5. Erkläre, welche Übertreibungen in dem Bild verwendet werden.
6. Wen wollte der Künstler mit seiner Darstellung ansprechen? Was wollte er damit erreichen?

Karikaturen verstehen und deuten
(Band 4, S. 16/17)

Karikaturen sind für uns wichtige Quellen, weil sie sich immer mit bestimmten Ereignissen oder Erscheinungen in der jeweiligen Entstehungszeit kritisch auseinandersetzen. So erfahren wir einerseits etwas über diese Ereignisse oder Erscheinungen, andererseits können wir ablesen, wie man damals darüber dachte. (Karikaturen werden ganz ähnlich ausgewertet wie Spottbilder, die in Band 2, S. 212/213 beschrieben wurden.)

1. Beschreibe die gezeichneten Personen, Tiere und Gegenstände sorgfältig. Achte dabei auch auf die Größendarstellungen und verbindende Elemente.
2. Wenn eine Beschreibung oder Beschriftung vorhanden ist, stelle eine Beziehung zwischen dem Abgebildeten und dem Text her.
3. Oft ist es schwierig, die Dinge zu verstehen, die für die Menschen zur Entstehungszeit der Karikatur selbstverständlich waren. Finde daher so viel wie möglich über den geschichtlichen Hintergrund, über die abgebildeten Personen oder wichtige Gegenstände, über das Entstehungsjahr, den Ort der Veröffentlichung (bei einer Zeitung oder Zeitschrift auch, wer diese gelesen hat) heraus.
4. Entschlüssele die dargestellten Personen und Gegenstände und versuche zu klären, auf welche Ereignisse oder Zustände sich der Karikaturist bezogen hat. Welche persönliche Meinung wollte der Zeichner mit der Karikatur verbreiten?
5. Fasse zusammen, was die Karikatur aussagt. Beziehe Stellung zu dieser Aussage.

Politische Plakate als Quelle nutzen

(Band 5, S. 54/55)

Politische Plakate stellen wichtige Informationsquellen dar, denn sie geben Einblicke in politische Zielsetzungen und Denkweisen von Personen, politischen Gruppierungen und Parteien. Um Plakate auszuwerten kannst du ähnliche Schritte gehen wie bei anderen Bildquellen:

1. Sammle erste Eindrücke: Wie wirkt das Plakat auf den ersten Blick? Was fällt spontan auf?
2. Analysiere das Plakat: Welche Details sind abgebildet? Welche Textaussagen enthält das Plakat, welche Bilder? Welche Rolle spielen die Farben, die Größenverhältnisse und die Anordnung von Text und Bild? Welche Symbole und bildhaften Elemente werden eingesetzt – mit welcher Absicht? Werden Feindbilder geweckt?
3. Ermittle die Adressaten: Wer wird angesprochen? Warum ist diese Zielgruppe von Bedeutung?
4. Kläre die Absichten des Auftraggebers: Wann ist das Plakat entstanden? Welche Interessen verfolgt der Auftraggeber? Worin besteht der Appell?
5. Stelle das Plakat in den historischen Zusammenhang: Welches aktuelle politische Thema greift das Plakat auf? Welche Rückschlüsse lassen sich ziehen auf das Programm der jeweiligen Gruppierung oder Partei, welche auf die Einstellung zur jeweiligen politischen Situation?

Sachquellen untersuchen

(Band 1, S. 18/19)

Sachquellen sind unmittelbare Überreste aus der Vergangenheit. Münzen, Werkzeuge Kleidung u. a. verraten viel über den Alltag oder die Fertigkeiten von Menschen in der Vergangenheit.

1. Schau dir zuerst den Gegenstand genau an: Aus welchem Material besteht er? Sind Gebrauchsspuren oder Zerstörungen zu erkennen? Notiere alles, was dir auffällt, auch Fragen die du zu dem Überrest hast.
2. Versuche herauszubekommen, wie alt der Gegenstand ist und wie er benutzt wurde. Befrage dazu Besitzer oder Experten. Informiere dich auch in Sachbüchern, Lexika oder dem Internet.
3. Welche Bedeutung hatte der Überrest für das tägliche Leben? Welchen Wert besaß der Gegenstand. Kann man den Gegenstand mit einem konkreten historischen Ereignis in Verbindung bringen? Wenn ja, mit welchem?
4. Benutzen wir heute noch diesen Gegenstand oder wurde er durch einen anderen, moderneren, ersetzt? Durch welche technischen Entwicklungen wurde er möglicherweise überflüssig gemacht.
5. Fasse zusammen, was der Gegenstand über Leben und Arbeit der Menschen zur Entstehungs- und Nutzungszeit der Sachquelle aussagt.

Ein Bauwerk untersuchen

(Band 2, S. 180/181)

Bauwerke gehören zu den Sachquellen. Aus der Anlage und dem Baustil von Gebäuden wie Kirchen, Burgen, Fabrikanlagen, Rat- oder Wohnhäusern kannst du viel über das Leben in früheren Zeiten erfahren.

Aussehen und Erscheinungsbild
1. Bestimme Länge, Breite und Höhe des Gebäudes. Stelle fest, aus welchen Materialien es erbaut wurde.
2. Untersuche die Lage des Bauwerkes im Ort sowie das Größenverhältnis zu anderen Gebäuden.
3. Beschreibe die Teile des Bauwerkes und stelle anhand einzelner Merkmale fest, in welchem Baustil es errichtet wurde.
4. Finde heraus, ob das Bauwerk in späteren Zeiten erweitert, umgebaut oder renoviert wurde.

Baugeschichte und Funktion
1. Stelle die Daten zur Bauzeit zusammen.
2. Informiere dich, wer das Bauwerk errichten ließ und ob es einen bestimmten Anlass dafür gab.
3. Erkundige dich, wer die Bauarbeiten bezahlte und wie sie organisiert waren.
4. Bestimme die Funktion (Verwendung, Nutzung) des Bauwerkes. Finde heraus, ob der Erbauer noch andere über die reine Nutzung hinausgehende Absichten mit dem Bau verfolgte und welche das waren.
5. Erkundige dich, ob sich die Verwendung des Bauwerkes im Laufe der Zeiten geändert hat.

Einen Grundriss auswerten
(Band 2, S. 142/143)

Neben Bauwerken oder deren Überresten können auch Grundrisse von Bauten und Siedlungsanlagen aber auch Parks und Gärten Auskunft über deren Aussehen und Nutzung sowie das Leben ihrer Bewohner geben. Um derartige Informationen zu erhalten, kannst du folgendermaßen vorgehen:
1. Kläre, was auf dem Grundriss dargestellt ist. Handelt es sich um ein einzelnes Gebäude oder um eine Anlage mit verschiedenen Teilen?
2. Informiere dich, aus welcher Zeit der Grundriss stammt und gegebenenfalls wer ihn angefertigt bzw. in Auftrag gegeben hat. Handelt es sich nur um einen Plan oder wurde dieser Entwurf tatsächlich umgesetzt?
3. Finde heraus, wie die einzelnen Elemente des Bauwerkes oder der Anlage dargestellt sind: Wie sind die Mauern gezeichnet, woran erkennst du, wo sich Eingänge oder Türen befinden? Wie werden verschiedene Stockwerke markiert, wie Türme usw.?
4. Welche Gebäude oder Gebäudeteile kannst du auf Anhieb erkennen? Welche Teile erscheinen besonders wichtig? Unterscheide z. B. Haupt- und Nebengebäude, Straßen, Wege usw.
5. Zeichne gegebenenfalls den Grundriss grob nach und beschrifte die verschiedenen Bestandteile.
6. Untersuche, ob ein Maßstab Angaben über die Größenverhältnisse zulässt.
7. Erschließe die Bedeutung des Gebäudes oder der Gesamtanlage. Wie wurden die einzelnen Gebäudeteile genutzt? Welche Funktion erfüllte die Gesamtanlage? Erkläre, welche Bedeutung das Gebäude oder die Anlage für die Menschen der damaligen Zeit hatte.

Historische Karten untersuchen
(Band 3, S. 40/41)

Historische Karten gehören ebenfalls zu den Sachquellen. Sie geben Auskunft darüber, welche Vorstellungen von der Gestalt der Erde und welche geografischen Kenntnisse die Menschen in vergangenen Zeiten hatten.
1. Welches Thema behandelt die Karte?
2. Wann entstand die Karte?
3. Welcher Raum ist dargestellt?
4. Was wird hervorgehoben, was wird weggelassen?
5. Welche geografischen Kenntnisse weist die Karte aus. Vergleiche mit einem heutigen Atlas.
6. In welcher Absicht, zu welchem Zweck wurde die Karte angefertigt?
7. Welches Weltbild, welche religiösen, kulturellen oder politischen Vorstellungen lassen sich aus der Karte ablesen?

Zeitzeugen befragen (Oral history)
(Band 1, S. 12/13)

Zeitzeugen sind wichtige Quellen, aber sie erzählen ihre Geschichte, ihre ganz persönlichen Eindrücke und Erinnerungen. Mit der Befragung von Zeitzeugen können wichtige Aspekte eines Themas erforscht werden, aber der historischen Wahrheit wird man sich nur annähern, wenn die Aussagen der Zeitzeugen überprüft werden. Das kann durch Befragung weiterer Zeitzeugen geschehen oder durch Abgleichen mit Texten aus Fachbüchern oder mit Dokumenten.

1. Überlege, zu welchen Fragen und mit welchem Zweck du welche Zeitzeugen interviewen kannst. Um eine Ereignisfolge zu rekonstruieren, benutze besser ein Geschichtsbuch. In Erinnerung bleiben längerfristige Entwicklungen, Zusammenhänge, Gefühle.
2. Informiere dich schon vor dem Interview über die Zeit, zu der du deinen Gesprächspartner befragen willst. Er wird sich freuen wenn er merkt, dass du ihn ernst nimmst und gut vorbereitet bist.
3. Überlege und notiere vorher, was du wissen willst. Aber höre lieber dem Zeitzeugen erst einmal in Ruhe zu und falle ihm nicht sofort ins Wort, wenn er nach deiner Meinung vom Thema abweicht. Gib durch deine Fragen nur „Stichworte". Ein Interview ist kein Verhör!
4. Vorsicht beim Einsatz von Recordern. Besser ist, du hörst aufmerksam zu und machst dir während des Gesprächs oder unmittelbar danach Notizen.
5. Das Wichtigste überhaupt ist: Vorrang hat immer das menschliche Verhältnis zum Zeitzeugen. Schließlich hat er sich bereit erklärt, seine Erinnerungen preiszugeben. Rechtzeitiges Anmelden, eine Erklärung, wofür du forschst, persönliche Worte am Anfang und Ende des Gesprächs, ein freundliches Dankeschön – das Einmaleins ´des guten Umgangs mit Menschen ist angesagt.
6. Präsentiere die Ergebnisse des Interviews in geeigneter Form.

Fachliteratur auswerten
(Band 3, S. 180/18 1)

Wenn man sich über Geschichte informieren will, kann man nicht immer alle Quellen aus der betreffenden Zeit studieren. In der Regel greift man zu Darstellungen, d. h. zu Büchern oder Aufsätzen, die von Historikern über eine zurückliegenden Epoche geschrieben wurden. Dort findet man Fakten, Erläuterungen über Zusammenhänge und auch Beurteilungen. Vor allem diese Beurteilungen sind aber oft strittig, so dass man häufig mehrere Darstellungen lesen und miteinander vergleichen muss.
1. Gib mit deinen Worten wieder, welche Position der Autor oder die Autorin vertritt.
2. Erläutere, wie die Auffassungen begründet werden. Find heraus, ob dabei Pro- und Contra-Argumente abgewogen werden.
3. Beachte, wie die Wertung stilistisch dargelegt wird. Schreibt er/sie sachlich oder polemisch?
4. Überprüfe, welche Interessen, Standpunkte oder Überzeugungen des Autors/der Autorin in die Beurteilung mit einfließen.
5. Lege dar, ob der Autor/die Autorin dich überzeugen kann bzw. nenne Gründe, warum du seine/ihre Auffassung nicht teilst.
6. Formuliere nun, welche Position du selbst vertrittst.

Ein Schaubild erklären
(Band 1, S. 56/57)

Schaubilder stellen geschichtliche Informationen übersichtlich und auf einen Blick dar. Hier ein paar Tipps, wie du ein Schaubild auswerten kannst:
Das Thema feststellen
1. Stelle fest, welches Thema das Schaubild behandelt. Die Legende gibt dazu Informationen.

Die Form der Darstellung untersuchen
2. Untersuche, warum einzelne Teile des Schaubildes in verschiedenen Farben bzw. größer oder kleiner dargestellt werden.
3. Arbeite heraus, an welchen Stellen Pfeile/Linien verwendet werden. Was sagen sie über die Beziehungen zwischen Personen und Gruppen aus?
4. Welche Form wurde gewählt? Überlege, welchen Zusammenhang es zwischen dem Thema und der Form des Schaubildes gibt.

Verfassungsschaubilder auswerten
(Band 3, S. 142/143)

Schaubilder sind eine besondere Form der Darstellung. Um z. B. einen schnellen Überblick über den Aufbau von Staaten zu vermitteln, wird deren Verfassung häufig in Schaubildern dargestellt. Auch wenn ein solches Schema die Verhältnisse nur ganz grob wiedergeben kann, so gibt es doch wichtige Anhaltspunkte dafür, wie die Verfassung funktioniert.

1. Stelle fest, wer wählen und wer gewählt werden darf und wie oft Wahlen erfolgen.
2. Finde heraus, wie die drei staatlichen Teilgewalten jeweils aufgebaut sind.
3. Beschreibe, welche Beziehungen zwischen dem Volk und den Teilgewalten sowiel unter den Teilgewalten selber bestehen. Pfeile helfen dir dabei.
4. Erfasse, worüber das Schema keine Auskunft gibt und informiere dich darüber n weiterführender Literatur.

Statistiken analysieren
(Band 4, S. 64/65)

Historische Tatsachen und Zusammenhänge, die in Zahlen ausgedrückt werden können (z. B. Wirtschaftsdaten oder Wahlergebnisse usw.), werden oft als Statistik dargestellt. Auch wenn statistische Daten und die auf ihrer Grundlage angefertigten Tabellen und Diagramme oftmals den Eindruck strenger Sachlichkeit und Objektivität erwecken, so müssen sie auch wie jede andere Quelle odewr Darstellung genau analysiert werden.

1. Versuche herauszufinden, wie und von wem die Daten erhoben wurden. Achte darauf, ob es sich um verhältnismäßig einfach zu erhebende Daten handelt oder ob sie aus anderen Daten errechnet worden sind.
2. Beachte die Zeitpunkte und Zeiträume, für die die Daten genannt werden. Zwischenräume können zu groß sein, so dass wichtige Entwicklungen übersehen werden. Durch eine zeitliche Begrenzung einer Tabelle können wichtige Tendenzen ausgeblendet werden.
3. Fasse die auffälligsten Entwicklungen in eigene Worte. Hierzu gebraucht man meistens vergleichende Formulierungen. („...ist ungefähr doppelt so groß wie ...")
4. Beurteile, ob die Statistik einen Sachverhalt erfasst, der für die historische Fragestellung, die dich interessiert, wirklich wichtig und aussagekräftig ist. Finde heraus, mit welchen anderen Faktoren die Entwicklungen zusammenhängen könnten. Überlege, welche Informationen dazu noch eingeholt werden müssen.
5. Fasse die Aussage der Statistik zusammen.

Geschichtskarten verstehen
(Band 1, S. 90/91)

Eine besondere Form der Darstellung ist die Geschichtskarte. Aus ihr kannst du schnell Informationen darüber bekommen, wann und wo sich historische Ereignisse, Entwicklungen und Beziehungen abspielten.

1. Über welches Thema informiert die Karte? Beachte dabei die Unterschrift und die Kartenlegende.
2. Welcher Raum wird dargestellt? Welche Orte werden hervorgehoben? Vergleiche mit dem Geografie-Atlas, um welches heutige Gebiet es sich handelt.
3. Stelle fest, welchen Zeitraum die Karte umfasst. Bezieht sie sich auf einen bestimmten Zeitpunkt oder auf einen Zeitabschnitt?
4. Mache dich mit der Legende vertraut. Welche Bedeutung haben die Farben, Zeichen und Beschriftungen?
5. Suche die Zeichen oder farbig markierten Räume auf der Karte und stelle fest, welche Informationen zur Geschichte du damit erhältst.

Aus Jugendbüchern historische Informationen entnehmen
(Band 1, S. 38/39)

Historische Romane vermitteln lebendige Vorstellungen über das Leben der Menschen in füheren Zeiten. Beim Lesen ist es aber wichtig, genau auseinander zu halten, was wahrheitsgetreue historische Informationen und was ausgedachte Handlungen sind.

1. Wer sind die Hauptfiguren? Charakterisiere sie mit passenden Adjektiven. Ordne sie bestimmten gesellschaftlichen Gruppen zu.
2. Aus wessen Perspektive wird die Handlung geschildert?
3. Wird die Geschichte zeitlich genau eingeordnet? Welche Informationen geben Hinweise auf die historische Epoche, in der sie spielt?
4. Welche Konflikte stehen im Mittelpunkt der Handlung? Liegen die Ursachen der Konflikte eher im Charakter der Figuren oder in den gesellschaftlichen Bedingungen.
5. Was sagt das Buch über die Zeit aus, in der es spielt? Welche Deutung der historischen Ereignisse oder Probleme wird dem Leser nahe gelegt? Wodurch geschieht das?
6. Vergleiche das Gelesene mit dem, was du bereits über die betreffende Zeit weißt. Wo gibt es Abweichungen? Informiere dich zu diesen offenen Fragen in Sachbüchern oder Lexika.

Verzeichnis der Namen, Sachen und Begriffe

Wichtige verwendete Abkürzungen:
Abb. = Abbildung, amerik. = amerikanisch, brit. = britisch, bürgerl. = bürgerlich, dt. = deutsch, demokrat. = demokratisch, ehem. = ehemalige, engl. = englisch, evang. = evangelisch, faschist. = faschistisch, frz. = französisch, griech. = griechisch, holl. = holländisch, ital. = italienisch, Jh. = Jahrhundert, jüd. = jüdisch, kathol. = katholisch, kommunist. = kommunistisch, milit. = militärisch, nationalist. = nationalistisch, österr. = österreichisch, polit. = politisch, preuß. = preußisch, prolet. = proletarisch, russ. = russisch, sächs. = sächsisch, sowjet. = sowjetisch, sozialist. = sozialistisch, span. = spanisch, stalinist. = stalinistisch, tschech. = tschechisch, völk. = völkisch

Halbfett gesetzt sind historische Grundbegriffe, die im Buch in einem Kastentext erläutert werden.

Bildnachweis

Umschlag: AKG (Berlin)
3,1: Interfoto [Archiv Friedrich] (München), 3,2: BPK (Berlin) / © VG Bild-Kunst (Bonn 2003)
4,1 u. 2: AKG (Berlin), **4,3:** Interfoto [Archiv Friedrich] (München), 4,4: BPK (Berlin) / © VG Bild-Kunst (Bonn 2003)
5,2: Landesarchiv (Berlin), **5,3:** Picture-Alliance [dpa/akg-imgages] (Frankfurt)
8,1: Interfoto [Archiv Friedrich] (München), **8,2 u. 3**: AKG (Berlin)
9,1: AKG [A.W.Schtschussew] (Berlin), 9,3: f1 online digitale Bildagentur (Frankfurt), **9,5:** AKG (Berlin)
10,Q1: AKG (Berlin)
11,Q2: AKG (Berlin)
12,Q3: ullstein bild (Berlin)
13,Q6: aus: Geo Epoche Nr. 6 „Im Reich der Zaren", S. 16/17, Q7: aus: Geo Epoche Nr. 6 „Im Reich der Zaren", S.20/21
16,Q1: Corbis (Düsseldorf), Q2: AKG (Berlin), Q3: ullstein bild (Berlin)
17,Q4: AKG (Berlin)
18,Q5: BPK (Berlin)
20,Q15: Bibliothèque nationale de France (Paris)
21,Q1: Interfoto [Archiv Friedrich] (München)
22,Q2: aus: Orlando Figes, Die Tragödie eines Volkes. München: Goldmann 2001, Q3: aus: Stéphane Courtois u.a.: Das Schwarzbuch des Kommunismus, Zürich: Piper Verlag 1998
23,Q4: AKG (Berlin)
25,Q8: AKG (Berlin)
26,oben links: AKG (Berlin), unten links: Interfoto [Archiv Friedrich] (München)
28,Q9: aus: Orlando Figes, Die Tragödie eines Volkes. München: Goldmann 2001
32,Q1: AKG (Berlin)
33,Q2: Bridgeman Art Library (London), Q3 u. Q4: AKG (Berlin), Q5: ROSIZO State Museum and Exhibition (Moskau)
34,Q3: Getty Images [Time Life Pictures/Margaret Bourke-White] (München)
35,Q5: aus: Informationen zur Politischen Bildung, Nr. 235/1992, S. 39
36,Q8: BPK (Berlin)
37: ullstein bild (Berlin)
38,1: BPK (Berlin) / © VG Bild-Kunst (Bonn 2003), 38,2: AKG (Berlin), 38,4: BPK (Berlin), 38,5: Bundesarchiv [Plak 002-020-092] (Koblenz)
39,1 u. 2: AKG (Berlin), 39,3: ullstein bild [Archiv Gerstenberg] (Berlin), 39,4: BPK (Berlin), 39,5: AKG (Berlin)
40,Q1: Landesarchiv (Berlin), Q3: BPK (Berlin)
41,Q4: AKG (Berlin)
43,Q7: AKG (Berlin)
45,oben: AKG (Berlin), Q1 u. Q2: BPK (Berlin), Q3: AKG (Berlin)
46,Q4: Ernst Klett Verlag (Stuttgart)
47,Q6: BPK (Berlin), Q7: ullstein bild (Berlin)
49,Q3: BPK (Berlin), Q4: BPK (Berlin) / © VG Bild-Kunst (Bonn 2003)
53,Q3: Langewiesche-Brandt Verlag (Ebenhausen)
54,Q1: AKG (Berlin)
55,1: Münchner Stadtmuseum [Wolfgang Pulver] (München), **55,2**: Landesverband Lippe (Lemgo), **55,3 u. 4**: DHM (Berlin), **55,5**: AKG (Berlin), **55,6**: DHM (Berlin)
56,Q2: BPK (Berlin)
57,Q3: Süddeutscher Verlag (München), Q4: Interfoto (München)
58,Q5: AKG (Berlin)
59,Q9: BPK (Berlin) / © VG Bild-Kunst (Bonn 2005)
61,Q2: Stadtarchiv (Leipzig)
63,Q5: ullstein bild (Berlin)
64,Q1: Ernst Klett Verlag (Stuttgart)
65,Q2: Siemens AG [Siemens-Archiv] (München), Q3: Süddeutscher Verlag [Scherl] (München), 65,Q4: Siemens AG (München)
66,Q5: aus: Horst Richter: Geschichte der Malerei im 20. Jahrhundert. Neuausgabe, Köln: Dumont 1998
67,Q9: Ernst Klett Verlag (Stuttgart)
68,Q1: AKG (Berlin) / © VG Bild-Kunst (Bonn 2006)
69,Q3: AKG (Berlin) / © VG Bild-Kunst (Bonn 2005)
70,Q5: AKG (Berlin)
71,Q10: Sprengel Museum (Hannover)
72,Q1: BPK (Berlin), Q2: Süddeutscher Verlag [Scherl] (München)
73.Q3: Rolf Ballhause (Plauen)
75,Q1: Getty Images [Hulton **Archiv**] **(München)**
78,Q1 v.l.n.r.: ullstein bild [Stary] (Berlin), Langewiesche-Brandt Verlag (Ebenhausen), BPK (Berlin), Bundesarchiv (Koblenz), Q2: BPK (Berlin)
79,Q4: Stiftung Archiv der Akademie der Künste [John Heartfield] (Berlin)
80,Q6: AKG (Berlin)
82,2: Bayerische Staatsbibliothek (München), **82,3**: Süddeutscher Verlag (München), **82,4**: DHM (Berlin), **82,5**: BPK (Berlin)
83,1: BPK (Berlin), 83,2: ullstein bild (Berlin), 83,4: Landesarchiv (Berlin), 83,5: ullstein bild (Berlin)
84,Q1: Süddeutscher Verlag (München)
85,Q2: BPK (Berlin)
87,Q1 u. Q2: AKG (Berlin)
89,Q4: BPK (Berlin), Q5: Bundesarchiv [146-1977-060-11; 146-1977-060-17; 146-1977-060-25] (Koblenz)
90,Q2: BPK (Berlin)
92,Q6: BPK (Berlin) / © VG Bild-Kunst (Bonn 2005), Q9: Archiv

der Sozialen Demokratie der Friedrich-Ebert-Stiftung (Bonn)
94,Q2: Süddeutscher Verlag (München)
95,Q3: AKG (Berlin)
98,Q3: BPK (Berlin)
100,Q1: Klett-Archiv [Sylvia Mebus] (Stuttgart)
101,Q4 u. Q5: Klett-Archiv (Stuttgart)
102,Q6: AKG (Berlin)
104,Q1: BPK (Berlin)
105,Q2: AKG (Berlin)
106,Q5: Langewiesche-Brandt Verlag (Ebenhausen)
107,Q6: AKG (Berlin), © The Heartfield Community of Heirs / VG Bild-Kunst (Bonn 2005)
108,Q1: AKG (Berlin)
109, Q2 u. Q5: Süddeutscher Verlag (München)
110,Q1 u. Q2: AKG (Berlin), Q4: Bundesarchiv (Koblenz), Q5: BPK (Berlin)
111,Q7: BPK (Berlin), Q9: Bundesarchiv [Plak 003-018-035] (Koblenz)
112,D1: Klett-Archiv (Stuttgart)
113,Q1: BPK (Berlin), Q4: Archiv Zentner (Grünwald), Q6: DHM (Berlin)
115,Q1: BPK (Berlin), Q2: Archiv Zentner (Grünwald)
116,Q3: AKG (Berlin)
117,Q1: BPK (Berlin)
118,Q2: Süddeutscher Verlag (München)
119,Q3: BPK (Berlin), Q4: AKG (Berlin)
121,Q11: Stadtbildstelle (Essen), Q14: AKG (Berlin)
122,Q17: AKG (Berlin)
124,Q2 u. Q3: ullstein bild (Berlin)
125,Q7: AKG (Berlin)
126,Q1: BPK (Berlin)
127,Q2: aus: Zeman, Das Dritte Reich in der Karikatur, Heyne Verlag, München 1984, S.167
129,Q5: AKG (Berlin), Q7: Süddeutscher Verlag (München)
131,Q1: Bridgeman Art Library (London)
132,Q2: AKG (Berlin)
133,Q8: Archiv Zentner (Grünwald)
134,Q9: AKG (Berlin)
136,Q1: Corbis (Düsseldorf)
137,Q2: AKG (Berlin)
139,Q5: ullstein bild (Berlin), Q7: AKG (Berlin)
140,Q10: BPK (Berlin), Q8: Archiv Zentner (Grünwald)
141,Q1: AKG (Berlin)
142,1: AKG (Berlin), 142,2: ullstein bild (Berlin), 142,3: Gedenkstätte Deutscher Widerstand (Berlin), 142,Q2 unten: ullstein bild (Berlin)
144,Q8: Stefan Reichart (Meersburg)
145,Q1: ullstein bild (Berlin), Q2: ullstein bild [Bunk] (Berlin)
146,Q3: Süddeutscher Verlag (München)
147,Q4: AKG (Berlin)
148,Q9: BPK (Berlin)
149,Q1: BPK (Berlin), Q2: Corbis [Hulton-Deutsch Collection] (Düsseldorf)
151,Q3: BPK (Berlin), Q4: aus: Die Chronik des Zweiten Weltkriegs / zusgest. und bearb. von Brigitte Esser und Michael Venhoff, Chronik-Verlag
152,Q5: AKG (Berlin)
153,Q6: aus: spiegel special Nr.1/2004 (Paul Castelnau/M. Culture/Arch. Photo/CMN)
154;Q10: Spiegel-Verlag [Cyril Drummond] (Hamburg)
155,1: Archiv Zentner (Grünwald), **155,2**: AKG (Berlin), **155,3**: Corbis (Düsseldorf), **155,4**: Stadtbildstelle (Essen)
156,1: Interfoto [Archiv Friedrich] (München), **156,2**: ullstein bild (Berlin), **156,3**: Stadtbildstelle (Essen)
157,1: Bridgeman Art Library (London), **157,2**: Stadtbildstelle (Essen), **157,3**: Picture-Alliance [dpa/ZB/Jens Büttner] (Frankfurt)

Nicht in allen Fällen war es uns möglich, den Rechteinhaber der Abbildungen ausfindig zu machen.
Berechtigte Ansprüche werden selbstverständlich im Rahmen der üblichen Vereinbarungen abgegolten.